# トランプ時代の世界経済

吉見　太洋　編

中央大学経済研究所
研究叢書 76

中 央 大 学 出 版 部

# は し が き

　本書は，中央大学経済研究所国際経済研究部会の3年間（2017年4月〜2020年3月）の活動成果を叢書としてとりまとめたものである。本部会では，「世界経済のグローバル化と多極化」をテーマとして，国際経済に関わる諸課題に関する幅広い研究を進めてきた。部会メンバーの各々が各自の専門分野に特化した研究を深めてきたことはもちろん，部会メンバー間の意見交換の機会をもつことや，広く社会への研究成果の発信を行うことを目的として，多くの研究会も開催してきた。研究会における具体的テーマの例として，ユーロ危機後の欧州経済の変遷，保護主義が台頭する世界における経済と政治の現状，中国経済の発展と停滞，ビットコインをはじめとする暗号資産の国際金融市場における役割などが挙げられる。いずれも現代の国際経済における諸課題を理解する上で不可欠なトピックであり，これらの研究会を通じて得た知識や人的な結びつきは，部会メンバーが各自の研究活動を行う上での重要な財産となっている。

　今期研究期間を通じて，国際経済の潮流に多大な影響を与えてきた事柄として，2017年1月におけるドナルド・トランプ氏の米国大統領就任と，それに伴う保護主義の台頭が挙げられる。国際経済における昨今の保護主義台頭を象徴する典型的かつ代表的な「事件」が，米中の貿易戦争である。トランプ政権は，貿易収支不均衡是正と米国内の雇用保護を目的に，2018年1月以降，各国からの輸入に対して多くのセーフガード措置や追加関税を実施した。米中貿易戦争の発端と考えられているのが，同年7月における，ロボットなど中国からの818品目に対する追加関税である。当然中国はこれに反発し，大豆など米国からの545の輸入品目に対して同規模の報復関税を実施し，以降泥沼の様相を呈する貿易戦争が繰り広げられた。米中貿易戦争は，2020年1月に米中経済貿易協定への署名が行われたこと，新型コロナウイルスの世界的蔓延に対す

る両国間の協力が表明されたことで現在は落ち着きを見せている。しかしながら，この間世界各国で広がった「政治的ツール」としての追加関税の横行などを見ても，トランプ政権の政策運営が，General Agreement on Tariffs and Trade（GATT）・World Trade Organization（WTO）の下で推進されてきた自由貿易体制に与えた影響は無視できないものである。

　昨今のこうした国際経済環境の変化を踏まえ，本研究叢書のタイトルは『トランプ時代の世界経済』とした。保護主義が跋扈する現代の世界経済の理解に向け，研究部会に属する10名の研究員・客員研究員，および1名の外部研究者によって執筆された計10編の論文を，一冊の書籍としてとりまとめたものが本書である。前段では，トランプ政権誕生に伴う，国際経済における保護主義台頭の一例として米中貿易戦争を挙げた。当然のことながら，トランプ政権誕生が世界経済に与えた影響は貿易に限ったものではなく，現下の世界経済を深く理解するためには，より広範な視点から検証を加えることが不可欠である。本研究叢書でもこうした問題意識を重視し，グローバリズムの変容，欧州や中東地域の反応，国際収支への影響，労働市場への波及など，多岐にわたる課題に取り組んだ論考を収録している。また分析のアプローチも，制度的アプローチ，実証的アプローチ，理論的アプローチなど，執筆者の専門に応じた手法が採用されている。

　以下では各章の概要を簡潔に紹介する。第Ⅰ部「グローバリズムと地域経済協力」（第1章〜第3章）では，トランプ政権の誕生が，世界経済におけるグローバリズムのあり方や，国際的な経済協力体制に与えた影響に関する論考を取り上げている。第1章「トランプ時代の経済システム——ポスト・グローバリズムと経済開発——」（大矢野栄次）では，戦後の世界経済が，どのようにして東西冷戦の時代からグローバリズムの時代に変化し，その後のグローバリズムの失敗を受けてどのようにポスト・グローバリズムの時代へ変容しようとしているのかを考察する。第2章「グローバル化の後退と日本経済の課題」（栗林世）では，中長期のグローバル経済の潮流を概観するとともに，財・サービスの貿易および人の移動としての移民・難民の動向から現在のグローバル化の

諸問題を検討し，さらに今後の日本経済の課題について議論する。第 3 章「TPP と日米中の経済協力の課題」（後藤純一・岸真清）では，環太平洋パートナーシップ（TPP）協定加盟国，米国，中国などに焦点を当て，国際貿易といったマクロ経済的事象とコミュニティビジネスといったミクロ経済的事象の双方を考察しながら，アジア太平洋地域における望ましい経済的枠組みはどのようなものであるかを検討する。

　第Ⅱ部「米国の通商政策と世界経済」（第 4 章～第 7 章）では，米国の通商政策と，その世界経済への影響に関する論考を取り上げている。第 4 章「トランプ＝習近平時代の世界経済と EU の通商政策」（田中素香）では，トランプ政権の誕生をきっかけに米国が保護主義に突き動かされ，超大国と化した中国が世界での覇権を狙いはじめた，この国際経済の転換期において，EU がどのような課題に直面し，どのようにそれに対抗しようとしているのかを検証する。第 5 章「覇権システムから見る米中対立——産業大国と通貨大国の戦い——」（坂本正弘）では，技術力を急激に増強した「産業大国」としての中国と，金融経済において支配的な位置を占める「通貨大国」としての米国との間の覇権争いについて，考察を加える。第 6 章「米国による対イラン経済制裁の経済的影響」（谷口洋志）では，米国による対イラン経済制裁の歴史的変遷を検証し，経済制裁がイランの経済に与えてきた影響を分析するとともに，一国経済の閉鎖経済化をもたらす経済制裁の危険性について議論する。第 7 章「米国の通商政策の起源と中央政府の財源構築」（長谷川聡哲）では，現在のトランプ政権へとつながる米国の通商政策の歴史を知るため，建国期の通商政策構築の背景を，歴史的かつ包括的な経済統計を利用して分析する。

　第Ⅲ部「国際収支と国内経済へのインプリケーション」（第 8 章～第 10 章）では，現代における国際収支の変容や国内の貯蓄・投資バランスの変化，貿易構造の変化と国内の労働市場の関係等に関する論考を取り上げている。第 8 章「トランプ時代の国際収支と為替相場の決定要因」（矢野生子）では，国際資本移動の自由化に伴う日本の対外純資産蓄積と，それを原因とする第一次所得収支の重要性を考察するとともに，第一次所得収支を明示的に考慮した国際マク

ロ経済モデル構築の必要性について議論する。第9章「中国経済における部門別 IS バランスの変化」（唐成）では，部門別の貯蓄・投資バランス分析に基づき，1990 年代以降における中国経済の変容をより長期的，構造的に俯瞰するとともに，今後の中国経済の展望を試みる。第 10 章「貿易と労働に関する最近の研究——Helpman et al.（2010）モデル——」（田中鮎夢）では，企業レベルの要因に焦点を当てて国内賃金格差を分析した標準的な理論である Helpman et al.（2010）の理論モデルの詳細な検討を通して，貿易と国内賃金格差の関係について考察を深める。

　本研究叢書の刊行，およびそのための研究部会活動はすべて，中央大学，および中央大学経済研究所の支援によるものである。とりわけ叢書刊行を含め，日々の研究活動に対して惜しみない支援をくださる研究所合同事務室の方々には，この場を借りて感謝申し上げたい。また，中央大学出版部の方々には，編集から刊行までの実務を担って頂いた。ここに記して御礼を申し上げたい。トランプ政権誕生以来，大きな変容を見せた世界経済の課題を理解するための一助として，本研究叢書を役立てて頂ければ幸いである。


　2020 年 4 月 30 日

国際経済研究部会

主査　吉　見　太　洋

# 目　　次

あ と が き

# 第Ⅰ部

# グローバリズムと地域経済協力

第 1 章

# トランプ時代の経済システム
### ——ポスト・グローバリズムと経済開発——

大 矢 野　栄 次

## 1. はじめに

第二次世界大戦の終焉とともに冷戦時代が始まった。第二次世界大戦での戦勝国同士がアメリカ・イギリス・西欧グループとソ連・東欧・中国グループとに分かれて政治経済体制を巡る対立構造が現れたのである。冷戦とは資本主義経済体制対社会主義経済体制の覇権闘争であった。

世界は，民主主義を背景とした資本主義経済を標榜する西側諸国と建前としての民主主義を掲げながらも実態は共産党の一党独裁の専制主義体制のもとでの社会主義を実現させることを標榜する東側共産主義諸国との対立の時代となったのである。そして，社会主義経済体制はやがて貨幣の存在を否定する理想の経済体制としての共産主義経済へと移行することが予定された政治経済的思想の実現を目標としていたのである。

両陣営の理想における共通点は，民主主義であり，相違点は私有財産制と資本の存在価値の有無についての価値観の相違であった。資本の存在価値を認めないという思想は，「マルクスの労働価値説」に対する誤解から派生した経済思想であり，資本の減耗を考慮しないという制度から結果として資本蓄積の不足とそれ故に労働生産性の低迷と格差を生み出してしまったのである。

　私有財産制はやがて大きな所得格差を生み出して，資産格差を助長し，社会に不平等と貧困層を生み出すと考えられていた為に，社会主義の実現は平等で豊かな社会がもたらすことが予定されていたのである。

　これに対して，西側資本主義経済グループにとっては，私有財産制は企業家のアニマル・スピリットを原動力として経済の活性化を促し，経済成長をもたらすと考えられていたのである。このような理解は両者共に経済学についての誤解と偏見の歴史の始まりであった。

　私有財産制を受け入れるか否かは，資本の所有者が個人であるか，共産党の指導のもとで国民所有や人民所有によって形成され所有される社会組織であるかの相違であった。すなわち，資本蓄積の主体者としての管理の在り方についての相違が，市場原理の機能とその存在意義に見出されることになったのである。

　本論においては，戦後の世界経済が，東西冷戦の時代からグローバリズムの世界に変化して，やがてグローバリズムの失敗からポスト・グローバリズムの世界への変遷を迎えようとしているのかについて，マクロ経済学的基礎知識を前提に考察する。

## 2.　戦後の世界経済と経済システムの変遷

### 2-1　国際決済制度の目的とその変遷

　アメリカを中心とした西側資本主義経済諸国は，第二次世界大戦以前までの世界決済システムであった「金本位制」を放棄して，アメリカ・ドルを基軸通貨（ドル為替本位制）とした「ブレトン・ウッズ体制」を採用した[1]。

　≪固定相場制度≫

　この「ブレトン・ウッズ体制」は，伝統的な金本位制を背景として，ドル為替本位制のもとで，金1オンスを35USドルとしての金兌換によってアメリ

---

1)　第二次世界大戦後半1944年7月，アメリカ合衆国ニューハンプシャー州ブレトン・ウッズで開かれた連合国通貨金融会議で締結され，1945年に発効した国際金融機構についての協定である。

カのドルと各国の通貨の平価（parity）を一定に固定して，その変動幅を最小限度に制限して為替リスクを抑えることによって自由貿易とその決済システムについて，世界経済の均衡を実現させることを目的とするシステムであった。

　これは，国際通貨基金（IMF）において各国が予め設定した平価の上下 1％以内に変動幅を維持するために，外国為替市場に各国の通貨当局が介入する義務があるという管理為替相場制度である[2]。

　国内においては，民間資本の自由な投資行動に立脚する地域間と産業間の自由な資本移動と同様に労働力移動が保証される経済システムであった[3]。しかし，国際的には自由な資本移動と自由な労働力移動については制限されていた。これは，経済学者にとって，アダム・スミス以来強調されてきた財とサービスの自由な国際的な取引によって各国の経済は相互に貿易利益を享受することが可能であるという考え方を背景とした「自由貿易の原則」を実現することが理想であったのである。

　先進工業諸国においては，西側陣営の経済協力体制の強化の為に各国の産業を育成するための外部経済効果をもたらす社会資本の構築のための援助資金が提供された。これらの社会資本は産業社会資本として定義され港湾や空港，道路，鉄道，トンネル，電気，水道，ガスなどの公共資本建設である[4]。

　これに対して，ソビエトを中心とした東側諸国は，軍事協力と社会主義体制維持のための政治的基盤を強化するための資金援助と軍事援助・軍事基地の提供が中心であった。しかし，国民の日常の生活水準の維持・改善のための厚生水準向上に寄与する社会資本への投資はあまり重視されなかったのである。

　日本は，戦後，台湾と韓国を中心に社会資本の形成と投資資金の援助を行

---

2)　経済規模の小さな新興国や途上国では，自国の経済成長が海外経済の動向に左右されやすく，自国から見て経済的な影響力の大きな国の通貨に対する固定相場制の選択が合理的なことが多い。

3)　社会主義経済体制において，労働者も資本も移動の自由は与えられなかった。

4)　これらの援助には援助提供国内についての関連企業の利益確保が伴うことは当然であった。また，被援助国にとってはその提供された資金の多くが政治的利権の中で目的外の使用に供されることが多々存在したのである。なかには，結果としての軍事援助もあったのである。

い，各国の企業化と産業化，そして，産業活動を補完するための生産基盤を建設していったのである。やがて，日本は東南アジア諸国への投資を増加させ，それらの国の経済開発と経済発展のための社会資本の建設と資金援助に専念していった。

### 2-2　自由貿易と通貨の問題

　戦後の西側諸国において生じた経済的な問題は，国家間の自由貿易の実現とそれによって生じた西側諸国間の継続的な貿易収支不均衡が顕著になり，決済通貨としての基軸通貨ドルの不足問題として各国の通貨の平価を巡る変動が生じたことである[5]。これは，各国政府にとっては対外均衡（貿易収支）と国内均衡（完全雇用）との両立の困難さの問題であった。

　ここで，対外均衡と国内均衡との両立の困難さとは，「犬が尻尾を振るのか」あるいは「尻尾が犬を振るのか」という問題として議論された[6]。

　本来，基軸通貨国自体に本質的な問題が存在するのであり，決して回避できない問題であるにもかかわらず，アメリカの政府関係者にはその認識は一切ない，あるいは無知のままで，自国の貿易収支の問題を貿易収支黒字国の問題であるかのように振る舞ってきたのである[7]。基軸通貨国の国際収支赤字の原因は，基軸通貨国の宿命である。なぜならば，非基軸通貨国にとって基軸通貨米ドルは外貨準備のために貿易決済額の一定割合を常に保有したいと考える通貨であり，外貨準備を保有し続けるためには常に国際収支を黒字化する必要があるからである。

　≪変動相場制度≫

　日本は，1944年のブレトン・ウッズ体制下で1ドル＝360円を平価とした

---

5)　諸国間の経済成長率格差によって生じた不均衡問題であった。

6)　ここで，犬が「国内の完全雇用」であり，尻尾が「貿易収支均衡という対外均衡」である。

7)　この貿易収支不均衡問題への正しい解答は，基軸通貨を一定の国の通貨にすることを止めて，かつてケインズ（J. M. Keynes）が提案した中央銀行の中の中央銀行を設立して，バンコールのような独自の通貨を発行することの方が望ましいのである。

が，1971 年の「ニクソン・ショック」により「ブレトン・ウッズ体制」が崩壊した後，変動相場制へと移行した[8]。

　基軸通貨国米国の強い要望の下で，世界は「固定相場制度」を放棄して，ドル安方向としての「変動相場制度」へと制度を変更したのである[9]。

　1971 年 8 月 15 日，米国ニクソン大統領は，アメリカの保有する金の流失を防ぐために，アメリカ合衆国ドルと金の交換停止を発表した。これは，「ニクソン・ショック」と呼ばれた。それを受けて，日本円は 1971 年 12 月に通貨の多国間調整（金 1 オンス＝35 ドルから 38 ドルに，1 ドル＝360 円から 308 円に）としてドル切り下げが行われた。すなわち，円の切り上げである。

　この円切り上げの目的は，「固定相場制の維持」が目的であった。しかし，「スミソニアン体制」は長続きせず，1973 年，先進国は相次いで「変動相場制」に移行したのである。「変動相場制」は 1976 年 1 月ジャマイカのキングストンで開催された IMF 暫定委員会で承認され「キングストン体制」が開始された。

　変動相場制とは，「自由変動相場制度」とか「フロート制」とも呼ばれ，為替レートの決定を日々の外国為替市場の需要と供給により，自由に変動させる制度である。外国為替市場において外国通貨を対価とする自国通貨の売りが増えれば，自国通貨の対外価値が減価（depreciate）し，逆に外国通貨の売りが増えれば，自国通貨の対外価値が増価（appreciate）するメカニズムである。この自由変動相場を決定するための合意は，G 10（Group of Ten）によって，あらかじめ議論されておく必要がある制度である[10]。

---

8)　固定された平価を放棄するという「自由変動相場制度への移行」である。
9)　この変動相場制度への強い要望とは，海外に投資をして投資の利得を得たいと考える投資家たちの要望であった。
10)　財務大臣・中央銀行総裁会議を指すこともある。G 10 とは，1962 年 10 月に国際通貨基金（IMF）の一般借入取極（GAB）への参加に同意した国のグループのことである。1984 年 4 月にスイスが新たに GAB に参加したため，現在の参加国は 11 か国であるが，名称は G 10 のままになっている。

### 2-3　変動相場制度とマクロ経済政策

　この変動相場制度は，対外的な日々の決済均衡のために為替相場が変化するというシステムであり，国内市場の均衡は外国為替相場の変化を予見として調整されることになるのである。すなわち，国内市場均衡と対外均衡の日々の両立は困難となり，「犬が尻尾を振るの」を止めて「尻尾が犬を振る」経済システムに制度変更が行われたのである。

　≪変動相場制度とマクロ経済政策≫

　この変動相場制度の時代のマクロ経済均衡の在り方とマクロ経済政策の効果については，マンデル＝フレミング・モデル（Mundell-Fleming model）によってその概観を以下のように説明されている。

　Y を国民所得，C を消費額，T を租税収入，I を民間投資額，G を政府支出，X を輸出，IM を輸入，r を市場金利，r* を海外の市場金利とすると，開放マクロ経済体系は，生産物市場の均衡条件を表す(1)式と貨幣市場と債券市場の均衡条件[11]を表す(2)式との連立方程式体系として説明される。

$$Y = C(Y-T) + I(r) + G + X - IM(Y) \tag{1}$$

$$\frac{M}{P} = L(r-r^*, Y) \tag{2}$$

　ここで，$r-r^*$ は国内の金利（r）と海外の金利（r*）の差であり，$r > r^*$ の場合は資本の流入が発生し，$r < r^*$ の場合には資本の流出が発生するという国際間の資本移動がスムーズに生じると考えている。この項が資本の移動を説明する項目である[12]。

　この(1)式と(2)式との交点としてのマクロ経済の一般均衡解（図1-1 の交点）がマクロ経済均衡として説明されるのである。以下では，マンデル＝フレミング・モデルにおける有効需要拡大政策のための財政政策と金融政策の効果について説明する。

---

11)　貨幣市場と債券市場との関係は裏表の関係である。

12)　この説明は必ずしも実際的な説明ではない。なぜならば，国際金融市場においては直先取引によって先物プレミアムが変動するからである。

図 1-1　財政政策は無効

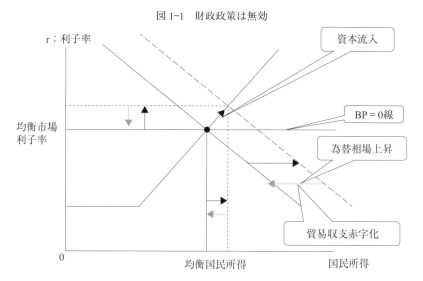

景気刺激政策→利子率上昇→資本流入→円高→貿易収支赤字化

（出所）筆者作成

≪財政政策≫

　国内の財政支出を増加させた場合，財市場の需要が増大して，国民所得が増加すると同時に市場利子率が上昇する。しかし，国内の市場利子率が世界基準の市場利子率を上回るために，国内の債券価格が低下して国際資本が自国の通貨を買うことになると説明されるのである。

　変動相場制においては，国際資本の流入は，国内のマネーサプライの増加をもたらさず，自国通貨高をもたらし，国際資本の流入が生じるのである。

　この過程は，図 1-1 のように説明される。財政支出によって IS 曲線は右上にシフトするが，国内の市場利子率の上昇によって海外から資本が流入する。国内の貨幣残高は増加せず，国内貨幣に対する超過需要によって国内通貨の為替相場が上昇し，純輸出（総輸出 - 総輸入）が減少し，貿易収支が悪化するために IS 曲線は財政政策開始以前の位置まで戻り，国民所得の増大効果は相殺されるのである。

　この流れは国内の市場利子率が低下して世界基準の市場利子率に一致するま

図 1-2　金融政策は有効

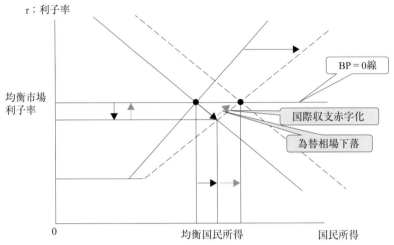

r：利子率

BP＝0線

均衡市場
利子率

国際収支赤字化

為替相場下落

0　　　　　　　　　　　　均衡国民所得　　　　　国民所得

金融緩和政策→市場金利低下→資本流出→為替相場下落→貿易収支黒字化

（出所）筆者作成

で続き，利子率はやがて元の位置に戻るのである。すなわち，財政支出の効果
は相殺されると説明されるために，変動相場制度においては財政政策の効果は
ないということが説明されるのである。

　しかし，資本流入と為替相場の変動とそれに伴う貿易収支の変化が一期間内
において生ずるという説明は，外国為替市場の直先スプレッドの調整と生産過
程と流通過程における種々の調整システムを背景に考えると，現実的には説明
不可能なのである。

　すなわち，変動相場制度において<u>財政支出の有効需要拡大効果を 100％ 否定
することは不可能</u>なのである。

≪金融政策≫

　閉鎖経済体系のマクロ・モデルにおいては，金融緩和政策として貨幣の実質
残高を増加させた場合，市場利子率が低下するために投資が増加して国民所得
が増大する。しかし，開放経済体系のマクロ・モデルの場合は，自国の市場利
子率が世界基準の市場利子率を下回るために，国際資本が自国の通貨を売って
外国通貨を購入することになるのである。

　この過程は図 1-2 によって説明することができる。国内貨幣量の増加は市場利子率を低下させ海外資本の流出が発生するために邦貨建て為替相場は下落して，貿易収支は黒字化し，IS 曲線は右上にシフトするために，国内の市場利子率が海外の市場利子率と同一水準になるまで国民所得はさらに増加するのである。

　変動相場制においては，国際資本の流出は国内のマネーサプライの減少をもたらさず，通貨安をもたらす。この通貨安により純輸出（総輸出−総輸入）が増加し国民所得が増加し，市場利子率が上昇すると説明される。国内の市場利子率は世界基準の市場利子率に一致するまで上昇し，金融政策の効果をさらに高めることが説明されるのである。

　しかし，海外からの資本流入と為替相場の変動とそれに伴う貿易収支の変化が一期間内[13]において生ずるという説明は，外国為替市場における直先スプレッドの調整と生産過程と流通過程における慣習的システムと調整過程を考えると，現実的現象としては説明困難である。変動相場制度における財政政策効果の無効性と同様に，金融政策の有効性についても，現実的には困難な説明である。

《変動相場制度の意義》

　変動相場制度を採用した意義は，国際的な資本移動の自由化を促進し，国際的に資金を大きく動かす投資家にとって利益のある国際システムへの変更である。すなわち，為替相場の日々の変動を許すことによって，各国間を資本が自由に移動することが許されるというのが，変動相場制度を採用して「グローバリズムの時代」を招聘するための重要な意義であったのである。

　これは，生産面から考えると貨幣市場が国際金融市場を振り回す制度変更であり，「尻尾が犬を振る」時代の到来を企図したものであった。この新制度を利用して国際的な「アニマル・スピリット」[14]を発揮した資本家が世界市場に

---

13)　たとえば，一年以内の短期期間において生ずると期待すること。
14)　中国共産党財閥による資本主義精神の「アニマル・スピリット」とは無関係の西側諸国の「グローバリズム世界」を利用した国際的資本移動である。

おいてより大きな富を独占するための有利な制度改革であったのである。しかし，その結果として国内経済は，製造業を中心に疲弊し，先進国といえども，所得格差と地域間格差が助長されていったのである[15]。

　資本の国際間の移動が自由になるという意味でのグローバルな世界経済において，各国は国内に残った個々の企業と投資家が産業構造・就業構造への影響を通して，為替相場の日々の変動に晒されることになったのである。このような資本移動が国際的に自由な世界においては，為替相場の変化に対して反感応的で非弾力的な構造を持つ企業，すなわち，技術力やブランド力があり，それ故に，国際競争力のある企業は，世界のサプライ・チェーンに組み込まれながらも，為替相場の変動に対して相対的に強い企業として国内に残ることになったのである。

## 2-4　グローバリズムとポスト・グローバリズムの世界

《東欧諸国の崩壊とグローバリズム》

　東西冷戦の結果，両側間の経済格差は拡大し，私有財産制を採用した西側諸国が社会主義体制を採用した東側諸国に勝利したのである。同時に，西側諸国間の技術力の格差も拡大したために西側諸国内に新しい格差が現れたのである。

　東側諸国と西側諸国との対立の結果は，労働生産性の格差とそれ故に国民所得の格差として現れた。軍事力の格差は，民需製品の普及によって洗練され，民需の市場規模に対応した工業生産力と技術力によって，西側諸国の軍事産業の基盤は構築されていたのである。

　ソ連の社会主義体制の崩壊とともに生産性格差と社会の貧困を招いていた東側諸国は崩壊して分裂した。東側諸国の崩壊と経済力格差が発生した原因は，

---

15)　国際資本にとっては，その国の輸出財や輸入財の代替性や価格弾力性・所得弾力性という重要な変数には一切関心がなく，投資家が各自の資本の短期的な利益追求を目的とした個々の投資家の考えに基づいて行動する国際的な「資本移動の論理」の説明に終始しているのである。

　資本力と技術力の貧弱さであった，その原因は，労働価値説を背景とした社会主義経済学にあった。社会主義経済学は，資本蓄積の意義を軽視しており，資本の減耗とその減耗引当金という概念が欠如していた。技術力の格差は投資資金投入量の格差によってもたらされたのである[16]。

　そして，経済力格差は，人口規模と市場規模とを背景とした有効需要規模の格差の問題であった。東側諸国は市場原理不在の為に国民の需要に見合った生産活動を実現することができずに，資本不足のままの状態で経済社会が将来への投資を行うことができなかったことによって生じた問題なのであった。

　西側先進工業諸国は，この東側諸国の崩壊の原因を「市場原理の欠如」と「アニマル・スピリットの不在」であると理解した[17]。私有財産制度を背景とした「アニマル・スピリット」[18]を発揮する資本家を温存する西側諸国が民需の規模の巨大さゆえに，技術力と資本蓄積を果たして冷戦状態を勝ち抜いたと理解したのである。この理解はやがて世界経済のグローバリズム化によって大変不幸な結果を導くのである。

　ベルリンの壁の崩壊とともにソ連邦も崩壊し，西側諸国がリードするグローバリズムの世界が始まった。このグローバリズムの世界においては，資本規模格差と技術格差が各国間において顕著になったのである。そして，これらの格差は，資本家にとっては大きな利益確保の源泉となったのである。

　国際間の技術移転を実現するためには，資本の国際間の移動が必要である。生産規模の小さな諸国にとって低賃金労働者の活用と西側先進国の資本と技術の導入は魅力的な経済的取引であった。これがベルリン崩壊（1987 年）後の世界経済のグローバリズム経済の開始であった。

　《ヨーロッパの同盟化》

　ヨーロッパにおいては第二次世界大戦の反省から，1957 年に EEC（European

---

16)　資本の減耗引当金の存在が法人税の節税効果を持ち，資本の量と質の維持を可能に，その資金を母体としてそれ以上の資本形成を可能としてきたのである。

17)　一見正しく見える説明であるが，決して東欧諸国崩壊の本質的原因ではない。

18)　「アニマル・スピリット」には宇宙産業と軍拡産業も含まれていた。

Economic Community)[19]が設立された。その後，6か国が加わり，1967年に欧州石炭鉄鋼共同体（ECSC）と欧州原子力共同体（Euratom）とが統合され，欧州諸共同体（EC）と呼ばれる体制に移行した[20]。

　欧州連合（EU）発足の1993年，欧州経済共同体は欧州連合の3本柱構造の第1の柱であるとされたが，2009年のリスボン条約の発効によって廃止された[21]。

　このEC（欧州諸共同体）やEU（欧州連合）のような共同体形成の歴史は，結局のところはフランスとドイツの2強との間の戦争を防止するという妥協の産物でしかなかったのである[22]。二次的目的は米ドルに対抗するためのヨーロッパ共通の通貨圏の構築であった。それ故に，それはドイツ・マルクの衣替え以上の役割しか持ち得なかったのである[23]。

　EUとユーロ通貨[24]の出現は，為替相場の変動と著しい不均衡を排除するという意味でのヨーロッパ地域内の国家間の経済交流を進める重要な役割を果たすはずであった。それは，地域内の産業間分業の促進であったが，結果的には，進んだ地域と遅れた地域との格差の助長と加盟国間の貿易収支不均衡や資本収支不均衡を助長するという複雑な問題をもたらしたのである。それは域内の資本がより収益性の高い地域に投資されるという意味での地域内格差発生の原因となったのである。

　ユーロに参加する条件としての自国通貨発行権の放棄と国債発行権の放棄は，各国政府にとっては財政赤字対策手段の放棄であった。すなわち，国家権力と行政権の究極の放棄であった。自国地域の発展のための財政政策とその財

---

19)　EEC（欧州経済共同体）は，ベルギー，フランス，ドイツ，イタリア，ルクセンブルク，オランダとの間で経済統合実現を目的とする国際機関である。

20)　地域経済の協同化は最初の段階として関税同盟によって実現される。関税同盟の設立目的は，域内の効率性の上昇である。

21)　欧州経済共同体の機関は，欧州連合に継承されている。

22)　両国間の戦争回避がEU結成とユーロ構築の目的でしかなかったのである。

23)　ユーロはEU域内の貿易収支・国際収支不均衡の原因となったのである。

24)　ユーロは，欧州連合における経済通貨同盟で用いられている通貨である。

政赤字を補填する能力と権限を失ったヨーロッパ諸国の政府の多くは，外資の導入に頼る貧しい地域社会になってしまったのである[25]。

≪最適通貨圏の問題≫

最適通貨圏（Optimum Currency Area ; OCA）とは，地域全体で単一通貨を持つことが経済効率を最大化するような地理的な地域のことである。最適通貨圏の提唱者はロバート・マンデル（Robert Alexander Mundell）とされている[26]が，アバ・ラーナー（Abba Lerner）にマンデルよりも早い研究があったとも指摘されている[27]。

最適通貨圏の概念は，多通貨の統合・単一通貨創設のための最適通貨の特徴を説明するものである。この通貨同盟の考え方は経済統合の最終段階である。しかし，「最適通貨圏の利益」が「国家のマクロ経済政策の自立性による利益」を凌駕するという議論は，今まで，見当たらないのが現実である。

ユーロ創設の背景には，個々のヨーロッパ諸国は最適通貨圏の条件を満たすには小さく，ヨーロッパ全体として最適通貨圏の条件を満たすという認識であった[28]。

最適通貨圏が一つの国よりも小さい場合もある。例えば，アメリカ合衆国の一部が最適通貨圏の条件を満たしていないのではないかという議論である[29]。しかし，ドルという基軸通貨国として享受するアメリカ経済の諸利益を考慮するとき，アメリカ合衆国を最適通貨圏の範囲のいくつかの地域に分割するべきであるという議論は登場するはずもないのである。

---

25）　この結果として，ヨーロッパ諸国の多くは，当時，一見繁栄したように見えた中国からの巨大な投資を受け入れてしまったのである。

26）　Mundell, R. A. (1961) "A Theory of Optimum Currency Areas," American Economic Review 51 (4) : 657-665.

27）　Scitovsky, Tibor (1984) "Lerner's Contribution to Economics," Journal of Economic Literature 22 (4) : 1547-1571.

28）　ユーロ創設は最適通貨圏の新しい事例であり，最適通貨圏の理論基礎を試すモデルを提供すると考えられる。

29）　Federal Reserve Bank of Chicago (2001) "Is the United States an optimum currency area?", December 2001.

≪中国資本≫

　中国から海外へ投資された外貨資金は，海外から中国に投資された外貨が元になっていると考えられる。そして，外国企業が生産活動を通じて中国国内での販売や海外への輸出によって得られた利益としての外貨は，国外に送金されるのである。それ故に，一定期間内では外貨としての資本移動は均衡しているか中国から資本が流出するはずである[30]。

　中国国内の貯蓄によって賄われる投資資金は，本来，中国国内の日常生活における厚生水準を引き上げ，雇用量を増加させ，産業構造を改善するためにいろいろな形で投資されるべき資金である。しかし，この国内資金を国民・労働者への便益に投入されないまま，一部の特権階層（＝共産党幹部）が国内の金融市場から不正に集められた巨額の資金を香港・マカオ[31]の金融システムを利用して，大量の外貨資金に化けさせて，国際的な中国ファンドを形成して，ヨーロッパ諸国やアメリカ大陸等の金融機関に投資して，やがてヨーロッパ諸国の経済は，中国金融資本に支配されてしまったのである。

## 3. MMT の理論とその限界について

　現代貨幣理論（Modern Monetary Theory, MMT）とは，「貨幣は商品ではなく信頼に基づく貸借関係の記録（負債の記録）である，貨幣は銀行等が貸借関係の記録を書き込む時に創出され，返済する時に消滅するものである」と説明する。現代貨幣理論においては，管理通貨制度の下で，貨幣は政府が最初に支出するものであり，貨幣の信用とその価値は，国家の徴税権によって保証されているという認識が基本である。MMT の主唱者たちは，国債発行に基づく政府支出がインフレ率に影響を与える事実を前提として，変動相場制において自国通貨を有している政府[32]は，税収額ではなく，インフレ率に基づいて財政支

---

30)　実際には，外国企業の資産は自由に海外へは持ち出せないといわれている。

31)　香港・マカオの金融市場がマネーロンダリングの根拠地である。

32)　ユーロ加盟国の場合はこの定義には当てはまらない。EU 各国にとって，貨幣は EU 全体の共通通貨であるために，この MMT の理論は成立しないのである。

出を調整すべきだという新たな財政規律を主張しているのである。

　通貨は政府によって公共的に独占されており，政府の歳入と歳出に応じて財政資産の供給を制限する政策を立案する際に，失業を根絶するためにケインズ経済学の有効需要政策を最善とするのが現代貨幣理論である。

　MMT は，「政府の財政政策は完全雇用の達成・格差の是正・適正なインフレ率の維持等，財政の均衡ではなく経済の均衡を目的として実行すべきであり，新貨幣の発行が政府の目的に応じた財源となると主張し，完全雇用を実現した場合のインフレーション・リスクに対しては，増税と国債発行による超過貨幣の回収で対処できる」と主張しているのである。

### 3-1　MMT 批判

　しかし，MMT 論者が説明する「格差」とは，一方では個人間格差であり，また，一方では地域間格差である。これらの格差についての具体策は提示されていないのが問題である。また，「適正なインフレ率」とは，貨幣量との関係で議論されているインフレーション率であるが，ケインズが景気拡大期に必然的に起こると説明するクリーピング・インフレーションとは産業間・市場間において発生する跛行的インフレーションであり，本質的に意味が異なるのである。

　そして，「完全雇用」の問題の背景には正規社員と非正規社員との能力と評価の問題が伴うのである。また，「完全雇用」を「経済の均衡」と説明することは，対外均衡との関係を論じないままで，国内経済の均衡を論ずることになり，今日の国際化の時代においては無意味なのである。

　MMT 論者が説明するように政府の貨幣発行の量の決定は財政赤字に対して自由である。しかし，経済規模や政府の徴税能力によらずに，財政規模を拡大するリスクは，景気の拡大過程において生じると危惧される種々のボトル・ネックが発生することによって生じる諸リスクが存在するのである。

　たとえば，日本経済の公共事業規模が 15 兆円前後であった高度経済成長期と 5 兆円規模である今日の状態を比較すると，ゼネコンをはじめとする建設業

界の技術者等のスタッフ規模は当時の3分の1以下に減少しているのである。

　このような時期に財政規模を拡大することは，人材や設備におけるボトル・ネックを発生させインフレーションを招くだけの愚策となるのである。もしこのような財政拡大政策を提案するのであれば，建設関係の技術者等のスタッフの規模と質の充実を先行させる計画を提示しなければならないのである。しかし，民間企業は将来継続的にありうる可能性の低い仕事（公共事業）の為にスタッフを増やすことはない。ということは，結果として公共事業による景気拡大政策は自己矛盾を起こすのである。このように実際の経済状態や産業構造の調整についての連鎖とその速度を考慮しない帳簿上だけの MMT の議論はまさに「机上の空論」以外の何物でもないのである。

　MMT 理論を背景に政策提言する人々に求められる知識は，財政規律の背景にある経済状態に対する認識と考え方の充実と社会の経済的現状と産業構造や就業構造の実態を理解した政策提言が必要であるということである[33]。

### 3-2　ケインズ経済学からの MMT 批判

　J. M.ケインズ（J. M. Keynes）の『雇用・利子および貨幣の一般理論』において，有効需要の大きさは，「総需要関数と総供給関数の交点における総需要の大きさである」と定義されている[34]。

　Nを雇用量，Zを総供給額，Dを総需要額，$\phi$ を総供給関数，fを総需要関数とすると，有効需要の大きさは，次の(3)式と(4)式との交点の大きさとして，次の(3)式，(4)式と(5)式のように説明される。

$$Z = \phi (N), \ \phi' (N) > 0, \ \phi'' (N) > 0 \tag{3}$$

$$D = f(N), \ f'(N) > 0, \ f''(N) < 0 \tag{4}$$

---

33)　この MMT 批判の議論は，決してその問題意識を批判するものではなく，政策提言の内容についての再考を促すものである。

34)　総需要額と総供給額は定義的に同額であるはずであるが，ケインズは需要額の値を「有効需要の大きさ」と定義している。総供給額の定義に問題があるということである。詳細は，大矢野（2018）pp. 55-57 を参照されたい。

図1-3　ケインズの有効需要の理論

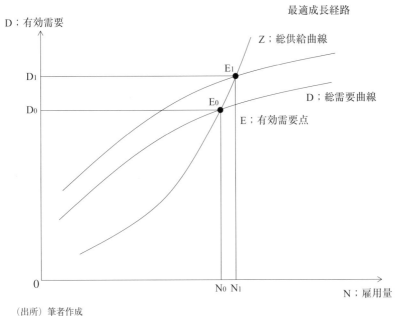

（出所）筆者作成

$$Z(N_E) = D(N_E) \tag{5}$$

　この時の総需要関数の値 $D = f(N_E)$ が有効需要の大きさであり，そのときの雇用量 $N_E$ が非自発的失業を伴うケインズ均衡における雇用量である。図1-3において，総供給関数は Z 曲線のように，総需要関数は D 曲線のように，それぞれ図示される。この両曲線の交点 $E_0$ が有効需要点である。総供給関数が逓増的に描かれるのは雇用の増大の過程で跛行的インフレーションが生じているからである。

　この有効需要の大きさとその中身は，企業家が意思決定するものであり，決して政府が決定するものではない。政府は経済全体を誘導する力を持っているだけなのである。

　ケインズ的有効需要拡大政策が採用されると総需要曲線は上方にシフトして，有効需要は総供給関数の交点として $E_0$ から $E_1$ に増加することが説明される。いま，MMT 論者が説明するように政府が財政制約を意識しない状態

で，財政規模の拡大政策を採用することが可能であるとしても，雇用の増加に従って総供給曲線の勾配が急激に上昇すると考えられる現状においては，有効需要の増加は雇用量の増加（$\Delta N = N_1 - N_0$）を導かず跛行的インフレ率の上昇が生じることが説明されるのである。しかも，予算制約条件から，やがて，財政の拡大政策を取りやめ財政規模がもとの規模に戻れば経済の均衡状態は元の均衡状態 $E_0$ に戻ってしまうのである。そのとき，政府には財政赤字の累積額だけが残されるのである。

　ケインズ経済学の有効需要政策とは，この財政政策の拡大期間において，企業家が国内経済[35]における将来への景気予測を改善して「アニマル・スピリット」を復活させて投資水準の増加を導くというものである。

　しかし，この過程において重要な問題は「良い公共事業」と「悪い公共事業」の例で分かるように民間企業の生産費用，特に社会的生産費用を低減させるような外部経済効果をもたらす公共事業が求められているのである[36]。

　MMT の金融政策の説明においては，この「アニマル・スピリット」の復活過程は当然視されており，社会資本の充実に関する具体的な公共事業の在り方についても無視されているのである。

　次の節では，グローバル経済後の社会資本形成の問題について考察する。

## 4．トランプ時代の資本蓄積と国内経済発展

### 4-1　社会資本と民間資本の最適比率

　トランプ時代の到来とは，「アメリカン・ファースト時代の到来」であり，各国にとっては「自国ファーストの時代の到来」である。それは，「尻尾が犬を振る」時代から「犬が尻尾を振る」時代への回帰なのである。

---

35）　グローバリズム経済の今日，企業の多くは国内景気の動向よりは海外の経済動向
　　に関心が移っている。

36）　開発途上国においては，産業基盤資本としての社会資本形成が重要であり，先進
　　工業諸国にとっては病院や厚生施設，博物館，美術館等の生活関連社会資本形成も
　　重要である。

いま，$K_G$ を社会資本ストック量（＝政府資本）[37]，$K_P$ を民間資本ストック量[38]，Y を国民所得，t を社会資本形成に投資される国民所得の割合，s を貯蓄率，N を雇用量，F をマクロ生産関数，$\delta_G$ を社会資本減耗率，$\delta_P$ を民間資本減耗率とする。

民間資本形成は国民所得 Y の一定割合 s（貯蓄率）で形成されると仮定する。社会資本形成は，国民所得から一定割合（＝T/Y）で負担されると想定する。

(6)式でマクロ生産関数を定義する。

$$Y = F(N, K_P, K_G),\ F_N > 0,\ F_{KP} > 0,\ F_{KG} > 0 \tag{6}$$

ここで，$F_N > 0$ は労働の限界生産性，$F_{KP} > 0$ は民間資本の限界生産性，$F_{KG} > 0$ は社会資本の限界生産性がそれぞれ正であることを表している。

マクロ生産関数は，1人当たりの変数として再定義することができる。

$$y = f(k_P, k_G),\ k_P > 0,\ k_G > 0 \tag{6'}$$

社会資本と民間資本の蓄積率（$\dot{K}_G, \dot{K}_P$）[39]は，連立微分方程式体系として説明される。ここで，雇用量 N は人口増加率に比例して一定の割合で増加すると仮定する[40]。$\delta_P$ と $\delta_G$ は民間資本の減耗率と社会資本の減耗率である。

$$\dot{K}_G = tY - \delta_G K_G \tag{7}$$

$$\dot{K}_P = sY_D - \delta_P K_P = s(Y - T) = s(1-t)Y - \delta_P K_P \tag{8}$$

(7)式を労働者1人当たりの社会資本量を表す大きさとして再定義して，その時間についての変化率をとると，次の(7)′式のように表される。

---

37) 社会資本ストックとは，産業基盤関連の社会資本について考える。社会資本には，生活基盤の社会資本も考慮するべきであるが本論では考察していない。
38) 民間資本とは国内民間資本として定義し，外国への投資資本については除外して考察する。
39) この値は年蓄積率として定義される。
40) 雇用量は人口の一定比率であると仮定することによって，労働参加率が一定である限り雇用量の増加率は人口増加率と同率であると想定することができる。

$$k_G = \frac{K_G}{N} = t\frac{Y}{N} - \delta_G\frac{K_G}{N}$$

$$\dot{k}_G = \frac{\dot{K}_G}{N} = nk_G = t\frac{Y}{N} - \delta_G\frac{K_G}{N} - nK_G = ty - (\delta_G + n)k_G \qquad (7)'$$

同様に(8)式を労働者1人当たりの民間資本量を表す大きさとして再定義して、その時間についての変化率をとると、次の(8)′式のように表される。

$$k_P = \frac{K_P}{N} = s\frac{Y_D}{N} - \delta_P\frac{K_P}{N}$$

$$\dot{k}_P = \frac{\dot{K}_P}{N} - nk_P = s(1-t)\frac{Y}{N} - \delta_P\frac{K_P}{N} - n\frac{K_P}{N}$$

$$= s(1-t)y - (\delta_P + n)k_P \qquad (8)'$$

以上の定義から、本モデルは一人当たりの社会資本 $k_G$ と一人当たりの民間資本 $k_P$ に関する連立微分方程式体系として説明することができる。

$$\dot{k}_G = tf(k_P, k_G) - (\delta_G + n)k_G \qquad (9)$$

$$\frac{\partial \dot{k}_G}{\partial k_P}tf_{KP} > 0, \quad \frac{\partial \dot{k}_G}{\partial k_G} = tf_{KG} - (\delta_G + n) < 0$$

$$\frac{dk_P}{dk_G} = -\frac{\partial \dot{k}_G}{\partial k_P}/\frac{\partial \dot{k}_G}{\partial k_G} = -\frac{tf_{KP}}{tf_{KG} - (\delta_G + n)} > 0$$

$$\dot{k}_P = s(1-t)f(k_P, k_G) - (\delta_P + n)k_P \qquad (10)$$

$$\frac{\partial \dot{k}_P}{\partial k_P} = s(1-t)f_{KP} - (\delta_P + n) < 0, \quad \frac{\partial \dot{k}_P}{\partial k_G} = s(1-t)f_{KG} > 0,$$

$$\frac{dk_P}{dk_G} = -\frac{\partial \dot{k}_P}{\partial k_P}/\frac{\partial \dot{k}_P}{\partial k_G} = -\frac{s(1-t)f_{KP} - (\delta_P + n)}{s(1-t)f_{KG}} > 0$$

≪特異点としての均衡点≫

両曲線の交点 E は、次の条件を満たすようなこの経済の特異点である。

$$\dot{k}_G = g(k_P^*, k_G^*) = 0, \quad k_P^* > 0, \quad k_G^* < 0 \qquad (10)$$

$$\dot{k}_P = h(k_P^*, k_G^*) = 0, \quad k_P^* < 0, \quad k_G^* > 0 \qquad (11)$$

この経済は一定の経済状態において、労働者一人当たりの最適な社会資本量

$k_G^*$ と最適な民間資本量 $k_P^*$ が長期均衡状態として実現するという意味で不動点である。一般的に，$\dot{k}_G = 0$ 線の傾きの方が $\dot{k}_P = 0$ 線の傾きよりも横軸に対して大きいと考えられる。

すなわち，$-\dfrac{tf_{KP}}{tf_{KG}-(\delta_G+n)} > -\dfrac{s(1-t)f_{KP}-(\delta_P+n)}{s(1-t)f_{KG}})$ である。

この関係から，資本主義経済において市場原理に任せて民間資本蓄積が行われると，経済は，やがて，政府の社会資本の蓄積との関係で一定の長期的な均衡点 E に向けて自動的に収斂することが説明されるのである。

長期均衡点 E は，先進工業諸国[41]にとっては「黄金律」の実現である。しかし，開発途上国[42]（developing country）や低開発経済（underdeveloped country）にとっては長期停滞均衡でしかないのである。政府が望む先進工業諸国への仲間入りのような飛躍的な経済発展を実現するためには企業の合理的な経済活動と政府の保守的な経済運営だけでは，飛躍的な経済発展は望めないことが説明されるのである。

このことは，図 1-4 の「臨界努力曲線」の位置によって説明することができる。

≪臨界努力曲線≫

この長期均衡点である特異点をより高い位置に引き上げるための経済的・政治的・社会的に正に必要な努力基準が「臨界努力曲線」である。経済はこの「臨界努力曲線」を超えて経済成長が開始されるとき，自律的な経済発展が開始されるのである[43]。

「臨界努力曲線」とは，フェイ・ラニスの定義である。一定の経済的要因が

---

41)　ここで，先進国とは，「臨界努力曲線」よりも上位の位置に長期経済均衡点が位置する経済であると定義することができる。

42)　開発途上国や低開発国とは，「臨界努力曲線」よりも生産性の低い右下の位置に長期経済均衡点が位置する経済であると定義している。

43)　ここで，「臨界努力曲線」は社会資本と政府資本の代替関係（トレード・オフ）がある曲線として描かれている。

図 1-4　$k_G = 0$ 線の傾き＞$k_P = 0$ 線の傾き

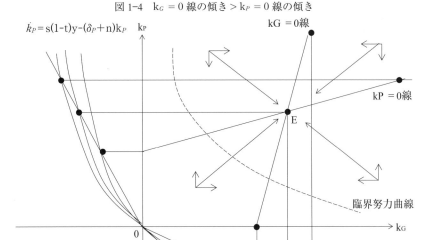

$\dot{k}_P = s(1-t)y-(\delta_P+n)k_P$

$kG = 0$線

$kP = 0$線

E

臨界努力曲線

$\dot{k}_G = ty-(\delta_G+n)k_G$

（出所）筆者作成（図1-5，図1-6も同様）

成立することによって開発途上国経済は「臨界努力曲線」を超えて自生的な経済発展の経路を選ぶことができると説明するのである。

　この考え方は，ライベンシュタインの「臨界的小努力」（Critical Minimum Effort）のように経済が最小の努力の度合いを達成することで経済発展の契機が得られることを説明したのである。また，W. W.ロストウは開発途上国を前提として発展段階としての「テイク・オフ」の概念とその克服策の重要性を主張した。この「テイク・オフ」の基準が「臨界努力曲線」である。

　ミュルダール等は，アジアの経済的現実を悲観的に捉え「貧困の罠」からの脱却の困難さを訴え，国際的協調と支援を求める主張を行った。このときの支援の成果が実現するための基準が「臨界努力曲線」であると考えられている。

　すなわち，資本主義経済システムの下で，開発途上国の経済発展政策において，企業が合理的な経済活動を行い，経済を発展させるためには，政府は民間

資本形成と同時に適切な社会資本形成を行うことによって「臨界努力曲線」を超えるための「経済発展戦略」を実現することが重要になるのである。

≪明治維新と産業改革≫

明治維新の日本経済の発展戦略は，社会資本（政府資本）の形成から始まり，やがて官営事業民間払い下げ[44]によって，民間資本の形成を促して，大正時代から昭和時代にかけて経済発展の経路を選択したのである[45]。

官業払下げは炭坑，鉱山などから始まり，工場や一部の鉄道などに及んだ。1880年代以降に進行する払下げは，政府に必要な軍事，通信，また資金や技術を必要とする精錬，冶金などの諸部門を除き，1896年に生野銀山が最後に払い下げられるまで，多くの官営鉱山や官営模範工場に及んだ。

政府財政を節減する目的で実施された官業払下げは，官営軍事工業部門を強化する結果になったのである。また，払受け人に有利となった払下げは，払下げを受けた三井，三菱，古河その他の政商に対して，払下げの施設を基礎に，後年，彼らが財閥に発展する条件を保証することになったのである[46]。

すなわち，明治政府はこの特異点をどのようにして「臨界努力曲線」を超えて右上の位置に押し上げるかが課題であった。明治政府の指導は，官営企業を建設し，市場構築と採算性が実現した後に，政府資本 $k_G$ を民間企業資本 $k_P$ へと払い下げ等を行うことによって，民間資本蓄積を助長して，経済活動を活発化させ，民間資本の形成を促すという戦略を採用したのである。

≪鄧小平の開放政策とその失敗≫

中国経済は鄧小平の「南巡講話」[47]によって，日本の経済発展の過程を模倣

---

44) 明治政府は民間産業を育成するために，官営鉱山や官営工場の一部を，特権的政商などに「官営事業民間払い下げ」として払い下げた。1880年に布告された「工場払い下げ概則」が，実現の直接の契機になった。

45) グローバリズムの世界とはこの国内の余剰資金を国内投資から，より利益を生む海外に投資して利益を得ようとする経済活動である。

46) 払下げ条件は，政府資金の回収が目的であり，営業資本の即時納入と厳しい規定が含まれていたため，払受け希望者がきわめて少なかった。4年後に同法令は廃止され，払下げは個別に承認される形で実現することになった。

47) 1992年1月から2月にかけて，鄧小平は武漢，深圳，珠海，上海などを視察し，重

図 1-5  s 貯蓄率, t 社会資本への投資率の上昇の効果

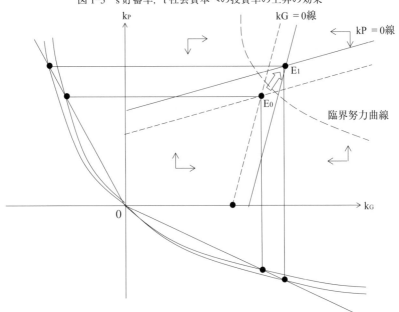

した開放政策[48]が発表されて, 当初は, 飛躍的な経済成長を実現させたものの, 社会主義経済体制の本質の問題[49]と天安門事件等の影響もあって, 国内の民間資本の蓄積が計画通りに進まず[50], 社会資本の不足も加速して経済発展計画が停滞することになったのである。

　実際の中国経済においては, 中国国内の巨額な資金を対外投資に導き, 国内経済の資本蓄積の遅れという国内経済の負担の増大と国内社会資本形成の遅れのために, 民間資本と社会資本の蓄積率を低下させてしまい, 国民の生活水準を弱体化させて来たのである。このことは, 図 1-5 においては「臨界努力曲

---

要な声明を発表した一連の行動をいう。

48)　1978 年 12 月に開催された中国共産党第十一期中央委員会第三回全体会議で提出され, その後開始された中国国内体制の改革および対外開放政策のこと。

49)　労働価値説に基づく社会主義経済体制にとって, 本来, 資本蓄積を評価するシステムがないのである。

50)　民間資本の多くは外国の資本との共同の投資であり, 国内民間資本形成は遅れているのである。

線」の右上方へのシフトとして理解されるのである。

　現在のような国内経済状態と貯蓄・投資の関係が続くならば，中国国内はバ
ブル経済とバブル崩壊を招来して，やがて社会資本の減耗と民間資本の減耗が
進んで，開放政策以前の状態へと経済は回帰することが予想されるのである。

　すなわち，今日の中国経済の経済成長戦略の失敗の原因の 1 つは，海外から
の投資による資本形成に依存しすぎていることである[51]。もう 1 つは，国内
経済における社会資本の充実は，一部の地域，特に沿岸地域に限られた為に，
国内全体の産業開発に貢献するものではなかったのである。そして，第 3 に
は，時間が経っても育たない国内の民間資本と人材教育の問題である。出資比
率 51％ は計算上の問題であり，労働者の質や技術力の改善の程度が低賃金程
度のままの生産性である限り，成熟した資本主義経済への参加は不可能であっ
たのである[52]。

　このようないくつかの問題が原因として，中国経済の「臨界努力曲線」は高
い水準のまま推移することになり，外国資本の形成と政府資本の形成が進めら
れてきたのである。

《臨界努力曲線を超えるための経済発展政策》

　民間資本の技術進歩や経営者や労働者等の質の改善によってより効率的な生
産活動が実現するようになると，$\dot{k}_P = 0$ 線は上にシフトするのである。

　同様に，政府が効率的な社会資本形成を実施することによって $\dot{k}_G = 0$ 線は
右にシフトするのである。

　その結果，両曲線の交点の特異点は，右上に移動して図 1-5 のように「臨界
努力曲線」を超える可能性が増大するのである。すなわち，技術進歩と最適な
社会資本形成によって「臨界努力曲線」を左下に移動させ，民間資本の自律的
蓄積と社会資本形成の適切な蓄積によって経済は自立的に発展することが期待

---

51)　これらの外国資本は出資比率が 51％ を超えたとしても，十分な国内民間資本には
　　なり得なかったのである。
52)　中国経済の発展戦略のような外国資本導入を考慮して本節のモデルを考える場合
　　には，出資比率に基づいて，51％ は民間資本として，49％ は政府資本として考察す
　　る方法がある。

されるのである。

≪人口増加と限界償却率の上昇≫

　人口増加や労働力率（労働参加率）が上昇すると，労働力が増加し労働者数の増加率 n が上昇する。あるいは，資本の減耗率が上昇して減価償却率（$\delta_G$, $\delta_P$）が上昇する場合は，最適な資本労働比率が低下し，労働生産性は低下するために，1人当たりの所得水準は減少することになる。このケースは長期均衡点 $E_0$ から $E_1$ への低下として，図 1-6 のように表すことができる。

## 5. むすびにかえて

### 5-1　グローバリズムと経済発展

　新しい世界経済システムを形成するためには，各国の貨幣発行権が保証されそれに整合性のある為替相場制度の構築と国際間における財・サービスについ

図 1-6　n + $\delta$ の増大の効果

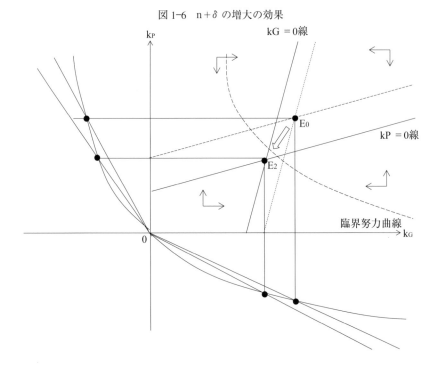

ての自由貿易システムの実現が必要である。

この新しく構築された国際金融システムにおいては，一度，金融危機が生じた場合には，その危機が国際間を伝播しない制度でなければならないのである。

ここで金融危機の国際的な伝搬の問題とは，ある国の資産家の巨大な資産が海外において突然なくなることが問題なのではなく，国際的な金融取引に直接的には関係ない人々にとって将来の生活基盤として蓄えられた資金や年金が一部の投資関係者の思惑による金融取引の失敗によって脅かされることに問題があるという意味である[53]。

ポスト・グローバリズムの世界とは，各国の独自の通貨発行権が保証されることであり，そして，国内資本に基づく国内経済システムの構築と自国の資産の保全が可能でなければならないのである。

そして，各国の政府が努力するべきことは，国内の住民のために必要な社会資本の建設と社会システムの構築，そして民間企業の生産活動における改善の努力を反映するための資金が，彼らが蓄えてきた資産によって実現されることが重要なのである。

グローバリズムとは，国内の経済状態を維持・改善するために国内の人々が働いて貯めてきた資本を活用するという当たり前のシステムが破壊されてきたことであると説明できるのである。


## 5-2　資本の暴走

かつて，カール・マルクス (Karl Marx) とフリードリヒ・エンゲルス (Friedrich Engels) は，彼らの著書『共産党宣言』において，「一匹の亡霊がヨーロッパを徘徊している，共産主義という亡霊が。およそ古いヨーロッパのすべての権力が，この妖怪を祓い清めるという神聖な目的のために，同盟を結んでいる。」

---

53)　日本においては年金積立金の外資運用の問題である。これらの資金は本来国内の厚生水準を高めるための社会資本の充実に充てられるべき資金である。

と記した。

　第二次世界大戦後の冷戦の時代からグローバリズムの時代はまさに，この「一匹の亡霊」との戦いであった。しかし，冷戦後の世界の人々がグローバリズム経済の運営に失敗した以後の経済において，人々が，本来，理解するべき，「亡霊」とは，「資本の暴走」なのである。

　私有財産制と民主主義に裏付けられた資本主義経済においては，私利私欲によって自由に移動する「資本」は国境を越えて，私的で，短期的で，排他的な利益を求めて，世界を徘徊しているのである。

　これからの経済学徒は，これまでの人々が敢えてその存在を無視していたこの国際資本という「亡霊」に立ち向かうべく叡智を傾けなければならないのである。

### 5-3　トランプ時代の世界経済

　以上説明してきたように，トランプ時代の到来とは，アメリカが「物づくり国家へ回帰する」という意味でなければならないのである。なぜならば，アメリカが基軸通貨国の特権を背景とした国際金融大国である限り，モノづくりの世界において「メイドイン・アメリカ」は，実現できないからである。

#### 参 考 文 献

大矢野栄次（2018）「ケインズの経済学徒現代マクロ経済学」，同文館出版社。

カール・マルクス＆フリードリヒ・エンゲルス（1848）"Das Kommunistische Manifest"，大内兵衛，向坂逸郎訳，『共産党宣言』白 124-5。

P. R.クルーグマン＆M.オプスフェルド（2011）「クルーグマンの国際経済学理論と政策 下 金融編」，山本章子訳，第8版。

Federal Reserve Bank of Chicago (2001) "Is the United States an optimum currency area?", December 2001.

J. M. Keynes (1936) "A General theory of employment, Interest and Money".

H. Leibenstein (1957) "Economic backwardness and economic growth" John Wiley & Sons.

Gerald M. Meier (2000) "Leading Issues in Economic Development" 7 th ed. Oxford Univ. Press.

Mundell,R. A. (1961) "A Theory of Optimum Currency Areas". American Economic Review 51 (4)：657-665.

NAIBER, non-accelerating inflation buffer employment ratio.

W. W. Rostow (1960) "The Stages of Economic Growth" Cambridge Univ. Press, London, Tibor.

Scitovsky, Tibor (1984) "Lerner's Contribution to Economics", Journal of Economic Literature 22 (4): 1547−1571.

第 2 章

# グローバル化の後退と日本経済の課題

栗　林　　世

## 1. はじめに

　現在の世界経済は，ある意味で重大な岐路に立っているといえよう。世界経済は，第 2 次世界大戦後，ブレトン・ウッズ体制に始まる国際連合（国連）を中心とした諸国際機関の調整に基づき，米ソ 2 極体制の冷戦下で競い合う形で発展してきた。しかし，1989 年のベルリンの壁崩壊後ソ連を中心とした計画経済は消失し，市場経済に基づく資本主義体制一極となり，1990 年代初頭以降グローバル化が急速に進められてきた。その結果，企業の経済効率追求が成果配分の公正性，公平性を歪め各種の格差や自然破壊を発生させ，政治的問題を引き起こしている。それが現在では，ポピュリズムとして政治を動かし，経済に大きな影響を与えると共に脱グローバル化の潮流を生み出している。

　現在のグローバル化は，Rodric がいう“グローバル化の政治的トリレンマ”に直面している（栗林（2015）参照）。国民国家主権（自国第 1 主義）が前面に出て，（自由）民主主義を守るか超グローバル化を推進するかが問われている。米国のトランプ政権にみられるような自国第 1 主義，ロシア，トルコ，東欧諸国，南米，アフリカにみられる権威主義体制，中国の共産党独裁体制での国家資本主義が台頭し，多国間主義の衰退が懸念されている。

　栗林（2012）で，グローバル化は，「世界的規模で，経済，政治，文化の分

野（多次元性）で，相互依存関係の強化や深化が進み，統合されていく社会的過程を意味するもの」と定義した。中でも重要な概念は統合であり，国際化とは異なることである。市場で言えば，国境を越えて統合された世界市場（グローバル市場）で競争することになる。したがって，だれがどのようにして市場ルールを設定するか，およびグローバル市場統治（グローバル・ガバナンス）が重要なポイントとなる。この点が現在各国の直面している主要な課題である。

　さらに栗林（2015）では，経済的グローバル化を歴史的に 4 期間に区分し，便宜上現代のグローバル化（ブレトン・ウッズ体制崩壊後の 1973 年以降の期間）を 2 期間に区分した。現在は 1994 年以降の一極資本主義体制下の現代のグローバル化②であり，そのグローバル化が後退する方向に転じようとしていることである。

　James は，グローバル経済が自壊する経路として，システムが内包する欠陥による自己破壊とグローバル化に対する社会的・政治的反動を挙げている（栗林（2015）参照）。現状はこれと類似の状況が進行中のように思われる。経済的グローバル化は，一般に，財・サービス，人，情報，および通貨（金融）の国境を越えた移動（市場取引）の過程として捉えられる。本章では中長期のグローバル経済の潮流，その中での日本経済の課題を考察することを目的としている。財・サービスの貿易および人の移動としての移民・難民の動向から，現在のグローバル化の諸問題を検討する。

　第 2 節では，国際通貨基金（IMF）の 2020 年の世界経済見通しを概観した後，1990 年以降の世界経済のグローバル化に関連した中長期トレンドについてみる。そして米中貿易戦争ともいわれている多国間主義から 2 国間主義への移行を引き起こしている貿易構造について検討する。第 3 節では，先進国や新興国におけるポピュリズムの台頭の主要な要因の 1 つとなっている移民・難民動向と国連による世界人口の将来予測についてみる。第 4 節では，このような世界経済のグローバル化の後退という潮流の中で，少子高齢化の下で人口減少に直面している日本経済の課題を貿易および移民政策面に関連して検討する。

## 2.　グローバル化の中長期トレンドと貿易構造

### 2-1　世界経済の短期見通しと中長期トレンド

　まず 2020 年の世界経済についてみる。IMF は，2020 年 1 月の世界経済見通し（WEO）で，2020 年の世界経済の成長率は，2019 年の 2.9% から 3.3% へとわずかに上昇すると予測している。しかし，この予測は 2019 年 10 月時点での予測より 0.1% ポイントの下方修正となっている。多くの国で金融政策は緩和方向にあること，米中の貿易交渉で中間的第 1 段階の合意（フェーズ 1 妥結）に達したこと，英国の妥結なき EU 離脱（no-deal Brexit）の恐れが後退したことなど好ましい面はあるが，この下方修正は，主としてインドなどいくつかの新興国で停滞感が強まっていることおよび社会不安が増していることを反映しているとしている。1 月予測のリスク要因としては，米・イランなど地政学的緊張の高まり，多くの国における社会不安の高まり，米国と貿易相手国間，特に米・中の関税障壁問題，IT 技術革新関連の紛争，および気象関連の災害が挙げられている。これらは本章で取り上げているグローバル化の後退と深く関連している。さらに IMF は，3 月初めには，新型コロナウイルスによる感染拡大がグローバル供給網や需要に影響を与え，2020 年の成長率は，2019 年の成長率よりも低くなる可能性があることに言及している。

　3 月 11 日には，新型コロナウイルスの感染が世界保健機構（WHO）によって「パンデミック（世界的大流行病）」（COVID-19）と宣言された。本章執筆時点では，各国は対内的にも，対外的にも人々の移動を制限し，大規模なイベントの禁止または自粛を要請していることを受け，世界的に株価の急落が起きている。また COVID-19 の急速な感染拡大を阻止するために世界的に主要国においてロックダウン（都市封鎖）が行われ，経済活動の世界的規模での大停滞が起き始めている。こうした状況下で，IMF は 4 月 14 日に，2020 年の後半には COVID-19 が収束することを想定して 2020 年の経済成長は −3.0% になる可能性に言及している。こうしたパンデミックが今後のグローバル化に大きな影響を与えることと思われるが，本節では，中長期動向に注目して，まず現代のグ

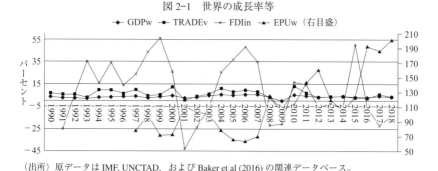

図 2-1　世界の成長率等

（出所）原データは IMF, UNCTAD, および Baker et al (2016) の関連データベース。

図 2-2　成長率比較

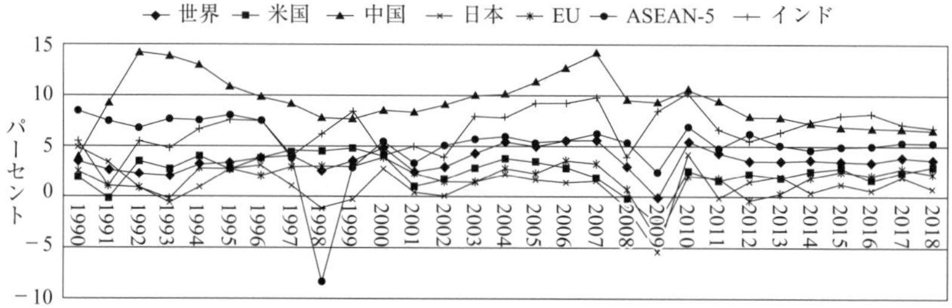

（出所）原データは IMF の WEO データベース。

ローバル化のトレンドをマクロ的視座から検討する。

　図 2-1 は，世界経済の成長率（GDPw），世界の輸出量増加率（TRADEv），受け入れ国の対外直接投資の増加率（FDIin），および世界の経済政策不確実性指数（EPUw）の動向，図 2-2 は，主要国および欧州連合（EU）の成長率を示している。

　図 2-1 からは，世界経済の成長は，対外直接投資（FDI）および貿易量と高い相関があることが読み取れる。経済理論的にもいわれているように，FDI が受入国（ホスト国）の産業を発展させて供給力を高め，国内での投資需要と共に輸出を促進し，成長率を高めていると解釈される[1]。FDI によるグローバル企業の参入とサプライチェーンの拡大は，世界貿易の内容を産業間貿易から産

---

1）　FDI には受入国（ホスト国）と投資国（ホーム国）との統計がある。本章では特に断らない限りホスト国を意味するものとする。

業内貿易の比重を高める方向へと変えている。FDIと貿易の自由化がグローバル化の柱であり，グローバル化は両者によって進められるともいえるので，グローバル化は世界経済の成長を推進してきたといえよう。

さらに経済政策不確実性（EPU）[2]とFDIは鮮明な逆方向の動向を示しており，経済の不確実性が高まるとFDIに負の影響を与えることがみてとれる。図2-1に示されているように，グローバル化②では，1993-2000年のFDIは毎年15％以上の高い増加率となっておりFDIが1990年代のグローバル化の推進力となっていることがわかる。それに伴い，貿易も高い伸び率を示すと同時に，制度面では1995年にGATTが発展的に世界貿易機構（WTO）に改組された。さらに制度面では，1993年に欧州連合（EU）が発足し超グローバル化ともいえる経済統合地域が誕生した。そして1999年にはEU通貨統合（ユール導入）が達成されている。

FDIでみると，先進国でのEUと米国が大半を占めており，発展途上国では中国などが上位を占めている。2000年代初頭には，米国における同時多発テロやアルゼンチン経済危機などがあり，FDIはやや停滞したが，2006年には2000年水準を越え回復した。しかし，2008-09年の世界大不況で下落に転じた。その後やや回復したが，FDIは2012年以降，2015年の約30％の増加を除き，毎年減少に転じている。このようにFDIは，世界大不況前までは大きな循環を描きながらも高い増加率を示していたが，金融危機後は，不確実性の高まりとともに減少傾向に転じており，グローバル化の後退につながる可能性を示唆している。この間特徴的なのは，中国のFDIは，ほぼ一貫して上昇していることである。2000年には，世界FDI全体の3.0％であったのが2018年には10.7％に達している。さらに中国のホーム国としてのFDIも2007年以降高い増加傾向を示しており，2018年には日本に次ぐ世界第2位の投資国（全世界の12.8％）になっている。

こうした自国内でのFDIの中長期動向は，各国の成長率にも反映されてい

---

2)　EPUに関してはBaker et al. (2016)を参照。

る。図 2-2 は，全世界，米国，日本，EU，中国，インド，および ASEAN 5 カ
国（ASEAN-5）[3]の成長率を比較したものである。発展途上国に関しては，グ
ローバル化の影響で高成長をしていると思われる中国，インド，および ASEAN
-5 を取り上げている。当然のことながら，世界の成長率は，経済規模が最も
大きい米国と近い値であり，同様の成長循環を描いている。しかし 2000 年以
降は米国よりは高い値となっている。それは図 2-2 にみられるように発展途上
国，特に中国はじめアジアの国々が高い成長を達成しているためである。

　まず現代のグローバル化①の状況を概観しておく。ここには図示してない
が，第 2 次石油ショック後の 1980 年代での 1983 - 90 年の世界経済は年平均約
3.8％ の成長を達成している。特に新興国や発展途上国は FDI を推進力として
高成長を遂げている。G 20 の中では，インドネシア，インド，韓国，中国，
トルコが高成長している。特に，中国と韓国[4]は 10％ 台の高成長の年が多い。

　1990 年代初頭は，湾岸戦争，欧州通貨危機，日本のバブル破裂，メキシコ
経済危機などがあり，低成長で推移したが，1994 年以降は，2001 - 02 年と 2008
- 09 年を底とする中期の循環を描きながら推移している。相対的には，米国
経済が世界経済を主導していることがみてとれる。1997 - 98 年のアジア通
貨・経済危機は ASEAN-5，日本，中国に影響を与え，世界の成長を下げてい
ることが読み取れる。グローバル化②の期間中，中国は極めて高い成長を遂げ
ている。特に 2007 年まではそうである。2008 - 09 年の世界大不況の期間中も
10％ 近い成長を達成して世界経済を支えていたが，2011 年以降は成長率の漸
減がみられる。インドおよび ASEAN-5 もこの期間中比較的高い成長を達成し
ているが，中国経済というよりは，世界経済の影響を受けて推移している。他
方，EU と日本は，比較的低成長であり，特に日本は短期的景気循環が鮮明で
あり，平均約 1％ の長期停滞に陥っている。

---

3)　ASEAN-5 は IMF 分類に従い，インドネシア，マレーシア，フィリピン，タイ，ベ
トナムである。
4)　韓国は 1996 年に OECD のメンバーとなっており現在の IMF の分類では先進国に
入っている。

## 2-2　主要国間の貿易構造

　全世界の輸出量は，1984 年以降高い増加を始め，図 2-1 にみられるように，
1990 年代には，1993，98 年のように増加率が低い年もあるが成長率よりはか
なり高い 5 − 10% で毎年増加していた。しかし，2012 年以降はほぼ 3% 台の
増加率で，成長率と同程度となっている。栗林（2015）でみたように，GATT
から WTO に移行後，多角的貿易交渉は行き詰まり 2 国間の自由貿易交渉や多
数の国が参加する地域貿易協定（RTA）交渉が進められてきた。しかし 2017 年
以降，米国のトランプ政権は貿易政策の転換を計り，WTO で進められてきた
多角的貿易理念から 2 国間の貿易交渉による双務主義に転じた。環太平洋経済
連携協定（TPP）交渉から脱退し，北米自由貿易協定（NAFTA）の再交渉により
新しく米国・メキシコ・カナダ協定 (The United State-Mexico-Canada Agreement：US-
MCA)[5] を結んでいる。さらに日本と日米貿易協定[6] を結んでいるが，中国との
間では相互に関税をかけ合う貿易戦争とも呼ばれるような交渉が進行中であ
る。中間的合意（フェーズ 1 妥結）に達してはいるが，今後に大きな不確実性が
残されている。また EU との貿易交渉も行われるものと予想されている。関税
引き下げではなく，制裁措置として関税引き上げを交渉手段とする貿易政策
は，これまでのグローバル化に逆行するものであるが，ここではこうした逆行
を生み出している現在の主要国間の貿易構造について検討する。

　現在の貿易問題は，米国が自己の貿易相手国と相対で 2 国間貿易交渉を行っ
ていることが焦点となっているので，ここでは，米国，中国，日本，EU の 4
カ国の貿易構造について分析する[7]。表 2-1 は，各国の財の輸出先国の構成比
をみたものである。表中の各国の最終行は 2014 − 18 年の 5 カ年平均の構成比
である。各国の貿易構造の特徴は，地理的近接性を反映している。米国はラテ
ンアメリカ・カリブ諸島（以下ラテンアメリカ），日本と中国はアジア，EU は

---

5)　2018 年 11 月に合意され，2020 年 2 月に発効している。
6)　日本国とアメリカ合衆国との間の貿易協定（Trade Agreement between Japan and the
　　United States of America）（日米貿易協定）は，2020 年 1 月に発効している。
7)　EU は経済統合地域であるが，本章では便宜上国と呼ぶことにする。

表 2-1 4 カ国の地域別商品輸出構成比

(%)

| | | 先進国 | 発展途上国 | | | | | |
| | | | 全域 | アジア | ヨーロッパ | 中東・北アフリカ | 南部アフリカ | ラテンアメリカ |
|---|---|---|---|---|---|---|---|---|
| 米国 | 2014 | 53.4 | 46.6 | 12.1 | 1.3 | 4.6 | 1.5 | 26.1 |
| | 2015 | 54.1 | 45.9 | 12.4 | 1.2 | 4.7 | 1.2 | 25.8 |
| | 2016 | 54.4 | 45.6 | 12.9 | 1.3 | 4.6 | 0.9 | 25.2 |
| | 2017 | 54.3 | 45.7 | 13.4 | 1.2 | 4.2 | 0.9 | 25.4 |
| | 2018 | 54.9 | 45.1 | 12.6 | 1.3 | 3.9 | 0.9 | 25.7 |
| | 平均 | 54.2 | 45.8 | 12.7 | 1.3 | 4.4 | 1.1 | 25.6 |
| EU | 2014 | 73.9 | 25.0 | 5.6 | 7.8 | 4.3 | 1.6 | 2.4 |
| | 2015 | 74.8 | 24.4 | 5.6 | 8.0 | 4.5 | 1.6 | 2.4 |
| | 2016 | 75.3 | 24.0 | 5.6 | 8.2 | 4.3 | 1.4 | 2.3 |
| | 2017 | 74.6 | 24.5 | 5.9 | 8.5 | 4.0 | 1.3 | 2.3 |
| | 2018 | 74.9 | 24.1 | 6.0 | 8.4 | 3.7 | 1.3 | 2.3 |
| | 平均 | 74.7 | 24.4 | 5.7 | 8.2 | 4.1 | 1.4 | 2.3 |
| 中国 | 2014 | 65.8 | 34.0 | 12.8 | 2.0 | 6.5 | 3.3 | 5.7 |
| | 2015 | 66.0 | 33.8 | 13.6 | 2.0 | 6.6 | 3.4 | 5.7 |
| | 2016 | 65.7 | 34.0 | 14.2 | 2.1 | 6.5 | 3.0 | 5.3 |
| | 2017 | 65.2 | 34.5 | 14.5 | 2.2 | 6.0 | 3.0 | 5.7 |
| | 2018 | 65.0 | 34.9 | 15.1 | 2.2 | 5.5 | 2.9 | 5.9 |
| | 平均 | 65.5 | 34.2 | 14.1 | 2.1 | 6.2 | 3.1 | 5.7 |
| 日本 | 2014 | 55.0 | 45.0 | 32.2 | 0.8 | 4.5 | 1.2 | 4.6 |
| | 2015 | 56.4 | 43.6 | 31.6 | 0.9 | 4.6 | 1.0 | 4.4 |
| | 2016 | 57.5 | 42.5 | 31.4 | 1.0 | 4.0 | 0.9 | 4.2 |
| | 2017 | 56.9 | 43.1 | 32.9 | 1.0 | 3.3 | 0.9 | 4.0 |
| | 2018 | 55.5 | 44.5 | 34.1 | 1.0 | 3.2 | 0.9 | 4.1 |
| | 平均 | 56.2 | 43.8 | 32.5 | 1.0 | 3.9 | 1.0 | 4.2 |

(注) ラテンアメリカはカリブ諸島を含む。
(出所) 原資料は IMF の DOTS である。

ヨーロッパの発展途上国への輸出構成比が高い。中東・北アフリカへの輸出構成比は，米国，日本，EU は同程度で，中国がやや高くなっている。サハラ砂漠以南のアフリカ（以下南部アフリカ）が比較的に高いのは中国である。米国と日本は，EU と中国に比較して，発展途上国への輸出が高くなっている。年々の構成比の変化は，この 5 年間で比較的安定しているので以下では 5 年間平均値で構造を分析する。

次に 4 カ国相互間の貿易構造をみる。表 2-2 は，4 カ国の 2014－18 年の 5 カ年平均名目輸出額の行列である。行は輸出国（origin），列は輸出相手国（desti-

表 2-2　4 カ国間の輸出額

(10 億ドル)

| O→D | 米国 | 中国 | 日本 | EU | 4カ国合計 | 世界 | 備考 |
|---|---|---|---|---|---|---|---|
| 米国 | | 121.3 | 67.0 | 285.4 | 473.7 | 1,557.7 | 531.0 |
| 中国 | 422.4 | | 140.0 | 371.6 | 934.0 | 2,308.4 | 318.7 |
| 日本 | 132.6 | 125.3 | | 74.5 | 332.3 | 679.2 | 35.8 |
| EU | 426.3 | 213.5 | 68.5 | | 708.4 | 5,862.1 | 3,728.6 |
| 輸入額 | 981.4 | 460.0 | 275.6 | 731.5 | 2,448.4 | 10,407.4 | |
| 世界 | 2,235.0 | 1,594.8 | 637.8 | 5,753.0 | | 17,525.8 | |

(注 1)　2014-18 年の平均輸出額，輸出額は FOB 建てである。
(注 2)　各セルの値は行から列への輸出額，輸入の行は他国からの輸出合計である。
(注 3)　備考欄：米国はカナダ・メキシコ，中国と日本はホンコン・マカオ，EU は域内への輸出額である。
(出所)　原資料は IMF の DOTS である。

表 2-3　輸出相手国の構成比

(%)

| O→D | 米国 | 中国 | 日本 | EU | 3 カ国合計 | 世界 | 備考 |
|---|---|---|---|---|---|---|---|
| 米国 | | 7.8 | 4.3 | 18.3 | 30.4 | 100.0 | 34.1 |
| 中国 | 18.3 | | 6.1 | 16.1 | 40.5 | 100.0 | 13.8 |
| 日本 | 19.5 | 18.4 | | 11.0 | 48.9 | 100.0 | 5.3 |
| EU | 7.3 | 3.6 | 1.2 | | 12.1 | 100.0 | 63.6 |

注などは表 2-2 参照。

nation) を示している。最後の列は，それぞれの国の輸出構造の特徴を示しており，米国はカナダ・メキシコ（CM）への輸出額，中国と日本はホンコン・マカオ（HM）への輸出額，EU は域内輸出額である。輸入額の行は列の輸出先 3 カ国の合計額であり，世界の行は全世界からそれぞれの国への輸出額である。列でみればそれぞれの国の商品輸入額を FOB 建てでみたことに相当する[8]。

　表 2-3 は，4 カ国のそれぞれの輸出相手国の全輸出に占める構成比である。米国の輸出は，CM への輸出が 34.1% と 3 カ国合計（30.4%）よりも高く，トランプ政権が NAFTA の改定に取り組んだことはこの構造を反映しているといえよう。3 カ国内では，EU（18.3%），中国，日本の順になっている。中国は，米国への依存率が 18.3% と最も高く，次いで EU（16.1%），日本（6.1%）と

8)　IMF の DOTS 統計では各国の輸入額は CIF 建てになっている。

表 2-4　4 カ国内での輸出構成比

(%)

| O→D | 米国 | 中国 | 日本 | EU | 3 カ国合計 |
|---|---|---|---|---|---|
| 米国 | | 25.6 | 14.2 | 60.2 | 100.0 |
| 中国 | 45.2 | | 15.0 | 39.8 | 100.0 |
| 日本 | 39.9 | 37.7 | | 22.4 | 100.0 |
| EU | 60.2 | 30.1 | 9.7 | | 100.0 |

注などは表 2-2 参照。

表 2-5　輸入構成比

(%)

| O→D | 米国 | 中国 | 日本 | EU |
|---|---|---|---|---|
| 米国 | | 26.4 | 24.3 | 39.0 |
| 中国 | 43.0 | | 50.8 | 50.8 |
| 日本 | 13.5 | 27.2 | | 10.2 |
| EU | 43.4 | 46.4 | 24.9 | |
| 輸入計 | 100.0 | 100.0 | 100.0 | 100.0 |

(注)　輸入計は各国からの輸出計である。

なっている。日本は，3 カ国合計への依存率が最も高く 48.9% であり，国別には米国 (19.5%)，中国 (18.4%)，EU (11.0%) の順になっている。EU は，域内への輸出が 63.6% と高く，3 カ国合計への依存率は 12.1% と低い。

　表 2-4 は，各国の他の 3 カ国への輸出の構成比である。米国と EU は相互に約 60% の依存率となっている。中国，EU，日本ともに米国への依存率が最も高く，中国への依存率が最も高いのは日本 (37.7%) であり，続いて EU (30.1%)，米国 (25.6%) となっている。EU への依存率は，米国，中国，日本の順である。日本への依存率は，各国とも低く，中国，米国，EU の順になっている。

　表 2-5 は，列の和に対する比率であり，輸入構成比を示している。米国は中国と EU からの輸入がほぼ同率で約 43% である。中国は，EU からが約 46% で，日本と米国からは 26，27% とほぼ同率である。日本は，中国からが約 51% で，米国と EU からは 24% 台でほぼ同率である。EU の輸入は，日本と同様中国からが約 51% で，米国からは約 39%，日本からは 10% と低くなっている。それぞれ 3 カ国からの輸入を表 2-2 に示されている全輸入額との比率でみると，米国と日本が高く，それぞれ 43.9%，43.2% であり，続いて中国

表 2-6　貿易バランス

(10 億ドル)

| O→D | 米国 | 中国 | 日本 | EU |
|---|---|---|---|---|
| 米国 | | − 301.1 | − 65.6 | − 140.9 |
| 中国 | 301.1 | | 14.8 | 15.8 |
| 日本 | 65.6 | − 14.8 | | 57.8 |
| EU | 140.9 | − 15.8 | − 57.8 | |

(注) 行が輸出国，列が輸入国である。

28.8%，EU 12.7% である。表 2-3 の輸出構成比と比較してみると，この 4 カ国の市場で米国は輸出よりも輸入比率が高く，中国は逆になっている。日本と EU は輸出入バランスがとれた構造になっている。

　表 2-2 から各国間の商品の輸出入バランスをみると，表 2-6 のようになる。米国はいずれの国に対しても輸入超過であり，対中国が 3,011 億ドル，対 EU が 1,409 億ドル，対日本が 656 億ドルの赤字となっている。これとは対照的に中国はいずれの国に対しても黒字であり，日本対 EU は日本が 598 億ドルの黒字である。米国がいずれの国にたいしても輸入超過の赤字であることが自国第 1 主義を主張するトランプ政権の 2 国間の相対貿易交渉の背景となっている。

　なおこの 4 カ国経済は，2014 − 18 年の 5 カ年平均額で，GDP で世界の約 68 %，世界からこの 4 カ国への輸出総額（＝ 4 カ国輸入総額）は世界輸出総額（＝世界輸入総額）の約 58 %，この 4 カ国の輸出総額は世界輸出総額の約 59 % である。言い換えれば財のグローバル貿易市場の約 6 割を占めていることを意味する。したがって，この 4 カ国間の貿易がどのような市場ルールで行われるかは，グローバル経済のルールに絶大な影響を与えることになる。

## 3. 世界人口と移民・難民

### 3-1　世界人口予測[9]

　今後グローバル化がどの方向に進むかは，世界人口と移民・難民動向に大きく影響される。それは現在のポピュリズムの台頭が各国の移民状況に左右され

---

9)　本項目は United Nations (2019 H) およびその基礎データベースを参照した。地域分類は国連の SDGs 分類に従っている。

ていることを示唆しているからである。そこでまず，国連の2019年に発表させた世界人口の将来予測（World Population Prospects 2019）をみておきたい[10]。そこでは10の主要点を挙げているが，ここではグローバル化の視点からいくつかを取り上げる。

1つは，世界総人口は今後依然増加し続けるが，その状況は地域により異なることである。世界総人口は，2019年の77億人から2030年の85億人（11%増），2050年の97億人（26%増）そして2100年の109億人（42%増）へと増加する，と予測されている。表2-7は，2050年までの地域別および主要国の予測をみたものである。地域別にみると，南部アフリカ，北アフリカ・西アジアの人口増が顕著であり，両地域とも世界人口に占める割合が上昇している。東・東南アジアは2019時点では世界人口に占める割合が30.3%と最も高いが，2030年には28.4%まで低下する。中央・南アジアの人口増加率も高いが，世界人口に占める割合は横ばいである。特に人口増が大きいのは，現在経済発展が遅れており合計特殊出生率が高い地域である。この人口増が移民を通じて，今後のグローバル化にどのような影響を与えるかがポイントとなる。

2つは，国別動向であり，表中には示されていない国もあるが，インド，ナイジェリア，パキスタン，コンゴ，タンザニア，インドネシア，エジプト，そして米国での人口増加が顕著である。

3つは，いくつかの国では生産年齢人口（25－64歳）の増加が顕著であるが，問題はこうした潜在的経済成長への「人口配当」の利点を自国内で活用できるかである。こうした国は南部アフリカ，アジアの一部，ラテンアメリカに多い。この点も今後の移民動向に関連してくる。

4つは，世界人口の高齢化が進み，生産年齢人口の比率が低下することが社会保障制度に圧力となることである。2018年には歴史上初めて，65歳以上人口が5歳以下の子供の人数を上回ったことが指摘されている。

---

10)　国連の予測では9ケースの予測が試みられている。本章はその中の標準的ケースである中位推計（medium version）を採用している。

表 2-7　国連の世界人口予測

| | 実数（百万人） | | | | | 2019 年からの増加率（%） | | | 対世界人口比率（%） | | | | |
|---|---|---|---|---|---|---|---|---|---|---|---|---|---|
| | 2019 | 2020 | 2025 | 2030 | 2050 | 2025 | 2030 | 2050 | 2019 | 2020 | 2025 | 2030 | 2050 |
| 世界 | 7,713.5 | 7,794.8 | 8,184.4 | 8,548.5 | 9,735.0 | 6.1 | 10.8 | 26.2 | 100.0 | 100.0 | 100.0 | 100.0 | 100.0 |
| 南部アフリカ | 1,066.3 | 1,094.4 | 1,241.2 | 1,399.9 | 2,117.7 | 16.4 | 31.3 | 98.6 | 13.8 | 14.0 | 15.2 | 16.4 | 21.8 |
| 北アフリカ・西アジア | 517.1 | 525.9 | 568.9 | 608.9 | 754.0 | 10.0 | 17.7 | 45.8 | 6.7 | 6.7 | 7.0 | 7.1 | 7.7 |
| 中央・南アジア | 1,991.4 | 2,014.7 | 2,126.2 | 2,227.0 | 2,496.4 | 6.8 | 11.8 | 25.4 | 25.8 | 25.8 | 26.0 | 26.1 | 25.6 |
| インド | 1,366.4 | 1,380.0 | 1,445.0 | 1,503.6 | 1,639.2 | 5.8 | 10.0 | 20.0 | 17.7 | 17.7 | 17.7 | 17.6 | 16.8 |
| 東・東南アジア | 2,334.6 | 2,346.7 | 2,395.2 | 2,426.7 | 2,411.3 | 2.6 | 3.9 | 3.3 | 30.3 | 30.1 | 29.3 | 28.4 | 24.8 |
| 中国 | 1,433.8 | 1,439.3 | 1,457.9 | 1,464.3 | 1,402.4 | 1.7 | 2.1 | -2.2 | 18.6 | 18.5 | 17.8 | 17.1 | 14.4 |
| 日本 | 126.9 | 126.5 | 124.0 | 120.8 | 105.8 | -2.3 | -4.8 | -16.6 | 1.6 | 1.6 | 1.5 | 1.4 | 1.1 |
| インドネシア | 270.6 | 273.5 | 287.1 | 299.2 | 330.9 | 6.1 | 10.6 | 22.3 | 3.5 | 3.5 | 3.5 | 3.5 | 3.4 |
| ラテンアメリカ | 648.1 | 654.0 | 681.9 | 706.3 | 762.4 | 5.2 | 9.0 | 17.6 | 8.4 | 8.4 | 8.3 | 8.3 | 7.8 |
| オセアニア | 42.1 | 42.7 | 45.3 | 47.9 | 57.4 | 7.6 | 13.7 | 36.2 | 0.5 | 0.5 | 0.6 | 0.6 | 0.6 |
| ヨーロッパ・北アメリカ | 1,113.8 | 1,116.5 | 1,125.6 | 1,131.9 | 1,135.7 | 1.1 | 1.6 | 2.0 | 14.4 | 14.3 | 13.8 | 13.2 | 11.7 |
| ロシア | 145.9 | 145.9 | 145.1 | 143.3 | 135.8 | -0.5 | -1.7 | -6.9 | 1.9 | 1.9 | 1.8 | 1.7 | 1.4 |
| 英国 | 67.5 | 67.9 | 69.3 | 70.5 | 74.1 | 2.6 | 4.4 | 9.7 | 0.9 | 0.9 | 0.8 | 0.8 | 0.8 |
| イタリア | 60.6 | 60.5 | 59.9 | 59.0 | 54.4 | -1.1 | -2.5 | -10.2 | 0.8 | 0.8 | 0.7 | 0.7 | 0.6 |
| フランス | 65.1 | 65.3 | 66.1 | 66.7 | 67.6 | 1.4 | 2.4 | 3.8 | 0.8 | 0.8 | 0.8 | 0.8 | 0.7 |
| ドイツ | 83.5 | 83.8 | 83.5 | 83.1 | 80.1 | 0.0 | -0.5 | -4.1 | 1.1 | 1.1 | 1.0 | 1.0 | 0.8 |
| 米国 | 329.1 | 331.0 | 340.4 | 349.6 | 379.4 | 3.4 | 6.3 | 15.3 | 4.3 | 4.2 | 4.2 | 4.1 | 3.9 |

（注）ラテンアメリカにはカリブ諸島が含まれる。
（出所）実数の原資料は国連経済社会局のデータベース。

　5つは，総人口が減少に転じている国が増加していることである。2017年には27カ国が1%以上の人口減少に転じている。これは，合計特殊出生率が低いことと人口流失によって引き起こされている。2019年と2050年の間で1%以上の人口減少国が55カ国あり，そのうち26カ国は少なくとも10%は減少する，と予測されている。表2-7に示されているように主要国では，日本，ロシア，イタリア，ドイツが2025には減少に転じていることである。中国も2050年には減少すると予測されている。

　最後に以下のことが移民との関連で指摘されている。2010年と2020年の間で，ヨーロッパ・北アメリカ，北アフリカ・西アジア，オーストラリアとニュージーランドは，国際移民の純流入国となるであろう。他方他の地域は移民の純流出国となるであろう。14カ国または地域は100万人以上の流入であり，他方10カ国は100万人以上の流出となろう。特に流入国としては，ベラルーシ，エストニア，ドイツ，ハンガリー，イタリア，日本，ロシア，セルビア，ウクライナが言及されている。

### 3-2　国際移民動向[11]

　国連の国際移民統計および分析に依拠して2000年から2019年までの移民動向を検討する。国際的移住は，自発的移住（voluntary migration）と強制的移住（forced migration）に区分される。後者は避難民と政治的亡命者である（以下本章では両者を総称して単に難民とする）。

　まず移民全体の動向をみると，表2-8に示されているように，2019年には移民総数は2億7,164万人になると推計されている。2010年から5,086万人の増加となり，その前の10年間の増加4,719万人より367万人多くなっている。世界総人口比では3.5%となり，2000年2.8%，2010年3.2%と比較して，10年ごとに0.4%ポイントずつ高くなっている。2019年で，オセアニア，ヨーロッパ，北アメリカの対人口比が，それぞれ21.2%，11.0%，16.0%と2桁の

---

11)　本項目はUnited Nations（2019 S）およびその基礎データベースを参照した。

表 2-8　移民

| | 実数 (1000 人) | | | 構成比 (%) | | | 対人口比 (%) | | | 年平均増加率 (%) | |
|---|---|---|---|---|---|---|---|---|---|---|---|
| | 2000 | 2010 | 2019 | 2000 | 2010 | 2019 | 2000 | 2010 | 2019 | 00－10 | 10－19 |
| 世界 | 173,588 | 220,782 | 271,642 | 100.0 | 100.0 | 100.0 | 2.8 | 3.2 | 3.5 | 2.4 | 2.3 |
| 南部アフリカ | 13,151 | 15,856 | 23,573 | 7.6 | 7.2 | 8.7 | 2.1 | 1.9 | 2.2 | 1.9 | 4.5 |
| 北アフリカ・西アジア | 20,321 | 32,563 | 48,591 | 11.7 | 14.7 | 17.9 | 5.7 | 7.5 | 9.4 | 4.8 | 4.5 |
| 中央・南アジア | 20,467 | 19,576 | 19,627 | 11.8 | 8.9 | 7.2 | 1.4 | 1.1 | 1.0 | -0.4 | 0.0 |
| 東・東南アジア | 10,506 | 15,748 | 18,297 | 6.1 | 7.1 | 6.7 | 0.5 | 0.7 | 0.8 | 4.1 | 1.7 |
| ラテンアメリカ | 6,571 | 8,262 | 11,673 | 3.8 | 3.7 | 4.3 | 1.3 | 1.4 | 1.8 | 2.3 | 3.9 |
| オセアニア | 5,361 | 7,128 | 8,928 | 3.1 | 3.2 | 3.3 | 17.1 | 19.3 | 21.2 | 2.9 | 2.5 |
| ヨーロッパ | 56,859 | 70,678 | 82,305 | 32.8 | 32.0 | 30.3 | 7.8 | 9.6 | 11.0 | 2.2 | 1.7 |
| 北アメリカ | 40,352 | 50,971 | 58,648 | 23.2 | 23.1 | 21.6 | 12.9 | 14.8 | 16.0 | 2.4 | 1.6 |
| 米国 | 34,814 | 44,184 | 50,661 | 20.1 | 20.0 | 18.6 | 12.4 | 14.3 | 15.4 | 2.4 | 1.5 |
| 英国 | 4,730 | 7,120 | 9,552 | 2.7 | 3.2 | 3.5 | 8.0 | 11.2 | 14.1 | 4.2 | 3.3 |

（出所）表 2-7 に同じ。

高い比率であるのに対して，東・東南アジアのそれは 1% 未満の極めて低いの
が対照的である。表には明示されていないが，先進地域では，住民 100 人に 12
人が移民であるのに対して，発展途上地域では 100 人に 2 人である。しかし，
2019 年では，移民のうち発展途上地域に居住する人は全移民の 44% であり，
1990 年以降最低の 2005 年の 39% から 5% ポイント上昇している。

　居住している移民を地域別にみると，2019 年で，ヨーロッパが最も多く 8,231
万人で，次いで北アメリカ 5,865 万人，北アフリカ・西アジア 4,859 万人と
なっている。しかし，2010 年から 2019 年の増加数では，北アフリカ・西アジ
ア（1,303 万人）と南部アフリカ（772 万人）が多い。その結果，総移民居住者に
占める割合（構成比）では，北アフリカ・西アジア，南部アフリカがそれぞれ
3.2，1.5% ポイント上昇し，ヨーロッパと北アメリカはそれぞれ 1.7，1.5% ポ
イント減少している。

　移民出身地域でみると，ヨーロッパと中央・南アジアが世界総移民の約 2/5
となっている。2019 年では両地域で 1 億 1100 万人である。さらにラテンアメ
リカの 4,000 万人，東・東南アジアの 3,700 万人と続いている。

　移民の出身地（origin）と居住地（destination）の O−D 移住ルート（migration cor-
ridor）のうち主要な 5 移住ルートについてみると表 2-9 のようになっている。

表 2-9　移住ルートの上位 5 ルート

| 出身地域 | 居住地域 | 人数（百万人） | 全移民比（%） |
|---|---|---|---|
| ヨーロッパ | ヨーロッパ | 41.9 | 15.4 |
| ラテンアメリカ | 北アメリカ | 26.6 | 9.8 |
| 北アフリカ・西アジア | 北アフリカ・西アジア | 18.9 | 7.0 |
| 中央・南アジア | 北アフリカ・西アジア | 18.5 | 6.8 |
| 南部アフリカ | 南部アフリカ | 18.3 | 6.7 |
| 5 ルート合計 | | 124.3 | 45.7 |

（出所）国連"Population Facts" September 2019/No. 2019/4 の Table 1. を転載。

5 移住ルートのうち 3 ルートは，ヨーロッパ，南部アフリカ，北アフリカ・西
アジアの地域内の国家間での移住ルートであり，全体の 29.1% である。その
中ではヨーロッパ内での移住が最も高く 15.4% である。これは EU 内での移
動が高いことを示している。地域間では，ラテンアメリカから北アメリカへの

表 2-10　難民

| | 総数 (1000 人) | | | 構成比 (%) | | | 対移民比 (%) | | | 年平均増加率 (%) | |
|---|---|---|---|---|---|---|---|---|---|---|---|
| | 2000 | 2010 | 2019 | 2000 | 2010 | 2019 | 2000 | 2010 | 2019 | 00 - 10 | 10 - 19 |
| 世界 | 16,504 | 15,880 | 28,712 | 100.0 | 100.0 | 100.0 | 9.5 | 7.2 | 10.6 | -0.4 | 6.8 |
| 南部アフリカ | 3,081 | 2,330 | 5,932 | 18.7 | 14.7 | 20.7 | 23.4 | 14.7 | 25.2 | -2.8 | 10.9 |
| 北アフリカ・西アジア | 4,913 | 6,946 | 13,116 | 29.8 | 43.7 | 45.7 | 24.2 | 21.3 | 27.0 | 3.5 | 7.3 |
| 中央・南アジア | 4,277 | 3,499 | 3,620 | 25.9 | 22.0 | 12.6 | 20.9 | 17.9 | 18.4 | -2.0 | 0.4 |
| 東・東南アジア | 613 | 498 | 645 | 3.7 | 3.1 | 2.2 | 5.8 | 3.2 | 3.5 | -2.1 | 2.9 |
| ラテンアメリカ | 44 | 394 | 607 | 0.3 | 2.5 | 2.1 | 0.7 | 4.8 | 5.2 | 24.5 | 4.9 |
| オセアニア | 83 | 38 | 109 | 0.5 | 0.2 | 0.4 | 1.6 | 0.5 | 1.2 | -7.6 | 12.5 |
| ヨーロッパ | 2,473 | 1,750 | 3,596 | 15.0 | 11.0 | 12.5 | 4.3 | 2.5 | 4.4 | -3.4 | 8.3 |
| 北アメリカ | 1,020 | 426 | 1,086 | 6.2 | 2.7 | 3.8 | 2.5 | 0.8 | 1.9 | -8.3 | 11.0 |
| 米国 | 895 | 271 | 930 | 5.4 | 1.7 | 3.2 | 2.6 | 0.6 | 1.8 | -11.3 | 14.7 |
| 英国 | 186 | 238 | 162 | 1.1 | 1.5 | 0.6 | 3.9 | 3.3 | 1.7 | 2.5 | -4.2 |

注などは表 2-7 参照。

移住ルートが9.8%，中央・南アジアから北アフリカ・西アジアへの移住ルートが6.8%となっている。ヨーロッパおよび南部アフリカでは域内移住ルートが主であるのに対して，東・東南アジア，北アメリカ，中央・南アジア，ラテンアメリカは域外への移住ルートが高くなっている。

　最後に年齢別では，20-64歳層が増加しており，仕事を求めての労働者の移住が増加していることを示しおり，グローバル化現象の特徴といえよう。

　難民をみると，2019年には2,871万人と推計されている（表2-10参照）。2010-19年で1,283万人増加し，年約7%の増加であり，この間の全移民増加の約1/4に近い。2019年には全難民の45.7%が北アフリカ・西アジア地域に居住し，その内約90%は西アジアに居住している。次に多いのは南部アフリカの20.7%である。対移民比率でみると北アフリカ・西アジアが27.0%で最も高く，続いて南部アフリカの25.2%である。一方，東・東南アジア，ラテンアメリカ，オセアニアの受け入れ難民は他地域に比較し，極めて少ないのが特徴である。

　なお，表2-8，表2-10には米国と英国の数値が示されている。これは米国のトランプ政権の移民政策と英国のBrexitの背景の参考のためである。

## 4. グローバル化後退下での日本経済の課題

### 4-1　貿易面での課題

　WTO体制下での各国の貿易政策は，WTOでの多角的貿易交渉の基本原則が行き詰まるなか，地域貿易協定（RTA）締結へとシフトしてきた（栗林（2015）参照）[12]。日本も例外ではなく，21世紀に入ってから2002年のシンガポールとの2国間の経済連携協定（EPA）を皮切りに，主としてASEAN加盟国や環太平洋諸国との間で15の2国間協定が締結されてきた（表2-11参照）。さらに，ASEANやEUとも経済連携協定を締結している。前述したように，トランプ政権になり米国はTPPから離脱したが，2019年にはTPP 11が発効してい

---

12)　1994年のNAFTAが始まりといわれており，2020年3月末時点でWTOに通知されているRTAの数は303となっている。

表 2-11　経済連携協定（EPA）締結国

| 国・地域 | ASEAN | TPP 11 | WTO | 締結年 |
|---|---|---|---|---|
| シンガポール | ○ | ○ | | 2002 |
| マレーシア | ○ | ○ | | 2006 |
| メキシコ | | ○ | | 2005 |
| フィリピン | ○ | | ○ | 2008 |
| チリ | | ○ | | 2007 |
| タイ | ○ | | | 2007 |
| ブルネイ | ○ | ○ | | 2008 |
| インドネシア | ○ | | | 2008 |
| ベトナム | ○ | ○ | ○ | 2009 |
| スイス | | | ○ | 2009 |
| インド | | | ○ | 2011 |
| ペルー | | ○ | ○ | 2012 |
| オーストラリア | | ○ | ○ | 2015 |
| モンゴル | | | ○ | 2016 |
| ASEAN | | | ○ | 2008 |
| EU | | | ○ | 2019 |
| TPP 11 | | | | 2019 |
| 米国 | | | | 2020 |

（注 1）WTO の列での○は WTO のホームページで 2020 年 3 月末で有効
　　　とされている RTA である。
（注 2）TPP 11 にはカナダとニュージーランドも含まれる。

る。表 2-11 からわかるように，1 国が複数の協定でカバーされているケース
が多い。

　こうした 2 国間の経済連携協定は，不効率であり，多角的貿易交渉を行うこ
とが望ましいが，WTO では加盟国が多くかつ経済発展段階が異なる国々が多
いので交渉は難航している。そのために，メガ FTA とも呼ばれる RTA が交渉
されている。日本に関しては，東アジア地域包括的経済連携（RCEP）やアジア
太平洋自由貿易圏（FTAAP）構想が進められている。特に中国は「一帯一路」
と呼ばれる独自の広域経済圏構想を打ち出しているので，中国が含まれる経済
連携協定との調整が難しい課題となろう。最大の課題は，世界 1 位の経済規模
を有する米国をいかに TPP 11 に復帰するよう説得するかであろう。ちなみに，
経済連携協定を締結している国との輸出状況をみると，表 2-12 のようになる。

　2 国間の貿易交渉では，通常双方の比較優位な産業間での関税引き下げ交渉
になるケースが多い。例えば，日米間であれば米国は日本の農産品輸入に対す

表 2-12　EPA 締結国への輸出額（FOB）　2018 年

(100 万ドル，%)

| 国 | 実額 | 構成比 | 国 | 実額 | 構成比 |
|---|---|---|---|---|---|
| 世界 | 737,941 | 100.0 | | | |
| オーストラリア | 17,111 | 2.3 | EU | 83,644 | 11.3 |
| カナダ | 9,352 | 1.3 | 米国 | 140,617 | 19.1 |
| ニュージーランド | 2,615 | 0.4 | インドネシア | 15,791 | 2.1 |
| シンガポール | 23,422 | 3.2 | フィリピン | 11,274 | 1.5 |
| ブルネイ | 99 | 0.0 | タイ | 32,264 | 4.4 |
| マレーシア | 13,947 | 1.9 | インド | 11,016 | 1.5 |
| ベトナム | 16,413 | 2.2 | スイス | 3,792 | 0.5 |
| チリ | 1,994 | 0.3 | モンゴル | 518 | 0.1 |
| ペルー | 738 | 0.1 | | | |
| メキシコ | 11,611 | 1.6 | | | |
| TPP 11 | 97,302 | 13.2 | ASEAN-5 | 89,689 | 12.2 |

（出所）原資料は IMF の DOTS である。

る関税の引き下げを要求するのに対して日本は米国の自動車輸入関税の引き下げを要求する交渉となる。その時に双方が合意できなければ貿易バランスを調整する目的または自国産業保護のため輸出自主規制など輸出数量を規制する方法が取られる場合が多い。それは 1980 年代に日米半導体交渉などにおいてみられたことであり，現在の米中貿易交渉においてもみられる。また仮に関税引き下げが合意されたとしても，その関税率を他国との間ではどうするかが問題となる。他国に対しても同様に引き下げなければ，WTO での無差別原則に違反することになり問題となる。その意味で，2 国間の貿易交渉が主流となっている現在の潮流は望ましいものではない。

　IMF の DOTS 貿易データ（Direction of Trade Statistics）により日本の RTA が 2018 年で全商品輸出のどの程度をカバーしているかをみると，米国で 19.1%，EU で 11.3%，TPP 11 で 13.2%，ASEAN-5 で 12.2% となっている。地域で重複している国を調整すると，全体としてのカバー率は 53.7% である。これからの日本の課題は米国に TPP に復帰するよう説得することと中国との経済連携をどのように進めるかであると言えよう。今後グローバル化を促進することは，日本だけでなく各国が貿易の自由化（関税引き下げや撤廃）から生じる国内での産業間の得失をどう調整するかの政治的調整が問われることになる。

表 2-13　移民と難民

| | 移民（人） | | | | 難民（人） | | | |
|---|---|---|---|---|---|---|---|---|
| | 全世界 | 日本 | 日本の比率 | 年平均増加率 | 全世界 | 日本 | 世界の対移民比率 | 日本の対移民比率 |
| 1990 | 153,011,473 | 1,075,317 | 0.70 | | 18,977,581 | 6,649 | 12.4 | 0.6 |
| 1995 | 161,316,895 | 1,362,371 | 0.84 | 4.8 | 18,142,316 | 5,322 | 11.2 | 0.4 |
| 2000 | 173,588,441 | 1,686,444 | 0.97 | 4.4 | 16,503,717 | 3,752 | 9.5 | 0.2 |
| 2005 | 191,615,574 | 2,011,555 | 1.05 | 3.6 | 13,757,766 | 1,941 | 7.2 | 0.1 |
| 2010 | 220,781,909 | 2,134,151 | 0.97 | 1.2 | 15,880,355 | 2,586 | 7.2 | 0.1 |
| 2015 | 248,861,296 | 2,232,189 | 0.90 | 0.9 | 24,651,000 | 16,305 | 9.9 | 0.7 |
| 2019 | 271,642,105 | 2,498,891 | 0.92 | 2.9 | 28,711,526 | 33,395 | 10.6 | 1.3 |

（出所）表 2-7 に同じ。

## 4-2　移民政策面での課題

　まず日本の移民の現状をみる。表 2-13 は国連の統計により日本の移民と難民の推移を 1990 年より 5 年ごとにみたものである。1990 - 2005 年までは年率4 - 5% の比較的高い率で増加していたが，2000 - 15 年では伸び率が低下している。世界全体の移民に対する割合は 1% 弱であり，第 3 節でみたように，他の先進国と比較して極めて低い。特に難民についてはそうである。日本の人的面でのグローバル化はこれまでは非常に遅れているといえよう。これは東・東南アジアの特質でもある。

　国連の移民統計の 2010，2015 年の数値は，法務省の在留外国人の総数と整合的であるので，法務省の統計により 2006 年以降の詳細をみる[13]。表 2-14は在留目的別在留外国人の推移である。総数でみると，世界大不況および東日本大震災の影響で 2009 - 12 年には減少し，2013 年には増加に転じている。特に過去の最高水準に達した 2015 年以降，約 7% で増加している。在留目的別にみると就労目的別の構成比が高まり，永住者・配偶者等の構成比が低下している。家族滞在の構成比はやや上昇傾向にある。しかし，就労目的と留学・研修との両者の和に対する比率をみると 2013 年の 22.5% から 2018 年の 18.6%に低下している。就労目的の移住者は低年齢層で増加しているものと推察され

---

13)　国連の 2019 年の数値は実績値ではなく，国連による推計値であり，表 2-14 より過少推計と判断される。

表 2-14　在留外国人

| | 総数 | 就労目的 | 留学・研修 | 家族滞在 | 特定活動 | 永住者・配偶者等 | その他 |
|---|---|---|---|---|---|---|---|
| **人数（1000 人）** | | | | | | | |
| 2006 | 2,085 | 238 | 239 | 91 | 97 | 1,380 | 39 |
| 2007 | 2,153 | 247 | 259 | 98 | 104 | 1,411 | 34 |
| 2008 | 2,217 | 255 | 267 | 108 | 122 | 1,434 | 32 |
| 2009 | 2,186 | 249 | 258 | 115 | 131 | 1,406 | 27 |
| 2010 | 2,134 | 339 | 211 | 119 | 72 | 1,375 | 18 |
| 2011 | 2,079 | 368 | 192 | 119 | 23 | 1,369 | 7 |
| 2012 | 2,034 | 354 | 183 | 121 | 20 | 1,356 | 0 |
| 2013 | 2,066 | 362 | 195 | 122 | 23 | 1,365 | 0 |
| 2014 | 2,122 | 384 | 216 | 126 | 28 | 1,367 | 0 |
| 2015 | 2,232 | 433 | 248 | 134 | 37 | 1,380 | 0 |
| 2016 | 2,383 | 503 | 279 | 149 | 47 | 1,405 | 0 |
| 2017 | 2,562 | 583 | 313 | 167 | 65 | 1,434 | 0 |
| 2018 | 2,731 | 682 | 338 | 182 | 63 | 1,465 | 0 |
| **構成比（%）** | | | | | | | |
| 2006 | 100.0 | 11.4 | 11.5 | 4.4 | 4.7 | 66.2 | 1.9 |
| 2007 | 100.0 | 11.5 | 12.0 | 4.6 | 4.9 | 65.5 | 1.6 |
| 2008 | 100.0 | 11.5 | 12.0 | 4.9 | 5.5 | 64.7 | 1.5 |
| 2009 | 100.0 | 11.4 | 11.8 | 5.3 | 6.0 | 64.3 | 1.2 |
| 2010 | 100.0 | 15.9 | 9.9 | 5.6 | 3.4 | 64.4 | 0.8 |
| 2011 | 100.0 | 17.7 | 9.2 | 5.7 | 1.1 | 65.9 | 0.3 |
| 2012 | 100.0 | 17.4 | 9.0 | 5.9 | 1.0 | 66.7 | 0.0 |
| 2013 | 100.0 | 17.5 | 9.4 | 5.9 | 1.1 | 66.0 | 0.0 |
| 2014 | 100.0 | 18.1 | 10.2 | 5.9 | 1.3 | 64.4 | 0.0 |
| 2015 | 100.0 | 19.4 | 11.1 | 6.0 | 1.7 | 61.8 | 0.0 |
| 2016 | 100.0 | 21.1 | 11.7 | 6.3 | 2.0 | 59.0 | 0.0 |
| 2017 | 100.0 | 22.8 | 12.2 | 6.5 | 2.5 | 56.0 | 0.0 |
| 2018 | 100.0 | 25.0 | 12.4 | 6.7 | 2.3 | 53.7 | 0.0 |
| **増加数（1000 人）** | | | | | | | 総数増加率 |
| 2007 | 68 | 8 | 20 | 7 | 7 | 31 | 3.3 |
| 2008 | 64 | 8 | 8 | 9 | 17 | 23 | 3.0 |
| 2009 | − 31 | − 6 | − 9 | 7 | 9 | − 28 | − 1.4 |
| 2010 | − 52 | 90 | − 47 | 4 | − 58 | − 31 | − 2.4 |
| 2011 | − 56 | 29 | − 19 | 0 | − 50 | − 7 | − 2.6 |
| 2012 | − 45 | − 15 | − 9 | 1 | − 3 | − 13 | − 2.2 |
| 2013 | 33 | 8 | 12 | 1 | 3 | 9 | 1.6 |
| 2014 | 55 | 22 | 21 | 4 | 5 | 3 | 2.7 |
| 2015 | 110 | 49 | 32 | 8 | 9 | 13 | 5.2 |
| 2016 | 151 | 69 | 31 | 16 | 10 | 25 | 6.7 |
| 2017 | 179 | 81 | 34 | 17 | 18 | 29 | 7.5 |
| 2018 | 169 | 99 | 25 | 16 | − 2 | 31 | 6.6 |

（出所）在留外国人統計（法務省）。

表 2-15　在留目的別地域構成比（2018 年）

（単位：総数 1000 人，構成比％）

| 国籍・地域 | 総数 | 就労目的者 | うち高度専門職 | 留学・研修 | 家族滞在 | 特定活動 | 永住者・配偶者等 |
|---|---|---|---|---|---|---|---|
| 総　　　数 | 2,731 | 682 | 11 | 338 | 182 | 63 | 1,465 |
| ア　ジ　ア | 83.4 | 91.6 | 85.3 | 94.0 | 91.4 | 86.1 | 76.1 |
| 　中　　国 | 28.0 | 30.3 | 65.6 | 39.2 | 43.0 | 16.5 | 23.0 |
| 　韓　　国 | 16.5 | 4.9 | 4.0 | 5.0 | 6.6 | 7.8 | 26.1 |
| 　フィリピン | 9.9 | 6.2 | 0.5 | 0.9 | 1.9 | 13.6 | 14.6 |
| 　ベトナム | 12.1 | 29.6 | 2.6 | 24.0 | 8.4 | 7.8 | 1.9 |
| ヨーロッパ | 2.9 | 3.3 | 7.1 | 3.4 | 3.5 | 6.3 | 2.4 |
| 　フランス | 0.5 | 0.6 | 1.9 | 0.5 | 0.7 | 1.9 | 0.3 |
| 　ドイツ | 0.3 | 0.3 | 0.6 | 0.4 | 0.4 | 1.2 | 0.2 |
| 　ロシア | 0.3 | 0.2 | 0.5 | 0.3 | 0.4 | 0.1 | 0.4 |
| 　英　　国 | 0.7 | 0.9 | 1.5 | 0.2 | 0.5 | 1.6 | 0.6 |
| アフリカ | 0.6 | 0.3 | 0.8 | 0.8 | 1.1 | 2.5 | 0.6 |
| 北　　米 | 2.7 | 3.8 | 5.2 | 1.2 | 3.0 | 1.1 | 2.6 |
| 　カナダ | 0.4 | 0.5 | 0.7 | 0.1 | 0.4 | 0.7 | 0.4 |
| 　米　　国 | 2.1 | 3.0 | 4.2 | 0.9 | 2.4 | 0.3 | 2.0 |
| 南　　米 | 9.7 | 0.3 | 0.6 | 0.4 | 0.5 | 0.6 | 17.8 |
| 　ブラジル | 7.4 | 0.2 | 0.3 | 0.2 | 0.4 | 0.1 | 13.6 |
| 　ペルー | 1.8 | 0.0 | 0.0 | 0.0 | 0.0 | 0.1 | 3.3 |
| オセアニア | 0.6 | 0.7 | 1.1 | 0.3 | 0.6 | 3.3 | 0.5 |
| 　オーストラリア | 0.4 | 0.5 | 0.8 | 0.2 | 0.4 | 2.6 | 0.3 |
| 無　国　籍 | 0.0 | 0.0 | 0.0 | 0.0 | 0.0 | 0.0 | 0.0 |

（出所）表 2-14 に同じ。

る[14]。

　最後に移民の出身地の地域別構成についてみる。表 2-15 は，2018 年における移民総数および在留目的別の地域別構成比を示している。移民総数は約 273 万人であり，地域別には，アジアが 83.4％ で最も多く，続いて南米 9.8％ であり，ヨーロッパと北米が 3％ 弱となっている。国別では，中国 28.0％，韓国 16.5％，ベトナム 12.1％，フィリピン 9.9％ およびブラジル 7.4％ であり，6 カ国で 70％ を占めている。アジアの近隣国と歴史的に日本からの移民が多く文化的に繋がりが強いブラジルが多くなっている。世界の移民状況で見た移民 O

14)　法務省の統計では，2012 年から分類改定が行われており，分類に関して統計は不連続である点に注意されたい。特に「短期滞在」と「その他」の分類項目が集計されていない。表 2-14 では 2011 年までの集計中の短期滞在を就労目的に含めている。

－D 移住ルートと同様の特質を示している。

在留目的別には，就労目的，留学・研修，家族滞在がほぼ同様の地域別構成比となっている。高度専門職では，ヨーロッパと北米が比較的高く，特定活動ではヨーロッパとオセアニアが比較的高い。永住者・配偶者等では，アジアが76.1% で最も高いが，南米も 17.8% と高くなっている。

## 5. おわりに

これまでは金融資本主義とも呼ばれるように，金融面でのグローバル化が先行し，IMF や国際決済銀行（BIS），世界銀行（WB）などの国際機関を中心にグローバルガバナンスは進められてきた。しかし，米国トランプ政権の自国第1主義の対外政策，英国の EU 離脱は，グローバル化に必要な国際規範に反するものと受け止められ，現代のグローバル化②の後退から破綻への懸念を強めている。特にこれまでのグローバル化のリーダー役であった米国が，自由民主主義に基づく国際協調推進から偏狭な国益を最優先する自国第1主義に転換したことは大きな波紋を投げかけている。その結果，貿易においては2国間の双務主義に基づく対外政策が推し進められている。一方，これまでのグローバル化の下で経済力を向上させてきた中国は，GDP で米国に続く世界第2位の国となり，国家資本主義の下で「一帯一路」と呼ばれる広域経済圏の確立を目指している。そうした中で貿易戦争とも呼ばれる米中貿易交渉が進行中である。また人的面でのグローバル化は，EU 内での経済統合を除き，これまでもそれほど進んでいない。むしろ移民問題がポピュリズムを引き起こし政治問題化し，反グローバル化運動を惹起している。

こうした現在起きている脱グローバル化現象は，各国で起きている労働分配率の低下および資産価格上昇によるキャピタルゲインなどに基づく所得および資産格差の拡大が原因となっている。さらに自国第1主義による国際協調の減退は，グローバル協調なしには解決不可能な地球環境問題をさらに悪化させてしまうことが懸念されている。根本的には，現行の ICT 技術革新などに支えられた経済面でのグローバル化は経済効率を高めるが，その成果の分配で"勝

者総取り"が起き，社会的に再分配機能が働かないことが問題である。

　現実には，所得再分配を含む社会保障政策や国家安全保障政策は，国家単位で意思決定され，国家主権に属する問題である。グローバル化で必要とされる国際協調や国際的規範の順守では国家主権をどこまで譲歩するかが問われることになる。これは，Rodric のいう"グローバル化の政治的トリレンマ"そのものである。今次の COVID-19 パンデミックが，国際協力が重要課題であるグローバル化にどのような影響を与えるのかが注目される。

　最後にこうした現実を踏まえて，すでに人口減少に直面している日本について，経済の脱グローバル化の潮流にいかに対処すべきかを考えてみたい。現在日本が直面している最優先課題としては，少子化対策，財政・社会保障体制の一体改革，激甚災害対策，地球温暖化対策などが挙げられているが，ここでは貿易問題および人口減少との関連で移民問題について触れておきたい。日本が抱えている中長期の諸問題を解決するには，経済成長が欠かせない。そのためには貿易や FDI のさらなる自由化が必須である。4 カ国の貿易構造で検討したように，日本の他国への依存度は高いが，他国の日本への依存度は比較的低い。したがって，望ましいのは 2 国間 FTA や RTA ではなく WTO 体制下での自由で開放的な多角的貿易制度を再確立することである。それにすこしでも近づくには，まず米国に TPP への復帰を働きかけることであろう。また市場経済社会主義ともいえる中国との貿易に関しては，周辺国と協調して現在推進している RCEP, FTAAP 構想をさらに押し進めることであろう。その時に，国内での農業など特定産業や中小企業などとの調整に関し国民的合意を早急に形成しておくことである。超グローバル化ではなく，最小限の国益を維持しつつ，国際規範としての相互的寛容と組織的自制心を持ったグローバル化にしたいものである。また FDI に関しては，ホーム国としてのみでなく，外国企業の参入障壁引き下げなどホスト国としての推進を計ることである。日本は先進国の中ではホスト国としての FDI が極端に少ないグローバル化の遅れた稀な国である。

　移民に関しても，これまで先進国の中では移民が人口比で極めて少ない国で

あったが，生産年齢人口の減少に直面して2015年以降急速に増加している。前述したように，国連の人口予測では，移民の増加が予測されており，移民が増加する国の1つとして言及されている。国連予測で指摘されているように，多くの発展途上国では生産年齢人口が増加し，移民としての流出が予想されている。日本周辺でも同様である。現在日本に居住者が多い中国や韓国でもそれぞれ2032年，2026年から人口減少が予測されている。一方，フィリピン，ベトナム，ブラジルでは2020年から30年でそれぞれ，12.9%，7.0%，5.3%の人口増加が予測されている。長期的には移民獲得競争が発生する可能性も考えられ，国内において増加する移民との共存を図り安定した非排他的な社会（inclusive society）を構築するには，移民の定住環境を制度的に整えることが必要である。そのため国内での社会保障制度，移民家族への教育制度を整えることが重要となっている。数十年前から少子化問題が指摘されながら対策が遅れた教訓を今度こそ生かしてほしいものである。

## 参 考 文 献

栗林　世（2012），「グローバリゼーションと日本経済」田中素香・林光洋編著『世界経済の新潮流』中央大学経済研究所研究叢書56，中央大学出版部，pp. 13-49。

──（2015），「グローバリゼーションと統合ルール」中條誠一・小森谷徳純編著『金融危機後の世界経済の課題』中央大学経済研究所研究叢書60，中央大学出版部，pp. 3-26。

Baker, Scott R., Nicholas Bloom, and Steven J. Davis (2016): "Measuring Economic Policy Uncertainty" *Quarterly Journal of Economics* 131 (4), pp. 1593-636.

Blinder, Alan S. (2019): "The Free-Trade Paradox" The Bad Politics of a Good Idea, *Foreign Affairs* January/February 2019, pp. 119-128.

Bown, Chad P. and Douglas A. Irwin (2019): "Trump's Assault on the Global Trading System" And Why Decoupling From China Will Change Everything, *Foreign Affairs* September/October 2019, pp. 125-136.

Bremmer, Ian (2018): *Us vs Them The Failure of Capitalism,* Penguin Publishing Group. (『対立の世紀』日本経済新聞出版社．)

Campbell, Kurt M. and Jake Sullivan (2019): "Competition Without Catastrophe" How America Can Both Challenge and Coexist With China, *Foreign Affairs* September/October 2019, pp. 96-110.

Clausing, Kimberly (2019): "Progressive Case Against Protectionism" How Trade and Immigration Help American Workers, *Foreign Affairs* November/December 2019, pp. 109 ⁻120.

Colby, Elbridge A. and A. Wess Mitchell (2020)： "The Age of Great Power Competition" How the Trump Administration Refashioned American Strategy, *Foreign Affairs* January/February 2020, pp. 118⁻130.

Chua, Amy (2018)： "Tribal World" Group Identity Is All, *Foreign Affairs* July/August 2018, pp. 25⁻33.

Fukuyama, Francis (2018)： "Against Identity Politics" The New Tribalism and the Crisis of Democracy, *Foreign Affairs* September/October 2018, pp. 90⁻114.

Haass, Richard (2019)： "How a World Order Ends" And What Comes in Its Wake, *Foreign Affairs* January/February 2019, pp. 22⁻30.

International Monetary Fund (2020 a)： *World Economic Outlook： The Great Lockdown*, April 2020.

International Monetary Fund (2020 b)： *World Economic Outlook*, January 2020.

James, Harold (2001)： *The End of Globalization*, Harvard University Press.（高遠裕子訳『グローバリゼーションの終焉』）日本経済新聞社 2002 年.）

Kroeber, Arthur R. (2016)： *China's Economy： What Everyone Needs to Know*, Oxford University Press.（『チャイナ・エコノミー』白桃書房　2018）

Levitsky, Steven and Daniel Ziblatt (2016)： *How Democracies Die,* 2016.（スティーブン・レビツキー／ダニエル・ジブラット（2018）『民主主義の死に方』　新潮社.）

Milanovic, Branko (2020)： "The Clash of Capitalisms" The Real Fight for the Global Economy's Future, *Foreign Affairs* January/February 2020, pp. 10⁻21.

Mounk, Yascha and Roberto Stefan Foa： "The End of the Democratic Century" Autocracy's Global Ascendance, *Foreign Affairs* May/June 2018, pp. 29⁻36.

Posen, Adam S. (2018)： "The Post-American World Economy" Globalization in the Trump Era, *Foreign Affairs* March/April 2018, pp. 29⁻38.

Rodric, Dani (2017)： *Straight Talk on Trade Ideas for a Sane World Economy*, 2017.（ロドリック，ダニ（2019），『貿易戦争の政治経済学』資本主義を再構築する　白水社.）

── (2019)： "Globalization's Wrong Turn" And How It Hurt America, *Foreign Affairs* July/August 2019, pp. 26⁻33.

── (2019)： "How to Get Past the US-China Trade War", *Project Syndicate* Nov. 7, 2019.

── (2019 a)： "Democracy on a Knife-Edge", *Project Syndicate*, Oct. 2019.

── (2019 b)： "Peaceful Coexistence 2.0", *Project Syndicate*, Apr. 2019.

── (2018)： "Will New Technologies Help or Harm Developing Countries?", *Project Syndicate* Oct. 8, 2018.

United Nations (2019 S)： *Population Facts*, Department of Economic and Social Affairs, September 2019, No. 2019/4.

── (2019 H)： *World Population Projects 2019： Highlights*, Department of Economic and Social Affairs, June 2019.

—— (2019 M)：*World Population Projects 2019 Methodology of the United Nations Population Estimates and Projections*, Department of Economic and Social Affairs Population Division, ST/ESA/SER.A/425.

Zakaria, Fareed (2020)： "The New China Scare" Why America Shouldn't Panic About Its Latest Challenger, *Foreign Affairs* January/February 2020, pp. 52‒69.

第 3 章

# TPP と日米中の経済協力の課題

後藤純一・岸真清

## 1. はじめに

　近年，わが国を取り巻く国際経済環境は大きく変化している。2018 年 12 月には TPP（環太平洋パートナーシップ），2019 年 2 月には日 EU 経済連携協定が発効し，2019 年 9 月には日米貿易協定が署名されるなど，貿易の自由化が進み，モノの国際移動が促進されることとなった。しかし，他方では 2018 年 3 月以降，米中貿易摩擦が深刻化し，世界の貿易が阻害される事態も生じている。さらに，2020 年に入ると新型コロナウイルスのパンデミックにより，世界経済はリーマンショックをも上回る苦境に立たされている。

　こうした厳しい国際経済情勢の中でアジア太平洋地域においても望ましい地域経済統合の枠組みを見いだすことが急務の課題となっている。世界経済全体が統合され一つの経済圏が形成されることがファースト・ベストの解であるとしても，WTO の歴史と現状をみるとそうしたグローバリズムが急速に進むことは期待しがたいようである。このため，1990 年代以降さまざまな地域経済統合の試みが行われてきた。アジア太平洋地域においても，ASEAN，NAFTA，APEC 等さまざまな試みがなされてきた。しかし，グローバルな共同体というファースト・ベストが可能でない場合，どのような地域経済統合がセカンド・ベストであるかを見いだすのは容易ではない。Viner（1950）の貿易

創出・貿易転換の議論[1]に端を発し，様々な経済学者が地域経済統合のメリット，デメリットに関し多様な議論を重ねてきているが，コンセンサスにはほど遠い状況にある。

　こうした状況に鑑み，本稿の目的は，アジア太平洋地域において望ましい経済的枠組みはどのようなものであるかを模索することにある。特に，環太平洋パートナーシップ（TPP）協定加盟国，米国，中国などに焦点をあて，国際貿易といったマクロ経済的事象とコミュニティビジネスというミクロ的な事象双方を考察していく。以下の第 2 節では，まず分析の前提となる事実を整理するため，TPP 交渉の経緯と現状，および TPP 諸国の経済情勢を概観する。続く第 3 節と第 4 節が本稿のコアの部分である。第 3 節では，貿易結合度(trade intensity index）などの指標を作成しこれを検討することで，11 カ国からなる現在の TPP の意義はどのようなものであるか，これ以外により望ましい枠組みがあるのではないかといったことを分析する。第 4 節では，マクロ的な貿易関係だけでなく，コミュニティビジネスといったミクロレベルでの事象を考察することにより，アジア太平洋地域における経済協力の望ましい姿を考察していく。第 5 節は分析結果をまとめるとともに今後の研究の課題について言及する。

## 2.　TPP 及び諸国経済の概要

　第 3 節および第 4 節の分析に先立って，本節では分析の前提となる事実を整理するため TPP 交渉の経緯と現状，および TPP 諸国の経済状況を概観する。

### 2-1　TPP 交渉の経緯と現状

　環太平洋パートナーシップ（TPP）協定とは，日本，オーストラリア，ブルネイ，カナダ，チリ，マレーシア，メキシコ，ニュージーランド，ペルー，シンガポール，ベトナムという 11 カ国からなる経済連携協定である。モノの移動だけではなく，サービス・投資の自由化を進め，さらには環境，知的所有

---

1)　Viner, J. (1950) を参照。

権，電子商取引など広範な分野にわたるルールを定めるものである。世界の
GDP の 13%，貿易総額の 15%，人口 5 億人を占める巨大市場をアジア太平洋
地域に形成しようとするものである。

　TPP 第 1 回交渉は，2010 年 3 月オーストラリアにおいて行われ，参加国は，
環太平洋パートナーシップの原協定たる Trans-Pacific Strategic Economic Part-
nership Agreement（TPSEP）加盟国のシンガポール，ブルネイ，チリ，ニュー
ジーランドの 4 カ国に米国，オーストラリア，ベトナム，ペルーを加えた 8 カ
国であった。現在米国は TPP のメンバーではないが，第 1 回交渉から参加し
中心的役割をはたしてきたことが注目される。その後，マレーシア，カナダ，
ベトナム，日本の 4 カ国が加盟して加盟国は 12 カ国となり，2016 年 2 月，
ニュージーランドにおいて署名が行われ，TPP 12 としてスタートするはずで
あった。しかし，2016 年秋の米国大統領選挙で，アメリカファーストを掲げ
るドナルド・トランプが当選すると事態は一変した。トランプ大統領は就任す
るやいなや TPP 離脱をアメリカ合衆国通商代表に指示する大統領覚書に署名
し，協定の寄託国であるニュージーランド政府に脱退を通告した。このため 11
カ国で再交渉をすることとなり，2018 年 11 月にチリで 11 カ国による署名が
行われ，2019 年 1 月に TPP 11 が発効した。

　このように米国を含まない 11 カ国でスタートした TPP 11 は，2019 年 1 月
には日本で閣僚級の TPP 第 1 回委員会が開催され，10 月にはニュージーラン
ドで TPP 第 2 回委員会が開催された。2020 年半ばにはメキシコで第 3 回委員
会が開催されることとなっている。さらに，全体委員会に加えて，物品貿易，
労働，国有企業など 12 の小委員会で域内のヒト，モノ，カネの移動を促進す
るための努力が行われている。しかし，世界一の経済大国である米国が発効直
前に離脱した TPP 11 はその規模も経済的効果も当初予定された TPP 12 を大き
く下回るものとなっている。また世界第二の経済大国である中国を含まないと
いう点でもその効果は限定的なものとなる。TPP 11 の委員会もこの点を意識
し，他の国々の「TPP への加入への関心を歓迎する」としている。このように
TPP 11 はアジア太平洋地域の統合，協力にむけての第一歩であることは事実

であるが，ファースト・ベストの解にはほど遠く，第 3 節以降に詳しく検討するように，より望ましい枠組みがありそうである。


## 2-2　TPP 11 諸国の経済状況

それでは，次に，TPP 11 参加国および米国と中国それに韓国の経済状況を，経済成長率と貿易の視点から概観してみよう。

まず，TPP 11 参加国の 2018 年の実質経済成長率を見てみると，オーストラリア 2.8%，ブルネイ 0.1%，カナダ 1.9%，チリ 4.0%，日本 0.8%，マレーシア 4.7%，メキシコ 2.0%，ニュージーランド 2.7%，ペルー 4.0%，シンガポール 3.2%，ベトナム 7.1% であった[2]。また，2017 年 1 月 23 日にトランプ大統領が TPP 離脱の大統領覚書を発出した米国の実質経済成長率は，2.9% であった。さらに，日中韓 FTA や RCEP（ASEAN 10 カ国＋日中韓印豪 NZ）協定に向けて交渉中の中国および韓国の実質経済成長率は，それぞれ，6.6%，2.7% であった。この間，2018 年 2 月に TPP 11 が，翌年 2 月には，日 EU・EPA が発効しているが，ベトナム，中国の高い経済成長率とブルネイ，日本の低い経済成長率が目だっている。

しかし，中国にしても，2016 年の 6.7%，2017 年の 6.8% に比べ，経済成長率は減速気味である。2018 年に入って，米中の関税対立，英国の EU 離脱問題が影を落とし始め，2019 年の実質経済成長率は 6.3%，さらに 2020 年のそれは 6.1% に減速すると予測されている。その状況の中で，2019 年の重点分野として，対内的に市場機能，小規模事業，農村社会・市民生活の重視，対外的には一帯一路建設，貿易・投資の自由化などが政策目標に掲げられることになった。

同様に，米国も 2017 年 12 月成立の税制改革の恩恵を受け，実質経済成長率は 2017 年の 2.2% から 2018 年の 2.9% に上昇したが，貿易摩擦の影響下，2019

---

2)　実質経済成長率は経済産業省（2020）およびアジア開発銀行（ADB）（2019）による。ただし，マレーシアとブルネイは，ADB と経済産業省で異なっているが，ここでは後者のデータにしたがった。

表 3-1　TPP 11，米国，中国，韓国の輸出

（単位：100 万ドル，％）

|  | 2008 | 2013 | 2018 | 平均増加率 |
|---|---|---|---|---|
| World | 16,004,717 （100.0） | 18,572,133 （100.0） | 19,321,110 （100.0） | 1.9 |
| Australia | 177,489 （1.1） | 218,203 （1.2） | 218,045 （1.1） | 2.1 |
| Brunei | 2,388 （0.0） | 7,755 （0.0） | 4,568 （0.0） | 6.7 |
| Canada | 391,934 （2.4） | 456,155 （2.5） | 457,994 （2.4） | 1.6 |
| Chile | 52,391 （0.3） | 70,160 （0.4） | 71,617 （0.4） | 3.2 |
| Japan | 656,585 （4.1） | 765,405 （4.1） | 678,682 （3.5） | 0.3 |
| Malaysia | 163,699 （1.0） | 227,133 （1.2） | 217,310 （1.1） | 2.9 |
| Mexico | 247,455 （1.5） | 343,821 （1.9） | 422,938 （2.2） | 5.5 |
| New Zealand | 30,316 （0.2） | 34,601 （0.2） | 39,951 （0.2） | 2.8 |
| Peru | 26,751 （0.2） | 39,362 （0.2） | 38,654 （0.2） | 3.7 |
| Singapore | 272,677 （1.7） | 350,953 （1.9） | 336,790 （1.7） | 2.1 |
| Vietnam | 75,865 （0.5） | 155,089 （0.8） | 258,600 （1.3） | 13.0 |
| TPP 11 | 2,097,550 （13.1） | 2,668,637 （14.4） | 2,745,149 （14.2） | 2.7 |
|  |  |  |  |  |
| United States | 1,979,241 （12.4） | 2,152,400 （11.6） | 2,464,320 （12.8） | 2.2 |
| China | 998,126 （6.2） | 1,636,552 （8.8） | 1,859,721 （9.6） | 6.4 |
| Korea | 390,617 （2.4） | 483,799 （2.6） | 503,764 （2.6） | 2.6 |

（注）括弧内は構成比（％）。
（出所）IMF, Direction of Trade Statistics より作成。

年 2.3％，2020 年 1.9％ と予測されている。

　日本は，2017 年の 1.9％ から 2018 年の 0.8％ に減速，さらに 2019 年には 1.0％，2020 年の 0.5％ への減速が予測されている。その打開策として，地域未来投資促進法の制定などを通じて，地域の活性化と第 4 次産業革命を促進しようとしている。

　次に，TPP 11 カ国および米国，中国，韓国の輸出・輸入とその推移を表 3-1，表 3-2 によって，概観してみよう。表は 2020 年 2 月 19 日時点の IMF の Direction of Trade Statistics に基づいているが[3]，TPP 11 参加各国の輸出ないし輸入のシェアと 2008 年から 2018 年の 10 年間にわたる平均増加率を示している。

　表 3-1 から，輸出に関して，次のことがわかる。

①　2018 年の世界全体の輸出額 19 兆 3,211 億ドルに占める TPP 11 の輸出額 2 兆 7,451 億ドルのシェアは 14.2％ である。

---

3）　2018 年のデータは常時更新されているので，アクセス日を特定した。

表 3-2　TPP 11, 米国, 中国, 韓国の輸入

（単位：100 万ドル，%）

| | 2008 | 2013 | 2018 | 年平均増加率 |
|---|---|---|---|---|
| World | 16,496,749　(100.0) | 18,807,045　(100.0) | 19,541,932　(100.0) | 1.7 |
| Australia | 204,385　(1.2) | 260,972　(1.4) | 272,182　(1.4) | 2.9 |
| Brunei | 11,167　(0.0) | 11,215　(0.1) | 6,352　(0.0) | − 5.5 |
| Canada | 459,082　(2.8) | 463,461　(2.5) | 452,639　(2.3) | − 0.1 |
| Chile | 71,994　(0.4) | 81,460　(0.4) | 81,646　(0.4) | 1.3 |
| Japan | 836,495　(5.1) | 795,527　(4.2) | 772,712　(4.0) | − 0.8 |
| Malaysia | 249,193　(1.5) | 301,069　(1.6) | 330,785　(1.7) | 2.9 |
| Mexico | 295,258　(1.8) | 399,630　(2.1) | 480,785　(2.5) | 5.0 |
| New Zealand | 31,493　(0.2) | 40,130　(0.2) | 41,239　(0.2) | 2.7 |
| Peru | 30,628　(0.2) | 45,323　(0.2) | 50,271　(0.3) | 5.1 |
| Singapore | 217,655　(1.3) | 253,966　(1.4) | 274,164　(1.4) | 2.3 |
| Vietnam | 65,850　(0.4) | 145,358　(0.7) | 287,211　(1.5) | 15.9 |
| TPP 11 | 2,473,200　(15.0) | 2,798,111　(14.9) | 3,049,986　(15.6) | 2.1 |
| | | | | |
| United States | 1,296,398　(7.9) | 1,514,249　(8.1) | 1,632,814　(8.4) | 2.3 |
| China | 1,674,283　(10.1) | 2,215,995　(11.8) | 2,631,782　(13.5) | 4.6 |
| Korea | 431,465　(2.6) | 580,634　(3.1) | 645,733　(3.3) | 4.1 |

（注）括弧内は構成比（%）。
（出所）表 3-1 と同じ。

② 日本の輸出額 6,787 億ドルのシェアは 3.5% にすぎないが，米国の輸出額 2 兆 4,643 億ドルは 12.8%，中国の 1 兆 8,597 億ドルは 9.6% である。韓国の輸出額 5,038 億ドルは 2.6% である。

③ 2008 年から 2018 年にかけて増加率が高かったのはベトナムであったが，2008 年の 759 億ドルから 2018 年の 2,586 億ドルに増加，年平均増加率は 13.0% であった。次いで高い増加率を示したのが，ブルネイの 6.7%，中国の 6.4% であった。日本の増加率は 0.3% であって，最も低かった。

同様に，表 3-2 から，輸入に関して，次のことがわかる。

① 2018 年の TPP 11 の輸入額 3 兆 499 億ドルが世界全体の輸入額 19 兆 5,420 ドルに占めるシェアは 15.6% であった。

② 中国の輸入額 2 兆 6,318 億ドルと米国の輸入額 1 兆 6,328 億ドルのシェアが，それぞれ 13.5%，8.4% であるのに対して，日本の 7,727 億ドルは 4.0% にすぎなかった。韓国の輸入額 6,457 億ドルは，3.3% に留まっ

ていた。

③　2008 年から 2018 年にかけての増加が目立ったのが，659 億ドルから 2,872 億ドルに増加したベトナムの 15.9% である。逆に，日本は，ブルネイ，カナダとともに減少している。

しかし，2016 年，2017 年頃と比べて，経済状況は変わりつつある。2018 年 7 月に顕在化した米中の貿易摩擦が世界の経済成長に影を落とし始めた。すなわち，米国が同年 7 月 6 日に実施した第 1 弾の追加関税措置（追加税率 25%，対象品目数 818 件，対象額 340 億ドル）が発端であったが，中国の対米輸入額も伸びが鈍化し始めた。その後も，米国の関税引き上げと中国の報復が続いているだけでなく[4]，英国の EU 離脱，さらに新型コロナウイルスが経済成長率の減速を余儀なくしている。

## 3. TPP の経済分析

前節で見たように，TPP は当初米国を含む 12 カ国で発足する予定であったものが，トランプ政権による方針変更により，米国を除く 11 カ国でスタートすることとなった。また，TPP 11 には米国が含まれないだけではなく環太平洋地域に属する経済大国たる中国もそのメンバーではないことに留意すべきである。そこで，以下では，TPP の経済的インパクトを，現状の TPP 11 と米国を含む TPP 12 を比較し，さらに中国や韓国などを含むこととなった場合の拡大 TPP と比較する形で分析することとする。

まず，分析の方法論を簡単に述べておこう。以下では，TPP 11 の経済効果を分析するとともに，現在は TPP のメンバーでない米国，中国，韓国などが加盟したときにどのような経済効果が予想されるかを考察するため，「貿易

---

4)　ちなみに，第 2 弾は追加税率 25%，対象品目数 279 件，対象額 160 億ドル，実施日 2018 年 8 月 23 日，第 3 弾は追加税率 10%，対象品目数 5,745 件，対象額 1,600 億ドル，実施日 2018 年 9 月 24 日および追加税率 25%，対象品目数 5,745 件，対象額 1,600 億ドル，実施日 2019 年 5 月 10 日，第 4 弾は追加税率 25%，対象品目数 3,805 件，対象額 3,000 億ドル，実施日未定であった。日本貿易振興機構（ジェトロ）（2019 b）（ビジネス短信）1–3 ページ。

シェア」、「貿易結合度（trade intensity index）」、「貿易依存度（trade dependency index）」
という 3 つの指標を用いて分析する。分析の対象となる国や期間は異なるが，
基本的分析方法は，Goto and Hamada（1994）と同様である[5]。

なお，以下の分析で用いる貿易額というのは輸出額と輸入額の和である。こ
れは，貿易パートナーとの関係を評価するに当たっては輸出相手先としての役
割だけでなく輸入相手先としての役割も重要だからである。用いるデータは
IMF の Direction of Trade Statistics の 2017 年のものである[6]。貿易シェアはさ
まざまな研究でよく用いられる指標であるが，以下詳しく述べるように貿易パー
トナーのサイズを斟酌する「貿易結合度」の方が本節の分析に適しているよう
に思われる。

以下，3 つの指標の定義とその意義，および 3 指標を用いた分析結果をまと
めてみよう。

### 3-1 貿易シェア（$S_{ij}$）

貿易シェアは，多くの分析で用いられる指標で，以下のように定義されるこ
とは言うまでもない。

$$S_{ij} = T_{ij} / T_i$$

ここで，$S_{ij}$ ：i 国の貿易全体に対する j 国との貿易シェア

$T_{ij}$ ：i 国と j 国との貿易額（輸出額＋輸入額）

$T_i$ ：i 国の全貿易額

つまり，i 国にとっての j 国の貿易シェアというのは，j 国との貿易額が i 国
の貿易額全体の何％を占めるかを表している。たとえば，A 国の全貿易額が 100
であり，A 国と B 国との貿易額が 50，A 国と C 国の貿易額が 5 であるとした

---

5）Goto, J. and Hamada, K. (1994) による。

6）執筆時点で 2018 年のデータが発表されているが，この Direction of Trade Statistics
のデータは発表の翌年に大きく改訂されることが多いため，あえて 2017 年のデータ
を用いた。

場合，A 国にとっての B 国との貿易シェアは 50% となり，C 国との貿易シェア 5% を大きく上回ることになる。この場合，A 国にとって B 国との貿易の重要性が C 国のそれよりも非常に大きく，A 国は B 国との自由貿易圏形成により大きな経済的利益を得ることが推察されよう。

　この貿易シェアを，TPP 11 カ国，米国，中国，韓国についてまとめたものが表 3-3 である。行が報告国（reporter）を，列が貿易相手国（partner）を表している。たとえば，Japan の数字をみると次のようになる。日本の貿易全体にとって，オーストラリアの貿易のシェアが 4.02%，ブルネイが 0.13%，カナダが 1.50% 等々となる。日本の場合，計上された貿易パートナーのなかでは中国が最大で 21.70% となっており，米国との貿易シェア 15.26%，TPP 加盟国（TPP 11 のうち日本を除いた 10 カ国）全体との貿易シェア 15.11% を上回っている。また，カナダの対米国貿易シェアは 63.42%，メキシコの対米貿易シェアは 62.35% となっており，カナダやメキシコなどにとっては米国との貿易が大きなシェアを占めていることが分かる。

　TPP 加盟国全体にとっての TPP 域内貿易シェアは 15.65% と，ある程度の重要性を示している。特にブルネイ（48.67%），マレーシア（26.45%），ニュージーランド（30.07%），シンガポール（22.50%）の 4 カ国については TPP 域内貿易が，対米国貿易や対中国貿易よりも大きなシェアを占めているのが注目される。このように，貿易シェアを見るかぎりでは，米国や中国を含まない TPP 11 の重要性がうかがえる。しかし，以下の貿易結合度をみるとかなり違った推論をすることができることに注意すべきである。

## 3-2　貿易結合度（trade intensity index, TII）

　次に，3 つの中で最も重要な指標とも言うべき貿易結合度を見てみよう。A 国と B 国の結びつきの強さや貿易利益（gains from trade）を評価する際に貿易シェアという指標を用いることの重要性を否定するものではないが，"natural trading partner" 等の概念により TPP などの自由貿易協定の意義を評価する際には限界がある。

表 3-3

|  | World | Australia | Brunei | Canada | Chile | Japan | Malaysia |
|---|---|---|---|---|---|---|---|
| World | 100.00 | 1.30 | 0.02 | 2.40 | 0.38 | 3.82 | 1.41 |
| Australia | 100.00 |  | 0.06 | 0.65 | 0.14 | 11.09 | 2.94 |
| Brunei | 100.00 | 2.29 |  | 0.07 | 0.01 | 20.25 | 13.74 |
| Canada | 100.00 | 0.35 | 0.00 |  | 0.27 | 2.66 | 0.32 |
| Chile | 100.00 | 0.42 | 0.00 | 1.63 |  | 6.32 | 0.29 |
| Japan | 100.00 | 4.02 | 0.13 | 1.50 | 0.59 |  | 2.34 |
| Malaysia | 100.00 | 1.13 | 0.28 | 0.37 | 0.08 | 7.80 |  |
| Mexico | 100.00 | 0.18 | 0.00 | 2.54 | 0.40 | 2.73 | 1.06 |
| New Zealand | 100.00 | 14.33 | 0.00 | 1.21 | 0.27 | 6.77 | 2.54 |
| Peru | 100.00 | 0.46 | 0.00 | 2.26 | 2.87 | 3.43 | 0.35 |
| Singapore | 100.00 | 2.04 | 0.15 | 0.30 | 0.02 | 5.45 | 11.37 |
| Vietnam | 100.00 | 1.48 | 0.02 | 0.80 | 0.29 | 7.69 | 2.31 |
| TPP 11 | 100.00 | 1.80 | 0.08 | 1.06 | 0.35 | 4.06 | 2.77 |
| United States | 100.00 | 0.89 | 0.00 | 14.97 | 0.62 | 5.25 | 1.29 |
| China | 100.00 | 3.27 | 0.02 | 1.27 | 0.86 | 7.38 | 2.35 |
| Korea | 100.00 | 3.39 | 0.08 | 0.93 | 0.52 | 7.82 | 1.68 |

（注）貿易シェア＝$T_{ij}/T_i$

（出所）IMF, Direction of Trade Statistics のデータにより筆者が作成。

Natural trading partner の概念に関し，Bhagwati, Krishna, and Panagariya (1999) は次のように述べている[7]。

",,,,,,,,,, Trade creation is likely to be great, and trade diversion small, if the prospective members of an FTA are natural trading partners. Several points are relevant :

- Are the prospective members already major trading partners? If so, the FTA will be reinforcing natural trading partners, not artificially diverting them.

- Are the prospective members close geographically? Groupings of distant nations may be economically inefficient because of the high transportation costs."

---

7）　Bhagwati, J., Krishna, P. and Panagariya, A. (1999) p. 57.

貿易シェア

| Mexico | New Zealand | Peru | Singapore | Vietnam | TPP 11 | United States | China | Korea |
|---|---|---|---|---|---|---|---|---|
| 2.33 | 0.21 | 0.23 | 1.55 | 1.40 | 15.05 | 10.63 | 11.61 | 3.04 |
| 0.53 | 2.88 | 0.07 | 2.59 | 1.67 | 22.63 | 7.33 | 28.19 | 5.54 |
| 0.06 | 0.07 | 0.00 | 11.49 | 0.69 | 48.67 | 3.68 | 10.55 | 10.11 |
| 3.96 | 0.11 | 0.23 | 0.21 | 0.56 | 8.68 | 63.42 | 8.65 | 1.25 |
| 2.47 | 0.15 | 2.00 | 0.11 | 0.87 | 14.26 | 16.26 | 25.66 | 4.62 |
| 1.25 | 0.36 | 0.20 | 2.28 | 2.45 | 15.11 | 15.26 | 21.70 | 5.95 |
| 0.62 | 0.44 | 0.06 | 12.83 | 2.83 | 26.45 | 8.91 | 16.40 | 3.67 |
| | 0.06 | 0.24 | 0.28 | 0.61 | 8.10 | 62.35 | 9.98 | 2.35 |
| 0.63 | | 0.15 | 2.75 | 1.41 | 30.07 | 10.33 | 20.81 | 3.23 |
| 2.63 | 0.13 | | 0.16 | 0.73 | 13.02 | 17.83 | 24.34 | 3.73 |
| 0.48 | 0.39 | 0.02 | | 2.28 | 22.50 | 8.55 | 14.35 | 4.78 |
| 0.71 | 0.22 | 0.10 | 1.89 | | 15.51 | 11.61 | 21.42 | 14.08 |
| 1.28 | 0.47 | 0.20 | 2.07 | 1.51 | 15.65 | 28.18 | 17.02 | 4.82 |
| 14.33 | 0.21 | 0.41 | 1.26 | 1.41 | 40.65 | | 16.36 | 3.07 |
| 1.16 | 0.35 | 0.49 | 1.94 | 2.99 | 22.08 | 14.32 | | 6.82 |
| 1.46 | 0.24 | 0.29 | 2.00 | 5.98 | 24.39 | 11.46 | 23.02 | |

　つまり，地理的に近かったり，すでに貿易関係が緊密であったりする国々は，自然的貿易パートナー（natural trading partner）である可能性が高い。こうした国々が自由貿易圏を形成すると，貿易創出効果が貿易転換効果を上回り，望ましい経済統合になりやすいというわけである。natural trading partner の判断基準としては，上記の既存の貿易関係の緊密度や地理的近接度に加えて，経済発展段階，文化，宗教などさまざまなものが指摘されている。

　いずれにしても，好ましい地域経済統合を形成する可能性の高い natural trading partner かどうかを判定するための「既存の貿易関係の緊密度」に関して，貿易シェアを用いることには大きな問題がある。つまり，米国や中国などの大国はいずれの国にとっても大きなシェアを示し，必ずしも貿易関係の緊密度を表すものではないということに留意する必要がある。たとえば，マレーシアとシンガポールは隣国であり，貿易を含むさまざまな経済関係で強く結びついていることは論を待たないが，表 3-3 の貿易シェアを見ると，マレーシアにとってシンガポールとの貿易シェアは 12.83% となっており，中国との貿易シェア 16.40% よりも小さい。これは，シンガポールに比べて中国の方が貿易大国で

表 3-4　貿易結合度

| | Australia | Brunei | Canada | Chile | Japan | Malaysia | Mexico |
|---|---|---|---|---|---|---|---|
| Australia | | | | | | | |
| Brunei | 1.7660 | | | | | | |
| Canada | 0.2716 | 0.0341 | | | | | |
| Chile | 0.3257 | 0.0291 | 0.6778 | | | | |
| Japan | 3.0992 | 5.6008 | 0.6254 | 1.5716 | | | |
| Malaysia | 0.8733 | 11.9720 | 0.1543 | 0.2243 | 2.0434 | | |
| Mexico | 0.1403 | 0.0276 | 1.0594 | 1.0647 | 0.7144 | 0.7540 | |
| New Zealand | 11.0565 | 0.2136 | 0.5036 | 0.7168 | 1.7742 | 1.8051 | 0.2712 |
| Peru | 0.3528 | 0.0008 | 0.9412 | 7.6082 | 0.8983 | 0.2520 | 1.1306 |
| Singapore | 1.5753 | 6.6577 | 0.1259 | 0.0548 | 1.4281 | 8.0776 | 0.2073 |
| Vietnam | 1.1386 | 0.7217 | 0.3335 | 0.7750 | 2.0140 | 1.6450 | 0.3060 |
| TPP 11 | 1.3879 | 3.4566 | 0.4430 | 0.9316 | 1.0630 | 1.9697 | 0.5503 |
| United States | 0.6876 | 0.1601 | 6.2392 | 1.6477 | 1.3762 | 0.9182 | 6.1500 |
| China | 2.5238 | 1.0491 | 0.5282 | 2.2777 | 1.9324 | 1.6700 | 0.4987 |
| Korea | 2.6141 | 3.5750 | 0.3874 | 1.3777 | 2.0484 | 1.1951 | 0.6257 |

（注）貿易結合度 = $(T_{ij}/T_i)/(T_{jw}/T_w)$，定義の詳細は本文参照。
（出所）IMF, Direction of Trade Statistics のデータにより筆者が作成。

あるということに起因しており，マレーシアにとってシンガポールとの関係が中国との関係よりも緊密でないということを必ずしも意味するものではない。

　これまでの研究では貿易シェアを比較することが多かったが，Yamazawa（1991）[8] や Goto and Hamada（1994）などが指摘しているように，貿易関係の緊密度を評価するにあたっては，貿易パートナーの大きさ（サイズ効果）の影響をコントロールする必要がある。このサイズ効果を斟酌するために，以下では「貿易結合度（trade intensity index）」という指標を見てみよう。

　貿易結合度（Trade Intensity Index, TII）は以下のように定義される。

$$TII_{ij} = (T_{ij} / T_i) / (T_j / T_w)$$

　　　ここで　$TII_{ij}$：i 国と j 国の貿易結合度

　　　　　　$T_{ij}$　：i 国と j 国との貿易額（輸出額＋輸入額）

　　　　　　$T_i$　：i 国の貿易額全体

---

8）　Yamazawa, I., Hirata, A. and Yokota, K. (1991) を参照。

73

（Trade Intensity Index）

| New Zealand | Peru | Singapore | Vietnam | TPP 11 | United States | China | Korea |
|---|---|---|---|---|---|---|---|
| | | | | | | | |
| | | | | | | | |
| | | | | | | | |
| | | | | | | | |
| | | | | | | | |
| | | | | | | | |
| | | | | | | | |
| 0.6298 | | | | | | | |
| 1.8227 | 0.0774 | | | | | | |
| 1.0309 | 0.4407 | 1.2181 | | | | | |
| 2.2067 | 0.8616 | 1.3329 | 1.0780 | 1.0402 | | | |
| 0.9791 | 1.7735 | 0.8137 | 1.0024 | 2.7010 | | | |
| 1.6622 | 2.1102 | 1.2481 | 2.1320 | 1.4671 | 1.3469 | | |
| 1.1493 | 1.2629 | 1.2847 | 4.2636 | 1.6206 | 1.0780 | 1.9826 | |

$T_j$　：j 国の貿易額全体

$T_w$　：全世界の貿易額

　つまり，貿易結合度とは，i 国と j 国の貿易について，両国の世界貿易シェアから算出される標準的な貿易額と比べて，実際の貿易額の大きさがどうなっているのかを見るものである。たとえば A 国にとって B 国の貿易シェアが1%，C 国の貿易シェアが 10% であるとしよう。そして，B 国は小さな国で世界全体の貿易の 0.1%，C 国は大きな国で世界全体の貿易の 50% を占めていたとしよう。この場合，貿易結合度は以下のようになる。

　　　（A 国と B 国の貿易結合度）1 / 0.1 ＝ 10

　　　（A 国と C 国の貿易結合度）10 / 50 ＝ 0.2

　つまり，A 国と B 国との貿易緊密性は，貿易シェアで見た場合には，B 国

が 1，C 国が 10 となって，C 国が大きな値を示すが，それは世界全体の貿易における C 国のサイズが B 国のサイズの 500 倍であるというサイズ効果に基づくいわば見せかけの緊密性である。このサイズによる影響をコントロールした貿易結合度でみると，A 国は，C 国よりも B 国と非常に緊密に結びついていることがわかる。なお，もし i 国と j 国の間の貿易結合の程度が，世界と j 国の間のそれと等しいならば，貿易結合度は 1 になり，この数値が大きければ大きいほど両国の間の貿易結合の度合いが高いということになる。

　この貿易結合度を，TPP 11 カ国，米国，中国，韓国についてまとめたものが表 3-4 である。行が報告国（reporter）を，列が貿易相手国（partner）を表しているが，表の見方に少し注意が必要である。つまり，「A 国と B 国の貿易結合度」と「B 国と A 国の貿易結合度」の数値は同一であるという対称性のため，表は左上から右下への対角線の下半分の三角形の部分だけを計上してある。たとえば，日本と各国との貿易結合度を見るためには，まず左から右へと水平方向に数値を読みとり，日本との貿易結合度は，オーストラリア 3.0992，ブルネイ 5.6008，カナダ 0.6254，チリ 1.5716 となる。その後は省略してある水平方向の数値と対称（同一）である垂直方向の数値を読みとり，マレーシア 2.0434，メキシコ 0.7144，ニュージーランド 1.7742 等々という値を得る。この読み方は他の国々についても同様である。

　この貿易結合度の数値から次のような興味深い事実が読みとれる。

(i)　TPP 11 同士の貿易関係の緊密度はあまり強くない：TPP 域内全体の貿易結合度は，1.0402 となっており，基準値の 1 とほぼ同程度で，特段強い結びつきを示しているわけではない。

(ii)　TPP 11 にとって，米国，中国，韓国との緊密度が強い：TPP 11 にとって，米国との貿易結合度は 2.7010，中国との貿易結合度は 1.4671，韓国との貿易結合度は 1.6206 となっており，いずれも TPP 11 との貿易結合度を大きく上回っている。つまり，米国，中国，韓国などを含まない TPP

11 は natural trading partner 同士の自由貿易圏，いわば「natural trading bloc」とは言いがたいようである。

(iii)　カナダやメキシコなどは米国との緊密度が非常に強く，TPP 諸国との緊密度は弱い：カナダにとって，米国との貿易結合度は 6.2392 と基準値の 1 を大きく上回っているのに対し，TPP 諸国との貿易結合度は 0.4430 と基準値をかなり下回っている。同様に，メキシコにとって，米国との貿易結合度は 6.1500 と基準値を大きく上回っているのに対し，TPP 諸国との貿易結合度は 0.5503 と基準値 1 をかなり下回っている。言い換えれば，カナダやメキシコにとっては米国を含む NAFTA などの自由貿易圏が natural trading bloc であり，米国を含まない TPP 11 はあまり意味がないということが示唆される。

(iv)　(i)～(iii)で言及した以外で注目すべきは，ブルネイとマレーシア（11.9720），ブルネイとシンガポール（6.6577），チリとペルー（7.6082），マレーシアとシンガポール（8.0776）などの貿易結合度が非常に高く，それぞれのペアの緊密性が強いことを示している。

　以上のように，貿易シェアで見たときには TPP 11 の存在意義がある程度大きかったが，貿易パートナーのサイズを斟酌した貿易結合度で見ると TPP 11 の数値はあまり高くないことがわかる。つまり，米国や中国を除外した経済圏の存在意義は乏しく，政治的困難を克服して，米国や中国を含むより広大な経済圏の形成が望まれる。

## 3-3　貿易依存度（trade dependency index）
　最後に，表 3-5 のように貿易依存度という指標により，TPP 11 を評価してみよう。貿易依存度（TDI）は以下のように定義される。

表 3-5 貿易依存度

|  | Australia | Brunei | Canada | Chile | Japan | Malaysia | Mexico |
|---|---|---|---|---|---|---|---|
| Australia |  | 0.02 | 0.22 | 0.05 | 3.65 | 0.97 | 0.18 |
| Brunei | 1.64 |  | 0.05 | 0.01 | 14.47 | 9.82 | 0.04 |
| Canada | 0.19 | 0.00 |  | 0.14 | 1.41 | 0.17 | 2.11 |
| Chile | 0.20 | 0.00 | 0.79 |  | 3.05 | 0.14 | 1.19 |
| Japan | 1.13 | 0.04 | 0.42 | 0.17 |  | 0.66 | 0.35 |
| Malaysia | 1.47 | 0.36 | 0.48 | 0.11 | 10.10 |  | 0.80 |
| Mexico | 0.13 | 0.00 | 1.88 | 0.30 | 2.02 | 0.78 |  |
| New Zealand | 5.59 | 0.00 | 0.47 | 0.11 | 2.64 | 0.99 | 0.25 |
| Peru | 0.18 | 0.00 | 0.91 | 1.15 | 1.38 | 0.14 | 1.06 |
| Singapore | 4.16 | 0.31 | 0.62 | 0.04 | 11.12 | 23.18 | 0.98 |
| Vietnam | 2.94 | 0.03 | 1.59 | 0.58 | 15.30 | 4.61 | 1.42 |
| TPP 11 | 0.91 | 0.04 | 0.54 | 0.18 | 2.06 | 1.41 | 0.65 |
| United States | 0.29 | 0.00 | 4.83 | 0.20 | 1.69 | 0.42 | 4.62 |
| China | 0.69 | 0.01 | 0.27 | 0.18 | 1.55 | 0.50 | 0.24 |
| Korea | 2.16 | 0.05 | 0.59 | 0.33 | 4.98 | 1.07 | 0.93 |

（注）貿易依存度 $= T_{ij}/Y_i$　定義の詳細は本文参照。
（出所）IMF, Direction of Trade Statistics のデータにより筆者が作成。

$$TDI_{ij} = T_{ij} / Y_i$$

ここで，$TDI_{ij}$：i 国の j 国に対する貿易依存度

$T_{ij}$：i 国と j 国との貿易額（輸出額 + 輸入額）

$Y_i$：i 国の GDP

　つまり，貿易依存度（trade dependency index）というのは，ある貿易パートナーとの貿易額を自国の国内総生産額で割ったもので，当該貿易パートナーが自国の国民経済にとってどの程度重要であるかを示している（言い換えれば，もし当該貿易パートナーとの貿易が遮断されるとどの程度困るかということを示している。）。TPP 11 諸国の TPP 11 域内貿易に対する貿易依存度は 7.96 であるが，米国への貿易依存度は 14.32，中国への貿易依存度は 8.65 となっておりいずれも TPP 11 の域内貿易の数値を上回っている。特に米国への貿易依存度は大きく，米国抜きでの自由貿易圏の存在意義が小さいことを示している。

　上記の分析結果は，①TPP 11 諸国経済にとって，米国および中国との貿易は非常に重要であり，これら 2 カ国を含まない貿易圏の経済効果は限られてい

(Trade Dependency Index)

| New Zealand | Peru | Singapore | Vietnam | TPP 11 | United States | China | Korea | World |
|---|---|---|---|---|---|---|---|---|
| 0.95 | 0.02 | 0.85 | 0.55 | 7.45 | 2.42 | 9.29 | 1.82 | 32.94 |
| 0.05 | 0.00 | 8.21 | 0.50 | 34.79 | 2.63 | 7.54 | 7.23 | 71.47 |
| 0.06 | 0.12 | 0.11 | 0.30 | 4.61 | 33.68 | 4.59 | 0.66 | 53.10 |
| 0.07 | 0.97 | 0.05 | 0.42 | 6.89 | 7.85 | 12.39 | 2.23 | 48.30 |
| 0.10 | 0.06 | 0.64 | 0.69 | 4.26 | 4.30 | 6.11 | 1.68 | 28.18 |
| 0.57 | 0.08 | 16.61 | 3.67 | 34.24 | 11.54 | 21.23 | 4.75 | 129.46 |
| 0.04 | 0.18 | 0.21 | 0.45 | 5.98 | 46.08 | 7.37 | 1.74 | 73.91 |
|  | | 0.06 | 1.07 | 0.55 | 11.73 | 4.03 | 8.12 | 1.26 | 39.03 |
| 0.05 | | 0.06 | 0.29 | 5.23 | 7.16 | 9.78 | 1.50 | 40.16 |
| 0.79 | 0.04 | | 4.65 | 45.89 | 17.43 | 29.27 | 9.74 | 203.93 |
| 0.44 | 0.20 | 3.77 | | 30.87 | 23.09 | 42.62 | 28.02 | 198.98 |
| 0.24 | 0.10 | 1.05 | 0.77 | 7.96 | 14.32 | 8.65 | 2.45 | 50.83 |
| 0.07 | 0.13 | 0.41 | 0.45 | 13.10 | | 5.27 | 0.99 | 32.23 |
| 0.07 | 0.10 | 0.41 | 0.63 | 4.65 | 3.02 | | 1.44 | 21.07 |
| 0.16 | 0.19 | 1.27 | 3.81 | 15.54 | 7.30 | 14.67 | | 63.71 |

ること，②したがって，TPP 11 だけでなく，米国および中国を含むより広範囲の貿易圏形成のための政治的イニシアチブが重要であること，などを示唆しているものと言えよう。

## 4. 経済協力の方向性

### 4-1　デジタル社会における TPP 拡大

　前節の貿易結合度を主とする検証とその結果が示しているように，TPP への米国，中国の参加が熱望されるところである。しかし，それまでに期待される手段は，TPP 11 参加諸国，米国，中国，韓国などとの国別経済取引（FTA や EPA を含む）の拡大である。ここでは，その牽引車としての役割を，主に日本，米国，中国のコミュニティビジネス特にベンチャービジネス・新興ビジネスに期待することにする。

　コミュニティビジネスは，小規模な事業から出発して地域だけでなく国外との取引も対象とするように成長を遂げていくと考えられるが，①中小企業・小規模事業，農業，観光業，ベンチャービジネスなどの営利型ビジネスと，②医

療・看護，教育・子育て，環境保全業務などの非営利型のソーシャルビジネスによって構成されている。そのうち，ソーシャルビジネスも，政府の補助金に頼るよりも，自らの組織を維持すべく営利活動を行うケースが生じている。医療と観光を兼ねた医療ツーリズム，新しい特産品の生産，高度な部品のニッチ生産と輸出がコミュニティビジネスを象徴するグローバルな展開の一例である。デジタル社会の到来がこの流れを加速することになる。すなわち，インターネットを通じて遠隔地の小規模事業がオンラインプラットフォームと繋がり，新しい財・サービスを開発する有利な機会を生むことになる。デジタル社会は，「Society 5.0」と呼ばれるように，IoT（Internet of Things），ロボット，人口知能（AI），ビッグデータなど新たな技術の進展によって経済発展と少子高齢化など社会的課題を同時に解決する可能性を有している[9]。

　加えて，地域を基盤とするコミュニティビジネスの強みは，共感を有する有志によって運営されるだけに情報の非対称性が生じる機会が少なく，固定費を低く抑えることができる。また，コミュニケーションを取りやすい日々の生活の中で，アイデアを生みだし，技術革新を行う機会を生じやすい。この状況の中で，インターネットを通じた新しいコミュニティの形成と収穫逓増の可能性が高まることになる[10]。まさしく，デジタル社会の進展につれて，コミュニティビジネスは地方創生の牽引車としての役目を果たすとともに，通信機器，半導体電子部品などのデジタル関連財輸出に貢献する可能性を持っていると言えよう。

　デジタル技術の実用化が始まっているが，特に電子商取引（EC），産業用ロボット，3Dプリンター，IoT，ビッグデータ，AIが注目を集めている[11]。たとえば，アマゾンやアリババに代表されるECにおいて，2017年の企業対消費者取引（B2C）は，中国4,489億ドル，米国3,660億ドル，日本788億ドルであった。ECの拡大は，従来，海外販売に際して現地販売会社の設立，代理

---

9）　内閣府（2018）1–19ページ。
10）　収穫逓増については，岸真清（2020）56–65ページを参照。
11）　日本貿易振興機構（2019 a）31–33ページ。

店との契約などに要したコストをインターネットによって削減することで，中小企業のメリットを高めている。

　実際，コミュニティビジネスはデジタル社会のパートナーとして発展することになるが，デジタル社会を構築する要因はイノベーション，専門家，コミュニティ事業のリーダー，それに事業資金である。このうち，ここでは，個人や企業が資金チャンネルにどのように参加していくのかという視点から，コミュニティビジネスの発展経路を辿ることにする。

　①企業の製品・サービスの生産がコミュニティ内に留まるシード期においては，主に個人が投資するエンジェル資金が用いられる。②生産規模が拡大して，市場に製品を販売する段階であるアーリーステージ（スタートアップ）期に入ると，主としてベンチャーキャピタル（VC）が用いられるようになり，それにエンジェル資金が加わる。次いで，③製品・サービスの量産化が行われるエクスパンション期に到達すると，もっぱら，VC が用いられる。さらに，④企業規模が拡大するレイターステージベンチャー期に入ると，新興企業が持つ技術，アイデアの活用を目指した VC による投資が行われるなど，VC 投資の多様化と大型化が進展することになる[12]。

　ベンチャーキャピタルなど新しい技術を有する新興企業をシード期からエクスパンション期，レイターステージベンチャー期へと育てていく過程は，エコシステムと呼ばれる。エコシステムが構築されつつあるのは，高齢化や人口減少に対応すべく，IoT 技術を活用するようになったこと，また大企業の自前主義が限界に達し，特に高度な技術を有する新興企業との分業を必要にしたことによる。

　『ジェトロ　世界貿易投資報告　2019』によれば，日本，米国，中国において，税制優遇・補助金，創業ビザの新設・緩和，さらに外部からの攻撃を防ぐ

---

12)　ちなみに，2018 年の世界の VC 投資額は 2,543 億ドルであった。そのうち，米国は 1,321 億ドル，中国は 700 億ドルであった。また，GDP 総額に対する VC 投資額の割合は，米国の 0.4% に対して，日本は 0.036% にすぎなかった。日本貿易振興機構（2020）63-65 ページ。

規制に関する共通した手段を通じて，以下のように，エコシステムを整備しつつある[13]。

1) 日本のケース。2023 年までに「企業価値又は時価総額が 10 億ドル以上となる未上場またはベンチャー企業」を 20 社創出することを目標に置き，①スタートアップの研究開発投資を促進する目的から，公助上限額を法人税額の 25% から 40% に拡充している。また，②福岡市，愛知県，岐阜県，神戸市，大阪市，三重県でスタートアップビザの公布を認定し，外国人の起業活動を促進している。

2) 米国のケース。イノベーション戦略のもと，スタートアップ・アメリカ・イニシアチブの開始，また資金アクセスの向上，起業人材の育成，規制緩和，技術移転の加速化を目的として，アーリーステージ投資枠の設立，青年向け起業家教育の拡大，特許プロセスの迅速化を進めている。

3) 中国のケース。大衆による操業，万人によるイノベーションを掲げ，①ハイテク企業向けの税優遇措置や新興インターネット企業への投資促進，②中央・地方政府のファンド設立や地方証券取引所におけるベンチャー企業向け市場の設立，③一部地方都市では特定分野技術やグローバル人材誘致を実施している。

各国のベンチャービジネス，スタートアップ企業のさらなる拡大にとって，事業資金が鍵を握ることになる。コミュニティビジネスをめぐる環境は，前述のように，①デジタル社会の進展，②地域発グローバル化の進展という変化の只中にある。さらに，それに対応する主体として，③官から民，官の中では地方自治体（地方政府）が，民の中では個人の参加が重視されつつあることに着目できる。

日本の例を見ても，この環境の下でコミュニティビジネスに対する資金チャンネルが政府主導型官民ファンドから，民間金融機関や NPO・NPO バンクが仲介する市民参加型のファンドに移りつつある。続いて，市民が直接参加する

---

13)　前掲書，69 ページ。

資金チャンネルがクローズアップされるようになり，住民参加型市場公募地方債（住民公募債，ミニ公募債），コミュニティファンド（市民ファンド）が使われてきた。さらに，新しい資金チャンネルである P2P レンディング，少人数私募債，クラウドファンディングなどが登場している。

　中でも，クラウドファンディングの成長は目ざましい。クラウドファンディングは，不特定多数の人々がインターネットを通して自らの企画案を発信することで，共感した人から資金を募る仕組みである。IT 技術の進化を通じた情報の伝達速度の向上や情報収集コストの削減，集合知に基づく審査能力の向上が資金供給者と需要者を直接結び付け，取引量を拡大する可能性を高める手段になり得る。ベンチャー企業，スタートアップ段階の企業，NPO 法人がクラウドファンディングを利用し，事業を展開していくものと考えられる。

### 4-2　株式型クラウドファンディングの役割

　日本，米国，中国は，クラウドファンディング，特に株式型クラウドファンディングに期待が掛かるようになっていることで共通している。ただし，その経緯と型は 3 カ国の経済発展の型にしたがって異なっている[14]。

### 1）貸付型クラウドファンディングに代表される日本のケース

　先駆者は 2010 年 2 月設立の寄付型のジャパンバンキングと 2011 年 4 月開設の購入型のレディフォーであった。その後，貸付型の maneo が 2007 年に創設，2009 年に AQUSH が運用開始した。矢野経済研究所によれば，2017 年度のクラウドファンディングの市場規模は 1,700 億 5,800 万円と推定された。内訳は，購入型が 100 億円（構成比 5.9%），寄付型が 7 億円（構成比 0.4%），ファンド型が 50 億円（構成比 3.0%），貸付型が 1,534 億円（90.2%），株式型が約 9 億円（構成比 0.5%）であった。このことから，①貸付型クラウドファンディングが圧倒的なシェアを占めていることがわかる。また，②2014 年の市場規模

---

14)　日本，米国，中国のクラウドファンディングについては，岸真清，前掲書，65-95 ページを参照。

が221億9,100万円, 2015年度が379億1,700万円, 2016年度が747億5,800億円であったことからも, クラウドファンディングの急伸ぶりが顕著である[15]。

しかし, 代表的な業者であるmaneoが, 2018年7月, 不正貸付に関して, 証券取引等監視委員会から金融庁に行政処分するよう勧告されるなど不祥事が生じている[16]。行政処分の勧告は, 安全な借り手を獲得されず, 投資家に健全な投資機会を供給できなくなったためであるが, 根本的な要因は貸付業法上の貸金業者として扱われ, 借り手保護の立場から借り手の情報を公開できなかったことにあると思われる。

ファンド型は, 新たなプロジェクトに共感する人々からファンドとして資金を募集する。

配当を行うことでは株式型に近いが, 商品やサービスを提供することもあり, 購入型と貸付型を合わせたような特徴を有している。ミュージックセキュリティーズ (2001年創立) は代表的なファンド運営会社であるが, 音楽事業とともにインパクト投資プラットフォーム (セキュリティ) 運営業務, ファンド組成業務, ファンド販売業務の証券化事業を行っている。

株式型は, インターネットを通じて, 未公開企業に株式の形で投資を可能にする形態である。米国, 中国よりも遅れて, 2015年5月制定の「金融商品取引法の一部を改正する法律」によって解禁された。一人当たり投資額は50万円以下と限定されているものの, 改正金融法を契機に登場した株式型クラウドファンディングが, クラウドファンディングの急伸に与っていると考えることができる。

同年, 日本初の株式型クラウドファンディングのファンディーノが設立され, 2017年にサービスを開始している。その仕組みは, 投資対象企業の店頭有価証券 (未上場株) を発行した上で, 独自のプラットフォームを介し事業情報を公開して投資家から資金を募るものである。投資家の金額は10万円程度,

---

15)　矢野経済研究所 (2018) 1-2ページ。
16)　日本経済新聞 2018年7月12日。

類型応募金額は 23 億 4,253 万円になっている[17]。

　なお，応募企業に対してその将来性などにつき厳格な審査を行い，情報を公開することで投資家保護を図っている。その他，エンジェル税制の恩恵を得ることもある。さらに，イグジット（ベンチャービジネスなどに投資した資金の回収）によるリターンを期待できる。しかし，未公開株であるだけに実質流動性に欠けることがネックになっている。


　2）寄付型に象徴される米国のケース

　米国では寄付型として出発したが，2000 年代に入ってクラウドファンディングが本格化した。代表的な存在は 2008 年の Indie Go Go，2009 年の kickstarter の設立であった。その後，米国のクラウドファンディングが世界のリード役となって発展したものの 2012 年時点の世界全体の規模は 27 億ドル程度であった。その構成は寄付型のシェアが最も高く 49%，次いで，購入型および貸付型が，それぞれ，22% であった。株式型などその他のクラウドファンディングは 7% にすぎなかった[18]。

　しかし，2012 年 4 月に，中小型ベンチャー企業の資金調達を活性化すべく JOBS 法（Jumpstart Our Business Startups Act：新興企業促進法）が策定された。その目的は，米国の雇用を創出する担い手とされる中小企業や新興企業に対する規制の負担を軽減することにあった。すなわち，公募・私募双方の資金調達，またクラウドファンディングによる調達を可能にするように，連邦証券法を緩和することにあった[19]。

---

17)　株式型 CF ファンディーノ（2019）およびその先駆者，ミュージックセキュリティーズ（2019）による。

18)　神山哲也（2013）175-177 ページ。

19)　クラウドファンディングの活用を目的とした新興企業促進法の適用条件は，次のようであった。①発行体による投資家への売付総額が 12 か月間で 100 万ドル以下であること，②発行体による単一投資家への売付総額が 12 カ月間で，投資家の年収または純資産が 10 万ドル未満の場合は，2,000 ドルまたは年収ないし純資産の 5% 相当額のいずれか大きい方を超えないこと，同様に，投資家の年収もしくは純資産が 10 万ドル以上の場合は，年収もしくは純資産の 10% 相当額（ただし，上限 10 万ドル）

　この証券法適用除外措置に伴い一般の小口投資家が参加する道が開かれ，株式型クラウドファンディングの急増が与って，クラウドファンディングの規模を押し上げることになった[20]。さらに，2017 年に，中小企業の増資規制を緩和する動きが強まる中で，金融機関の高リスク取引を制限するボルカー・ルールの廃止を目的とする金融選択法が下院で可決されている。このように，JOBS法の成立以来，2010 年に成立した金融規制改革法（ドッド＝フランク法）を緩和する方向に進んでいる。

### 3）株式型クラウドファンディングが急伸する中国のケース

　中国のクラウドファンディングの導入は米国より遅く，2011 年のことであった。それにもかかわらず 2010 年代のアジアそして米国に次いで世界のクラウドファンディングの牽引者であったのが中国であった。しかし，クラウドファンディングを誕生させた米国では寄付型が目立っていたのと異なって，中国の株式型クラウドファンディングが目立っていた。その背景に，中国と米国の地域金融政策の差異が存在している。すなわち，米国で地域金融を担っている金融機関は，米国版 NPO のコミュニティ開発金融機関（Community Development Financial Institutions : CDFIs）である。この CDFIs を支えているのが，1977 年に制定された地域再投資法（Community Reinvestment Act : CRA）である。連邦政府の開発金融政策は，CDFIs ファンドと新市場税額控除（New Market Tax Credit : NMTC）プログラムを軸にしているが，いずれも民間資金がコミュニティ開発を誘導するものであった。その後，前述のように，2012 年の JOBS 法策定が株式型クラウドファンディング急増をもたらした。

　中国の場合は，対照的に当初から株式型の役割が重要であった。その理由

---

　を超えないこと，③クラウドファンディング取引が要件を遵守するブローカーもしくはファンディング・ポータルを通じて行われること，④発行会社が要件を遵守することである。神山哲也（2013），同書，183-185 ページ。

20)　2013 年以降の米国のタイプ別シェアに関するデータは得られなかったが，神山哲也，同書の 2012 年に関するデータと Massolution Crowdfunding Industry (2016) の 2014 年および 2015 年の北米に関するデータから類推した。

は，大型な国有企業と国有商業銀行の結びつきが強く，中小企業・小規模事業はフォーマル金融機関からの資金調達が難しかったことによる。それを補ってきたのが民間貸借，貸金業者などのインフォーマル金融であった。中国のインフォーマル金融は不合法というわけではなく，コミュニティの取引の中で自然発生し，機関化されていなかったことを意味するだけである。市場化という視点において，むしろフォーマル金融よりも整備されていたとさえ言えよう。浙江省温州市がその代表例であるが，インフォーマル金融が中小企業の資金調達に重要な役割を果たしていることを政府が認め，黙認ないし活用してきた。

　このインフォーマル金融を代替したのが，株式型クラウドファンディングであった。ただし，インフォーマル金融の代替は，クラウドファンディングに限らない。株式市場において，店頭市場改革の一環として株式会社譲渡代行システム（老三板市場）が 2001 年に設立されたのに続き，2006 年に高度な新産業育成を目指す新三板市場，さらに，2019 年に技術革新を目的とする科創板市場が設立されるなど，中小企業・小規模事業，ベンチャービジネスの資金調達の道が整備されつつある。中小企業にとって株式市場よりもアクセスしやすい債券市場においては，2009 年に中小企業集合手形の発行，2012 年に中小企業私募債が発行された。さらに，Ｐ２Ｐレンディングなどのインターネット金融も登場している。

　しかし，これらの新しい市場も，大型国有商業銀行を主力とする金融システムにおいてその影響力が依然として弱いのが実情である。この環境の中で規模は小さいものの，2014 年 12 月の規制案によって，フォーマル金融として認可された株式型クラウドファンディングの高い増加率には驚かざるを得ない。すなわち，クラウドファンディングを通じた資金調達額は，2014 年の 4 億 3,600万ドルであったのが，2015 年前半までに 8 億 6,400 万ドルに急増した。同様に，クラウドファンディング・プラットフォームは，2014 年の 142 カ所から2015 年の 235 カ所に急増した。その構成は，株式型プラットフォーム 46.5%，購入型プラットフォーム 31.8%，混合型プラットフォーム 19.9%，寄付型プラットフォーム 1.9% であった[21]。

　上述のように，中国の株式型クラウドファンディングの伸長は著しい。Funk（2019）も伸長の理由を次のように指摘する。

　①　インターネット金融の副部門としてグローバル金融危機後に本格化した欧米のクラウドファンディングと異なり，中国においては，中小企業がフォーマル部門に比べて相対的に整備されたインフォーマル部門から資金調達していただけに，スムーズにクラウドファンディングに切り替えることができた。

　②　透明性が高く回転が速いインターネット取引によって，情報コストと取引コストを減らすことができた。その結果，小規模な投資家が投資機会を持ち小口の資金需要を満たす可能性を高めたが，小さな主体の参加が分権化を進め，社会全体の資金需給の調整に貢献することになった。

　③　2014年の「金融安定報告（Financial Report of 2014）」において，クラウドファンディングなどインターネット金融の発展と監視について明示されているように，クラウドファンディングを支援することで伝統的なインフォーマル金融および独占的なフォーマル金融のそれぞれと競争させ，金融改革を図る政府の意図に沿っていたことによる[22]。

## 4-3　デジタル社会の課題

　コミュニティビジネス・新興市場の地域発グローバル化が貿易の活性化に貢献するはずである。インターネットを用いるデジタル社会は現地販売会社の設立など取引コストを節約できることから，中小企業の海外進出に有利に働くことになる。また，デジタル化は，大企業の事前主義の行き詰まりをベンチャービジネスなどとの協業によって解消するオープンイノベーションを可能にする。さらに，モノだけでなく顧客のニーズに応えるようなサービスを加えたりすることができる。

---

21)　Wang, G. and Yang, J. (2016) p.153 による。また，Funk, A. S. (2019) pp.1-2 は，World Bank Report を引用して，中国のクラウドファンディングの潜在性は世界一であり，2025 年までに 500 億ドルに増加するとしている。

22)　Funk, A. S. (2019) pp.3-4 による。また，同書，pp.215-218 を参照。

　ところが，米国，中国に比べて，日本のデジタル化が遅れているように思われる。財・サービス貿易に比べて伸長が著しいデジタル貿易には，半導体製造機器や産業用ロボットなどの高成長デジタル関連財と，コンピューターおよび周辺機器や事務用機器などの低成長デジタル関連財が含まれるが，2017 年の中国と米国のデジタル関連財輸出が，それぞれ，7,062 億ドル，米国 2,517 億ドルに対して，日本は 1,404 億ドルに留まっている。加えて，2007 年の状況に比べて，米国，中国と異なって日本だけが減少している[23]。

　この状況の打開策は，イノベーション・エコシステムの構築である。スタートアップ企業，ベンチャービジネスの成長にとって，参入障壁がないこと，税制優遇措置・補助金が条件になるが，株式型クラウドファンディングが重視されることになる。

　前述のように，日本の場合も 2015 年 5 月に「金融商品取引法の一部を改正する法律」が制定され，参入条件の緩和と投資家保護のためのルールの整備が実施された。参入要件の緩和に関しては，少額のもののみを扱う業者について，兼業規制等を課さないことにするとともに，登録に必要な最低資本金基準が引き下げられた。すなわち，第一種金融商品取引業者の場合，それまでの 5,000 万円から 1,000 万円に，第二種商品取引業者は 1,000 万円から 500 万円に，それぞれ，引き下げられた。また，非上場株式の勧誘が，少額（発行総額 1 億円未満，一人当たり投資額 50 万円以下）のクラウドファンディングに限って解禁された。

　他方，投資家保護のためのルールの整備として，詐欺的な行為に悪用されることが無いよう，クラウドファンディング運営業者に対して，「ネットを通じた適切な情報提供」や「ベンチャー企業の事業内容のチェック」が義務づけられた。

　その後，2017 年 5 月，情報通信技術の進展に対応して，①当局が株式等の高速取引の実態などを確認できるよう登録制を導入し，ルール整備を行うこと

---

23)　2017 年の輸入は，中国 5,331 億ドル，米国 4,518 億ドル，日本 1,202 億ドルであった。日本貿易振興機構（2019 a），42，43，123 ページ。

になった。②取引所業務の多様化や国際化などの環境変化を踏まえ，取引所グループの業務範囲を柔軟化した。さらに，投資家間の情報の公正性を確保するため，上場会社による公正な情報開示に係るルールの整備を行った[24]。

## 5.　お わ り に

2019年1月，TPPがスタートした。これによって，モノの移動だけでなく，サービス・投資の自由化が進展し，世界経済は一層，活性化するはずであった。ところが，米中貿易摩擦，英国のEU離脱さらに新型コロナウイルスの拡大などが，成長率の低い日本だけでなく，中国，米国などの経済成長率を低めることになった。

本稿の目的は，アジア太平洋地域における貿易低迷や経済的困難の打開策を探ることにあった。この目的を達成するため，国際貿易といったマクロ的視点とコミュニティビジネスといったミクロ的視点を融合させる形で分析を行ってきた。本稿の主要部分たる第3節および第4節の分析を通じて得られた示唆は以下の2つにまとめられる。

まず第一の示唆は，現在のTPP 11はアジア太平洋地域の貿易低迷や経済的困難を打開するには十分ではなく，米国や中国を含む拡大TPPの形成が重要であるという点である。第3節ではマクロ経済的視点に立って，現在の11カ国からなるTPPの意義はどんなものであるか，これ以外により望ましい国際的枠組みがあるのではないか等を探るため，貿易シェア，貿易結合度，貿易依存度などの経済指標を検討した。すでに述べたように，貿易結合度という指標は，貿易パートナーのサイズ効果を斟酌した，貿易関係における真の緊密性を評価するのに有効であった。貿易結合度等を用いた分析によって，米国や中国を含まない現在のTPP 11は，貿易創出を促進し貿易転換を少なくして加盟国の経済的利益をはかるために必要な「natural trading bloc」の条件を満たしているとは言い難いという結論が得られた。たとえば，カナダやメキシコにとっ

---

24)　金融商品取引法をめぐる一連の改正については，金融庁（2014）1-4ページおよび（2017）1-5ページを参照。

て，米国は極めて重要な natural trading partner であり，米国を含まない TPP 11 はあまり意味がない。同様に，アジア諸国の多くにとって，米国や中国は重要な natural trading partner であり，両国を含まない貿易圏の役割は限定的なものとなる。つまり，米国や中国などを含む拡大 TPP を形成することが喫緊の課題である。もちろん，現在の政治的情勢をみるとそれは容易なことではないが，様々な困難を克服して各国に利益をもたらす拡大 TPP という新たな経済的枠組みを形成するための政治的リーダーシップが望まれるところである。

　第二の示唆は，ベンチャービジネスなどコミュニティビジネスを重視することが不可欠ということである。地域を地盤としてグローバル展開を期待されるコミュニティビジネスは，密なコミュニケーションの下で，取引コストを低め，技術革新を呼び，収穫逓増型の生産を行う可能性さえ有している。それを促進するのがインターネットの活用を通じて小規模事業のコストを低めるデジタル社会の進展である。本稿は，デジタル社会構築の一要因である事業資金を，日本，米国，中国の株式型クラウドファンディングを中心に論じた。

　しかし，デジタル社会の進展がコミュニティビジネスの拡大と米国や中国などの TPP 参加を促し，アジア太平洋地域の貿易の活性化そして望ましい経済的枠組みを構築していくためには，いくつかの障害を越えざるを得ない。

　まず，関税，参入規制，原産地規制のような経済規制を緩和するとともに，その前提となる透明・公正な取引を行わせるプルーデンスおよび情報規制の強化が必要になる。特に，デジタル関連財の取引に伴って，コミュニティビジネスの参入を妨げる規制を緩和する一方，知的財産保護，サイバーセキュリティ対策が不可欠になる。

　次いで，コミュニティビジネスのうち，グローバル展開を目指すソーシャルビジネスや小規模事業の資金調達に対して，クラウドファンディング特に株式型クラウドファンディングを利用する個人や企業の参加が増えるものと思われる。しかし，インターネットを利用するだけに情報漏洩のリスクが生じる。そこで，投資家を保護する監視機構の設定が重要になる。グローバルな監視機構が中心的な役割を果たすことになろうが，各国の中央・地方政府だけでなく，

NGO など市民団体も参加する機関が必要ではないのだろうか。

　日本，米国，中国，韓国のコミュニティビジネスのグローバル展開と，国際監視機構の設定に関する研究を行うのが，今後の課題である。

## 参 考 文 献

アジア開発銀行（ADB）*Key Indicators for Asia and the Pacific*, various years.

株式型 CF ファンディーノ（2019）「Hedge Guide」, https : //hedge.guide/feature/fundinno -exit-project-yield.html（2019.11.18 アクセス）。

神山哲也（2013）「米国におけるクラウド・ファンディングの現状と課題」, www. nicmr.com/nicmr/report/repo/2013/2013 spr 12.pdf（2019.6.21 アクセス）。

岸 真清（2020）「地方創生の金融規制改革」, 岸真清・島和俊・浅野清彦・立原繁『規制改革の未来』東海大学出版部。

金融庁（2014）「金融商品取引法の一部を改正する法律に係る説明資料」, fsa.go.jp/ common/diet/186/01/youkou.pdf（2018.2.21 アクセス）。

——（2017）「金融商品取引法の一部を改正する法律案要綱」, fsa.go.jp/common/diet /193/02/youkou.pdf（2018.2.21 アクセス）。

経済産業省（2020）『通商白書』2019 年版, meti.go.jp/report/tsuhaku 2019/2019 honbun /i 1110000.html（2020.2.7 アクセス）。

内閣府（2018）「未来投資戦略 2018—「Society 5.0」「データ駆除社会」への変革」, www 5.cao.go.jp/keizai-shimon/kaigi/minutes/2018/0615/shiryo_03-2.pdf（2019.6.23 アクセス）。

日本貿易振興機構（2019 a）『ジェトロ世界貿易投資報告』2018 年版。

——（2019 b）（ビジネス短信）「米国の対中輸入額，第 1 弾の制裁対象品目は前年比 8.0% 減（米国, 中国）」, https : //www.jetro.go.jp/biznews/2019/06/aeda574d8febcfd 8.html（2020.2.23 アクセス）。

——（2020）『ジェトロ世界貿易投資報告』2019 年版。

ミュージックセキュリティーズ（2019）「セキュリテとは？ ソーシャルレンディングとは違うのか？」, https : //fintenna.jp/5549/（2019.11.18 アクセス）。

矢野経済研究所（2018）「クラウドファンディング市場は 127.5% 増の 1700 億円」, moneyzine.jp/article/detail/215660（2019.6.10 アクセス）。

Bhagwati, J., Krishna, P. and Panagariya, A. (1999), *Trading Blocks : Alternative Approaches to Analyzing Preferential Trade Agreement*, Cambridge, MA : The MIT Press.

Funk, A.S. (2019), *Crowd funding in China : A New Institutional Economics Approach,* Switzerland : Springer Nature Switzerland.

Goto, J.and Hamada, K. (1994), "Economic Preconditions for Asian Regional Integration," Ito T. and Kruger, A. eds., *Macroeconomic Linkage*, *Savings*, *Exchange Rates and Capital Flows*, Chicago and London : University of Chicago Press.

IMF, *Direction of Trade Statistics*, various years.

Massolution Crowdfunding Industry (2016), *Massolution Crowdfunding Industry 2015 Report*, crowdexpert.com/crowdfunding-industry-statistics/ (2019.7.3 アクセス).

Viner, J. (1950), *The Customs Union Issue*, New York : Canegie Endowment International Peace.

Wang, G. and Yang, J. (2016), *Financing Without Bank Loans : New Alternative for Funding SMEs in China*, Singapore : Springer.

Yamazawa ,I., Hirata,A., and Yokota, K. (1991), "Evolving Pattern of Comparative Advantage in the Pacific Economies," Mohammed Ariff, ed, *The Pacific Economy : Growth and External Stability*, New York : Allen & Unwin.

第Ⅱ部

米国の通商政策と世界経済

第 4 章

トランプ゠習近平時代の世界経済と EU の通商政策

田 中 素 香

## 1. は じ め に

　リーマン危機後，先進資本主義諸国はグローバル金融資本主義という発展モデルを失い，長期停滞（低成長，低インフレ，超低金利）に陥った。1980 年代に始まった所得格差拡大トレンドはさらに強まり，ポピュリズム政治が広がった。この時代転換の中で，転換の前衛ともいうべきアングロサクソン大国では右派ポピュリズム運動が国政を動かし，EU 離脱とトランプ政権へと至った。

　米国は戦後，自由貿易主義・無差別主義・多国間主義を原則とする IMF ＝ GATT 体制を構築し，ゆらぎはあっても，オバマ前政権までこの原則を守ってきた。トランプ政権はそれを覆し，保護主義，差別主義，2 国間主義の貿易政策に転じるとともに，それを中国との貿易戦争やハイテク覇権競争の手段に転用した。イラン核合意から離脱すると，イランと取引する世界の企業を基軸通貨ドルの使用から排除する方策を強行した。貿易・FDI・金融・基軸通貨などの経済関係を米国の地政学的目的のために奉仕させる新方針である。だが，地政学的行動は中国やロシアが先行して採用しており，米国もその次元に追随したということもできる。

　ヨーロッパ連合（EU）から見ると，中国の超大国化と世界的影響力はトランプ政権以上の強さで迫ってきている。体制の異なる中国への警戒感が今や対米

国より大きくなっている。まさに「トランプ＝習近平の世界経済」の中のヨーロッパなのである。

　EU に対する中国の攻勢は，リーマン危機の後，貿易，FDI，「一帯一路」の３次元で強まった。単純化すると，中国にとって貿易（経常収支黒字）は経済成長の源である。FDI による先進技術の取得は「中進国の罠」を乗り越えて先進国化し，また米国と覇権を争う際の主要な手段である。そして，「一帯一路」は中国の世界秩序形成の長期戦略である。そのすべてにおいて中国は EU を非常に重要なターゲットにしている。

　EU は 1950 年代から 2000 年代まで経済統合の深化（関税同盟，単一市場，単一通貨）と拡大（6 加盟国から 28 加盟国へ）を進めてきたが，それは，米国がNATO を堅持し，自由貿易主義・無差別主義・多国間主義の世界経済の統治ルールを主導し，EU 統合を支持してきたがゆえに可能であった。トランプ大統領が「EU は敵」と述べて戦後の方針を投げ捨て，習近平の中国が「体制的ライバル」（欧州委員会の 19 年 3 月文書の表現）として迫ってくる中で，もはやかつての経済統合路線では対応できない時代を迎えた。ブレグジットの英国はトランプ政権との英米 FTA を対外通商政策の最重要の要因と位置づけている。EU はまさにポスト経済統合時代，トランプ＝習近平時代のただ中にあって，対応を模索している。

　転換する世界経済の中で EU はどのような挑戦を受けており，どのように対抗しようとしているのだろうか。本章でアプローチしたい。構成は次のようになる。第 2 節で，トランプ＝習近平時代の中国の位置づけを EU の視角から捉える。第 3 節で米国の貿易攻勢，中国の 3 次元の対欧攻勢について概説する。第 4 節でブレグジットの英国と EU の関係の現状と展望を述べる。第 5 節で，米中両超大国の攻勢およびブレグジットに対して EU がどのように対応ないし反撃しようとしているのかを説明し，評価する。おわりに，で締めくくる。

## 2.　トランプ = 習近平時代の世界経済と EU（ヨーロッパ連合）

### 2-1　3 つの歴史的事件とヨーロッパ

　アングロサクソン大国米英は世界経済の時代転換の前衛である。第 2 次大戦後の IMF = GATT 体制の創設，1980 年代のサッチャー = レーガン両首脳による新自由主義への転換，そして今回はブレグジットとトランプ大統領である。ブレグジットが右派ポピュリズムの権力取得で先行し，トランプ大統領の出現を後押しした。

　トランプ政権は第 2 次大戦後に米国が創り上げたグローバルガバナンス方式を批判し，WTO を機能不全に陥れている。カナダ，日本や EU を含めた「友好国」にも鉄鋼・アルミ高率関税をかけ，エアバスに対する WTO の判定を受けて EU には第 2 弾の関税賦課を行った。自動車関税など第 3 弾の懸念もある。NATO にも批判的だ。だが，時代転換はグローバルに起きている。

　今年はドイツ統一 30 周年である。この 30 年間に世界は激変したが，ヨーロッパから見ると激変をもたらした事件が 3 つあった。ソ連崩壊，ドイツ統一，リーマン危機である。

　ドイツ統一の翌年にソ連が崩壊し，冷戦体制は完全に終了，社会主義の中軸が消え去って，共産主義諸国だけでなく，強度の保護主義をとっていたアフリカ諸国やインドなども市場を開き，資本主義の世界循環に発展途上国の 20 億人超の超低賃金労働者が参加していった。それら諸国のうち市場経済に順応する「グッド・ガバナンス」の国に向かって先進国企業が大規模に進出し（「オフショアリング」），中国を先頭に数十の新興国が勃興した[1]。

　ソ連崩壊に対して新自由主義とグローバル化の資本主義は「歴史の終わり」と勝ち誇った。だが，先進国経済は製造業の流出で勢いを失い，格差が拡大し，多くの国が金融業への依存を強め，金融資本主義化，株価資本主義化へと動いた。先進国と新興国の格差は縮小していったが，先進国でも新興国でも国

---

1)　オフショアリングのプロセスと新興国化，および歴史的対比についてはボールドウィン［2018］を参照。

内の格差は広がった。多くの途上国は経済グローバル化に追随できず，新興国になれないまま取り残された。内政の混乱から内戦が起きるなどして破綻国家となり，大量の難民を吐き出す国も少なくない。

　EU は 1995 年北欧・アルペンの 3 カ国を加えて 15 加盟国となり，さらに 2004 年から 11 の東欧諸国（旧共産圏）とキプロス・マルタを加盟させて 28 カ国となった。経済発展格差の非常に大きな，そしてかつて体制を異にした諸国を加盟させたことにより，大企業の国際競争力を引き上げた一方で，21 世紀 EU は多種の困難を抱えた。また，20 世紀の加盟国の間で南北対立が生じた。それは，2010〜13 年のユーロ危機への対応の拙劣さに淵源する[2]。北部諸国がドイツ主導で南欧諸国に財政緊縮を押しつけ，不況が長期化・深刻化した。南欧諸国は今日も軒並み 2 桁失業率に苦しみ，中国依存を強めた。北部不信，EU 不信が強まり，イタリアでは右派ポピュリズム政党への支持率が高い。

　欧州議会の最大会派 EPP（欧州人民党）のリーダー・トゥスク前 EU 大統領（首脳会議常任議長）は就任後「EU の最大の問題はドイツが強大になりすぎたことだ」と語った。統一ドイツの大国意識が定着した 2010 年代にはドイツの国内問題を EU に押し出して他の加盟国に従属を迫り，自己満足して EU 統合に消極的になった。「安いユーロを利用して対米黒字を増やす」などとトランプ大統領はドイツに厳しいが，米 EU 貿易摩擦の中核はドイツ問題である。ドイツ政府は財政黒字主義を憲法に挿入し，14 年から財政黒字を続ける。道路や学校などインフラの損傷はひどく，技術革新投資の立ち後れも放置されている。18 年半ばからドイツの経済成長はほとんど停止し，EU の成長率も下がった。各方面からドイツに財政拡大の要求が噴出するが，政府は知らぬ顔であった。中国発のコロナウイルスの蔓延によりようやく財政拡大を決めたが，今後の展開が注目される。

---

2)　ユーロ危機とドイツの拙劣な対応については，田中素香［2016］に詳しく解説した。

## 2-2　中国の超大国化と世界経済

　今日の世界経済の最大の特徴は，中国が超大国として米国と並ぶプレゼンス
を示すようになったことである。それは世界経済ガバナンスのあり方を根本的
に転換した。EU は経済統合をもっぱらとし，安全保障面は NATO に委ねてい
た。米国もそうした欧州の経済と地政学との分離を容認し，地政学面の任務を
いわば自ら引き受けた。それはソ連崩壊後も変わることなく，EU の東方拡大
（2004 年と 07 年の東欧への拡大）においても継続した。だが，中国が自信を深
め，米国に「G 2」容認を迫るようになると，第 2 次大戦後続いてきた EU の
経済統合専念の路線は維持できなくなった。オバマ政権のアジアピボットはそ
の端緒であり，続くトランプ政権になると，トランプ大統領の「EU は敵だ」
発言が示すように，もはや米国への甘えは通用しなくなった。EU 自らが地政
学・地経学分野の任務を引き受けるほかなくなったのである。だが，その課題
を深刻に捉えているのは，少数の EU 中核国のみだ。

　中国は 2010 年に，GDP で日本を抜いて世界 2 位へ，また製造業生産高で米
国を抜き世界 1 位となり，12 年には貿易額で米国を抜いて世界第 1 位の貿易
大国となった。2001 年 WTO に加盟したが，加盟時に「西側」諸国が期待した
民主主義化は実現せず，国家資本主義体制と独自のイデオロギー（「社会主義現
代強国」）を強化し，巨大 IT 産業や軍事力等において，トランプの米国と並ぶ
世界パワーになった。

　中国はリーマン危機を契機に大転換を遂げた。欧米を発展モデルとした時代
に決別し，自国体制優位へと世界観を転換した。リーマン危機における米欧資
本主義の自己崩壊を観察して，失望と軽蔑を感じたのである[3]。リーマン危機

---

3)　中国でのヨーロッパへの軽蔑感の広がりについては田中素香［2016］31-32 ペー
　　ジ。なお，BBC の世論調査によれば，中国人のヨーロッパに対するネガティブな見
　　方は 04 年の 11% から 10 年に 42% に，また同じ時期にヨーロッパ人の中国に対す
　　るネガティブな見方も 37% から 60% に増えた（Holslag [2015], p. 144）。Pew Research
　　の調査では 2015 年，EU 5 大国すべてで「中国が米国に代わり超大国（になっている
　　or なるだろう）」が約 60%，「米国が超大国の地位を維持する」は 30% 台となった。
　　この評価の割合は今日も変わっていない。

による世界経済の落ち込みに抗して中国政府は 4 兆元投資を敢行し，世界でひとり高度経済成長を達成して，世界経済の落ち込みの防御壁ともなった。だが，その後遺症は劇的だった。すさまじい規模の過剰投資が引き起こされて，膨大な過剰在庫と過剰生産能力が累積し，不況へと進んだ。過剰を海外に吐き出すしかなくなり，「一帯一路」戦略へ行き着いたのである。

　勢力圏を世界に広げれば米国と対立する。世界は米国と中国が覇権を争うトランプ＝習近平時代となった。習近平は 4 兆元投資が過剰生産の山を築いて成長率も低下した 2012 年秋に党総書記に指名され，翌 13 年秋に「一帯一路」戦略を打ち出したのである。

　国際機関においてもプレゼンスを高めている。IMF は 2016 年 10 月に人民元を SDR 構成通貨に加えた。SDR を構成する国は為替市場の自由化，透明化などが条件だったはずだが，まだ満たしていない中国を IMF が特別に認めたのは，中国の政治力が働いたとみるほかないだろう。15 年 8 月に勃発した「人民元ショック」を受けて中国は 16 年 11 月厳しい資本移動規制を導入し，SDR 資格が再び問われた。国連でも 15 機関のうち 4 機関で中国人がトップとなり，台湾がオブザーバー参加からも排除された。WHO（世界保健機関）では，事務局長（エチオピア）が，新型コロナウイルスの震源地である中国の対応を「過去に例がないほど素晴らしい。世界は感謝すべき」と発言して，世界を驚かせた。エチオピアへの中国の多大の支援の影響とみられている。

　2017 年 10 月に開催された党大会（中国共産党全国代表大会）において，習近平は社会主義中国 70 年の歴史を区切り，今や「新時代」にあると強調した。毛沢東の戦略は「立ち上がろう＝建国」，鄧小平の戦略は「豊かになろう＝富国」と規定し，自らの戦略は「強くなろう＝強国」と位置づけたのである。しかも，毛沢東思想，鄧小平思想と並べて，「習近平『新時代の中国の特色ある社会主義』思想」という表現を「党規約」に書き込んだ。中国研究者，天児慧［2018］は，鄧小平時代の近代化政策は西欧型の工業化とそれに伴う経済社会の変化であり，大枠で西欧モデルの追求だったが，習近平時代はそれを否定し，中国独自の発展モデルを提示しているように見える，と指摘した。

図 4-1　EU 28 の対米国・中国・日本の財貿易の推移（1997 – 2018 年）

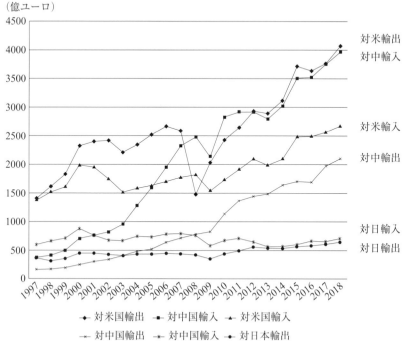

（出所）Eurostat より筆者作成。

　世界経済において法の支配や多国間主義を推進する EU にとって，超大国と
なった中国の攻勢は厳しいものがある。

## 3. EU の対米国・対中国通商摩擦・紛争

### 3-1　EU の貿易摩擦・紛争——米中両超大国の攻勢

　EU の最大の貿易相手国は戦後一貫して米国であるが，21 世紀に入り，中国
が迫ってきた。2000 年と 2018 年を比較すると，EU の対米輸出は 1.7 倍，輸
入は 1.3 倍に増えた。対日は輸出が 1.4 倍，輸入は 8 割に低下した。ところが，
対中国では，輸出は 8 倍超，輸入は 6 倍弱と驚異的に伸びたのである（図 4-
1）。2002 年に EU の輸出シェアで 28% だった米国は 18 年 20.8% に下がり，
中国は 4% から 10.7% に上昇した。同じく輸入では，米国は 20.7% から 13.7

％へ，中国は 10.2％ から 20.2％ へ上昇したのである。

　2018 年の対中輸入は対米輸出とほぼ同額の約 4000 億ユーロ，対米輸入は 2700 億ユーロ，対中輸出は 2100 億ユーロなので，対米貿易黒字は 1300 億ユーロ，対中貿易赤字は 1900 億ユーロと膨大である（いずれも英国を含めた EU 28 の数値。なお，為替レートは 18 年平均 1 ユーロ＝ 1.18 ドル）。

　貿易では対米が厳しい。米政府は 18 年 6 月貿易赤字国（「同盟国」の EU，日本，NAFTA のカナダ，メキシコなどを含む）を主たる標的として鉄鋼・アルミ追加関税を一方的に賦課した。秋の中間選挙を意識したと言われる。EU は報復関税で応じるとともに，ユンケル欧州委員会委員長が訪米してトランプ大統領と善後措置を協議し，輸入拡大策も採用した。19 年 10 月には WTO がエアバスへの補助金に対して米国に報復関税（75 億ドル上限）の判決を発表し，米政府は航空機，ワイン，工業品などに関税を上乗せし，20 年 3 月航空機関税を 15 ％に引き上げた。さらに自動車などへの高率関税にも言及しており，EU は最大 200 億ドルの報復関税措置を準備している。

　トランプ政権は中国への 3500 億ドルの貿易赤字を理由に 4 次にわたって高率関税を賦課するなど，18 年に「貿易戦争」を始めた。EU は 2000 億ユーロ近い対中国貿易赤字を抱え，かつ中国の貿易・投資障壁はロシアと並んで世界で最も数が多く[4]，対応に苦労しているが，WTO ルールに沿っているので，貿易紛争は起きていない。しかし，中国のダンピングによって貿易摩擦は起きている。

　中国の輸入品に対する反ダンピング措置は 21 世紀初めから多数回，多品目にわたって適用されたが，2013 年に中国の太陽光発電パネルのダンピングは激烈で，ドイツなどの企業が倒産するなど大きなダメージを受けた。欧州委員会が厳しい反ダンピング措置を採用しようとしたが，中国が EU から輸入する自動車とワインのダンピング検査をほのめかすと独仏伊など輸出国側が腰くだけとなり，マイルドな対応に落ち着いた。

---

4)　EU が毎年発表する『貿易・投資障壁白書』では中国はロシアと並んで EU に対する障壁がもっとも多い。European Commission [2019 a] を参照。

　2016 年にはトレンド転換が生じた。中国が WTO 加盟 15 年を理由に世界各国に中国の「MES（市場経済ステータス）」承認を要求し，80 カ国以上が承認したが，EU は日米とともに拒否した。欧州委員会は政治判断で受け入れに傾いていたと言われるが，欧州議会が圧倒的多数で拒否し，欧州委員会も追随した。同年には中国を念頭に，課税可能な反ダンピング税率を引き上げた[5]。反ダンピング税は 21 世紀初めから中国からの輸入品にしばしば賦課されており，今日も鉄鋼ダンピングなどが起きれば，適時適用されている。しかし，貿易紛争と呼べるほどの事態には至っていない。

　中国からの輸入は，消費財（低価格の繊維衣類，皮革・靴，家具などとスマートフォン・エレクトロニクス系製品など）と資本財（機械，部品など）であるが，資本財のウェイトが高まっている。最近は，情報通信関係などハイテク部門の輸入が急増している。EU の対中輸出は機械など資本設備，自動車，食品など旧型の先進国輸出品が目立つ。

　EU と中国の通商関係の歴史を振り返ると，1975 年毛沢東時代の末年に双方は外交関係を樹立（当時は EEC），78 年に貿易協定，85 年に「貿易・経済協力協定」が調印された。85 年協定は貿易協力，経済協力，合同委員会（Joint Committee）の 3 項目からなる簡単な文書だが，それが現在も通商関係の最重要の法的基礎である。新しい協定を EU は要求するが，中国は貿易協定についても投資協定についても，合意するつもりはない。毎年の首脳会議（中国側は首相，EU 側は EU 大統領（首脳会議常任議長）と欧州委員会委員長），閣僚級会議，実務級による多数の対話グループの設置はなされるのだが，EU にとって肝要の課題について中国は引き延ばしをはかり，まとまらない。

### 3-2　中国の直接投資（FDI）の急展開と欧州ハイテク企業をめぐる対立

　中国はリーマン危機を境に，FDI の方向を途上国から先進国に転換した。対EU では 09 年，対米では 10 年から中国 FDI の流入が目立つようになり，年を

---

5)　田中素香［2017］を参照。

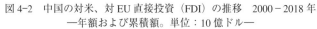

図 4-2 中国の対米、対 EU 直接投資（FDI）の推移 2000－2018 年
―年額および累積額。単位：10 億ドル―

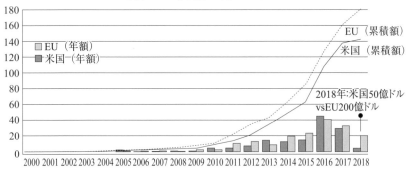

(注) 中国企業によるグリーンフィールド投資および所有により企業経営に重大な結果をもたら
す買収（株式の 10% 以上取得）の合計。
(出所) Rhodium Group.

追う毎に増大したが，米欧ともに 16 年にピークを付け，減少に転じた。対米
は 18 年，16 年の約 10 分の 1 の約 48 億ドルに激減し，FDI 流出とのネット額
でマイナスとなった。対 EU では 17，18 年と漸減にとどまり，18 年も 200 億
ドルを維持した。2018 年末の中国の FDI ストック額は EU 1800 億ドル，対米
1400 億ドルである（図 4-2）。

中国政府が 2015 年に打ち出した「中国製造 2025」が示すように，中国は 2025
年までに技術強国の仲間入り，2050 年頃の世界技術覇権を展望している。そ
の方策として，中国企業を直接投資（FDI）によって先進国に進出させ，合
併・買収（M&A）により現地の先端技術を取得させている。ファーウェイなど
新型情報系の企業はグリーンフィールド投資で進出し，EU 各国で 4 G の通信
設備ネットワークを張り巡らした。英国では担当企業は英企業ボーダフォンだ
が，安価高性能のファーウェイ製設備を使用している。

EU では中国企業によるハイテク部門での M&A が 15 年頃から急増した。
2000 年から 18 年までの中国 FDI の累積額を部門別に分けると，米国では不動
産・ホスピタリティ（接客業）部門が圧倒的に大きく 410 億ドルと EU に大差
をつけ，エレクトロニクス部門でも米国が上回っている。しかし，産業機械・
設備，ICT のハイテク機械，自動車，輸送・インフラ部門では中国企業の対 EU

図 4-3　中国の対 EU・対米の部門別構成（単位：10 億ドル）

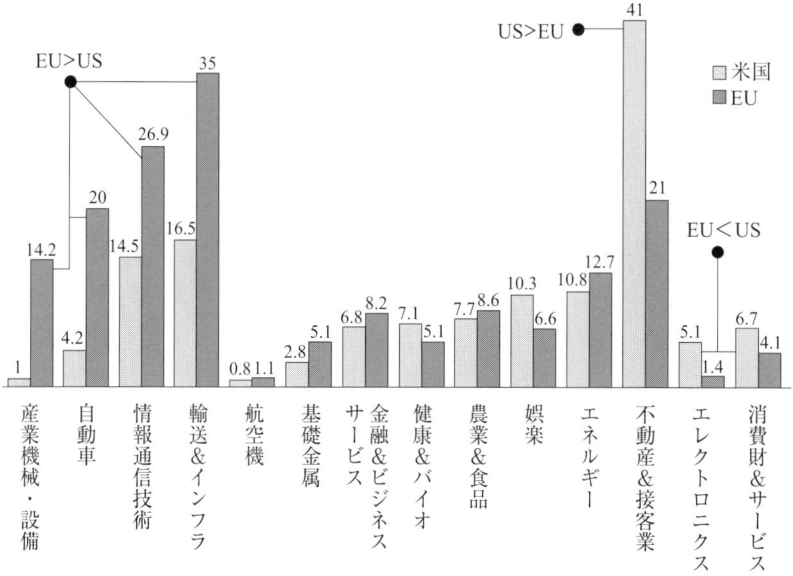

（出所）Rhodium Group より筆者作成。

投資額の方が対米よりはるかに大きい（図 4-3）。

　中国企業は EU で内国民待遇を受けて自由に活動できる。中国政府は自国に進出した EU 企業には合弁や技術移転を強要し，行動に様々の制約を課している。EU 企業に限らず，米日企業でも同様である。米国や EU 諸国も中国の対応に不満を募らせつつも，中国関連の事業で莫大な利益を得てきた経済界の意見に主導されて，中国企業の自国進出には熱烈歓迎ムードだったのである。こうした状況は米 EU とも 2016 年まで続いた。

　2015 年 8 月，人民元為替相場が暴落（「人民元ショック」）して国際金融市場危機と中国からの資本流出が起きたので，16 年 11 月中国政府は強力な資本流出規制措置を発動，並行してホスピタリティ関係（海外サッカーチームや映画館買収のような）など「非生産的」資本の流出規制に乗り出した。米国では 18 年トランプ政権の中国 FDI に対する審査の強化などかなり激烈な規制が実施され，それも中国 FDI の激減に作用した。

### 3-3 「一帯一路」戦略による EU 分断——東西，南北の分断

　「一帯一路」戦略は中国の過剰生産処理を勢力圏拡大と結びつけた中国本位のプロジェクトである。ユーラシア大陸東端の中国と西端の EU を結ぶ交通インフラを拡充して輸送コストを引き下げ，通商を活発化する。対ヨーロッパ通商関係の活発化は中国中西部の諸都市への企業進出を促し，地域開発へのテコ入れとなる。中国が 21 世紀初頭に開始した「西部大開発」を引き継ぐ，中国にとって重要な政策である。また，中国の勢力圏を沿線周辺とアフリカに広げる世界戦略でもある。中国政府によれば，「一帯一路」イニシアティブは，中国資本によってヨーロッパ路線沿線やインドシナ半島諸国，パキスタンなど途上国にインフラ投資を実施して通商と経済成長を引き上げ，「ウィンウィンの運命共同体」を創るという。インフラ投資部門の過剰処理と勢力圏拡大を結びつけたのである。

　鄧小平時代以降の開放政策下の中国経済の高度成長は道路・鉄道・空港・港湾・通信などのインフラ投資に支えられていた。1992 年から 2013 年までインフラ投資は年率 8.6% で伸び，米国，西欧の 2.5% をはるかに超え，投資総額は米欧合計より大きかった。中国のインフラ建設企業の発展は顕著で，すでに 2014 年世界最大 4 社は中国勢であった。世界規模のインフラ建設に対処できる能力を備えていたのである。

　中国とヨーロッパの物流では海運が陸運を圧倒している。2016 年には重量で海運が 94%，道路 3%，航空 1.8%，鉄道はわずか 0.9% に過ぎなかった。鉄道は中国と旧ソ連邦諸国との広軌の幅が違っていて，国境で積み替えを行わなければならないなど，ハンディキャップを抱える。だが，中西部の経済発展の観点からは，陸運の発展が必要だ。中国ヨーロッパ間は船便なら 40〜50 日かかるが，列車なら半分以下，しかしコストは 10 倍という。精密品のコンテナ輸送には冬は暖房，夏は冷房が必要だ。鄭州を抱える河南省など中西部の州政府は鉄道輸送費の 30〜40% もの補助金を出して，運行を支えている。「一帯一路」に後押しされて，中国・ヨーロッパ間のコンテナ貨物列車（中国は「中欧班列」と命名）の運行数は，2016 年 1700 本から 17 年 3600 本へ倍増，18 年

には5000本に達した。約50都市を結ぶ。鄭州・ハンブルク間では毎週4本が運行し，中欧班列の約30%を占める。成都・フランクフルト間は18年5月から週2本となった。19年には日通が鉄道運送に参加した。

　ヨーロッパでは，ポーランド政府が2010年に中国に通商拡大協力を要請し，翌年ハンガリーでの協議を踏まえて，2012年4月に温家宝首相（当時）がポーランド政府に東欧16カ国（EU加盟国11，非加盟国5）との通商拡大・インフラ投資の協議組織「16＋1」を提案した。16カ国はすべて旧共産圏諸国である。同年11月ポーランド政府がワルシャワで第1回「16＋1」首脳会議を組織し，中国から李克強首相が乗り込んで，16カ国首脳と協議した。「16＋1」は，13年秋に習近平が「一帯一路」を提唱すると，そこに包摂された。

　12年の首脳会議で中国は，中国＝中東欧投資協力基金の設立を提案して翌年具体化，16年11月リガ首脳会議では李克強首相の提唱により110億ドルの第2次基金を立ち上げた。中国工商銀行が主要な資金提供機関であり，同銀行の子会社が運営する。「一帯一路」の融資を担う中国輸出入銀行や中国開発銀行も「16＋1」プロジェクトの融資を担当する。

　2012年から毎年東欧の首都など首脳会議の都市に李克強首相が乗り込んで中国の方針などについて演説し，16カ国首脳とバイラテラルに交渉してインフラ支援などを約束する。首脳会議の後に発表される「協力ガイドライン」によれば，貿易と投資，交通の連結，産業・エネルギー・科学技術協力，通貨金融協力，農業・林業・環境保護協力，人的交流（中国への政治家・ジャーナリスト・学生などの招待）促進など，広範なテーマが協議されている。

　「16＋1」首脳会議にはオブザーバーとして，オーストリア，スイス，ギリシャ，EU（欧州委員会），EBRD，ウクライナ，モルドバなども出席する。首脳会議と並行して開催される経済フォーラムには中国企業や16カ国，オブザーバー諸国から企業家など多数（1000人規模の場合もある）が集まり，商談が行われる[6]。

---

6)　「一帯一路」に関する筆者の説明・図表・分析は田中素香［2019］［2018 a］［2018 b］を参照。なお，『運輸と経済』（18年12月号）の「一帯一路」特集の諸論文が「一

　「16 + 1」において中国のインフラ投資の約束額（2012 年〜16 年まで）は，米国シンクタンク CSIS によれば，チェコ 30 億ドル，ルーマニア 24 億ドル，ハンガリー 15 億ドル，モンテネグロ 10 億ドルなどであったが，18 年までの実施額はチェコとハンガリーはゼロ，モンテネグロとクロアチア 2 億ドル，ルーマニア 4800 万ドルにすぎなかった。EU 加盟の東欧諸国の不満が 18 年から表面化している。実施額はボスニア・ヘルツェゴビナの 36 億ドルが最大，次いでセルビア 30 億ドルだが，ともに EU 非加盟国，中国の核心的利益を全面的に擁護する友好国である。EU 加盟国には政府調達の EU ルールが適用され，公開入札が義務づけられている。環境保護等の規制も強い。中国のインフラ投資はそうした EU ルールに抵触するケース，インフラ投資実施企業のレベルが低く価格が高すぎるなどの障害もあるといわれる。

　東欧 16 カ国の中国に対する貿易収支赤字は年を追う毎に拡大している。バルカン諸国の工業力は低く，中国への輸出品は天然資源などに限られ，貿易を自由化すると中国の工業品の輸入が一方的に増えるのである。EU 加盟の東欧諸国も多国籍企業を受け入れて経済成長しており，サプライチェーンや貿易ネットワークは EU 先進国向けである。中国との貿易を増やしている中欧諸国でも対中輸入が輸出の 5 倍から 10 倍超となっている。「ウィン・ウィン」ではなく，「中国のダブルウィンだ」と批判が出ている。

　EU では「一帯一路」批判が辛辣になっている。18 年 2 月ドイツ商工会議所と政府機関の報告書は，「一帯一路政策は法的枠組みの不確かな政治不安定国に集中している。中国の国営銀行に資金供給されたプロジェクトの約 80％ は中国企業に行った」と批判した。同年 4 月，EU 諸国の駐中国大使の報告は，「一帯一路は過剰生産の削減……など国内の目的を追求するものである。そのプロジェクトは自由貿易を損ない，補助金を受けた中国企業にのみ利益をもたらす。中国は自己の利益に合うようにグローバル化を形成しようとしている」と酷評した。双方とも「中国は政府調達の透明性に興味がない，WTO のグレ

　帯一路」戦略の多様な側面について包括的な説明を提供している。

イな分野につけ込むことに巧みで，ルールを破ることにためらいを感じない」
と批判している。

　当初からブリュッセルには，中国が「一帯一路」戦略によって東欧の旧共産
圏諸国を取り込み，EU 分断を策しているとの批判があった。中国がドイツの
ハイテク企業の買収を露骨に進めた 2016 年を境に独仏など主要国の中国への
方針は厳しくなった。後述するように，ドイツも EU も外資による FDI の審査
体制を整えた。19 年 3 月欧州委員会は中国を「体制的ライバル systemic rival」
と位置づけた。

　だが，中国は 19 年に巻き返しを図った。クロアチアで 4 月に開催された「16
＋1」首脳会議にはギリシャのチプラス首相が出席し，中国は同国を「16＋1」
の正式参加国として承認，以後「17＋1」が使われるようになった。ギリシャ
は 2008 年中国によるピレウス港整備を許可し，中国は同港を地中海のコンテ
ナ取り扱い港のハブへと成長させた。ギリシャ政財界の信頼を得て，中国国有
企業はギリシャの配電企業などの買収に乗り出し，またピレウス港に中国人観
光客を直接フライトで呼び寄せ，エーゲ海やアドリア海のクルーズに誘導する
など，ギリシャ経済への貢献は小さくない。

　ポルトガルはユーロ危機の中でドイツなどから財政赤字補填のために国有財
産の売却を迫られ，中国国有企業が送配電企業に巨額の合併を実施した。イタ
リアでも同種部門に進出しており，将来的に南欧諸国の送配電をクロスボー
ダーで接続する構想もあるという。ポルトガルには継続的に中国から FDI が
流入し，病院や保険部門などもカバーしている。ポルトガルはギリシャととも
に「一帯一路」覚書に署名し，中国の投資を大歓迎している。

　19 年 3 月にはイタリア政府が習近平主席と「一帯一路」覚書を交換した。G
7 諸国初である。ジェノバ港とトリエステ港の整備で合意し，伊企業は中国と
20 億ユーロの輸出契約をかわした。当時イタリアは左右ポピュリスト政党の
連立政権，右派の同盟サルビーニ党首はこうした中国との連携に反対だった
が，左派 5 つ星運動のディマイオ党首が中国を複数回訪問するなど積極的に動
き，覚書交換にこぎつけた。ディマイオ氏は今日イタリア外相だが，コロナウ

イルス禍の救援に中国を呼び入れるなど，イタリア＝中国の連携に注力している。

　ユーロ危機においてドイツをはじめ西欧北欧諸国から財政緊縮を要求されて大量失業に陥り，今日も2桁失業に苦しむ南欧諸国はEUへの忠誠心を失い，独自の繁栄策をとることに躊躇しない。中国はそこを巧みに利用し，EUの南北分断にもくさびを打ち込んでいるのである。

## 4. 英国のEU離脱と将来の通商関係

### 4-1　メイ政権からジョンソン政権へ——離脱方針の転換

　2016年6月の英国民投票ではイングランドの帰趨が決め手となった。ロンドンとその周辺（南東イングランド）の繁栄地域や地方大都市でEU残留が多数，その他の衰退地域（工業地帯や田園地方）の住民が反EUのナショナリスト政治家の扇動を受け入れ，僅差で離脱となった。金融資本主義の繁栄地域とそれ以外の地域の所得格差が21世紀に急激に拡大し，そうした改策を2010年から強行したキャメロン政権の政策への批判が離脱に結びついてしまった。EU離脱による英国の損失は巨大で，経済合理性からはありえない選択だったが，ポピュリズム政治家は「英国の主権回復」や世界に雄飛する「グローバル・ブリテン」・英米同盟の巨大な利益などの夢想に民衆を引き付けたのである。

　16年7月に就任したメイ政権はEUと交渉して，離脱協定と政治宣言の2つの文書をとりまとめ，離脱への道筋をつけた。だが，それら2つの文書は19年1月から英下院において3度続けて拒否された。主要な理由は2つ。第1は英国が離脱後もEU関税同盟に残ること（その期間は不定），第2に北アイルランド＝アイルランド共和国の国境問題である（以下北アイルランド国境問題，と表示）。かつての北アイルランド宗教紛争の再来を防ぐために，離脱後もモノ，ヒトなどの自由往来を保証することとし，国境に検問所など「物理的施設」（「ハードな国境」）を回避する必要があった。そのために，北アイルランドを基本的にEU単一市場に残す（アイルランドと共通条件）ことでメイ政権はEUと合意した。離脱後の英国は一国二制度となるのである。

　上述した第1により英国は外国と自由にFTA協定を締結できない。第2について英国は短期間の制度を希望したが，EUは制度の廃止にはEUの合意を条件とする「バックストップ」を英国に承認させたのだが，それでは一国二制度が長期間続くことになりかねないと英議員は懸念した。3度の議会の拒否によって19年3月末の離脱期限は延長され，メイ首相は辞任して，19年7月ボリス・ジョンソン政権が誕生した。

　ジョンソン政権はEUと再交渉して上記2つの協定文書の一部修正に合意，新協定案・新政治宣言を英EU双方とも承認した。要点を見ておこう。①英国はEU関税同盟から離脱する。移行期間に英国はEUと先進的なFTAの発効をめざす。「全品目で関税，数量割当を回避」と新政治宣言はいう。②「公正で開かれた競争条件（LPF : Lebel-Playing Field)」を実現する。離脱後英国はEU法を英国法に切り替えるが，LPFでは，「政府補助金，競争法，社会・雇用規制，環境基準，気候変動，租税の各分野で，現在の高い水準を維持する」と規定し，英国の国内法規をEU法と整合させる。英国の規制緩和や法人税切り下げを阻止したいEUの狙いが透ける。③北アイルランドはEUの単一市場と関税同盟にとどまり，大ブリテン島（イングランド，スコットランド，ウェールズ）のみが完全離脱する。英国は一国二制度になる。人口190万人の北アイルランドと大ブリテン島との間（アイリシュ海）で税関チェックが実施される。法的には北アイルランドは「英国関税領域に所属」とされているので，大ブリテン島から北アイルランドに輸出された物品に関税差額があれば，払い戻しがなされることになっている[7]。

　ボリス・ジョンソンはEU離脱の右派（ナショナリズム）ポピュリズムのキャンペーンを英国独立党（UKIP）とともに推進した強硬離脱派のリーダーである。内閣を強硬離脱派で固めて，12月下院選挙に打って出て，イングランド北部中部の堅固な労働党支持だった選挙区で相次いで勝利し，保守党は365議席（過半数は326議席）を獲得して大勝した。もっとも，スコットランドでは独

---

7）　田中素香［2020］を参照。なお，EUとメイ政権の離脱交渉については庄司克宏
　　［2019］に詳しい。

立を唱えるスコットランド国民党（SNP）が圧勝，北アイルランドでは親アイルランド政党が親イングランド政党より1議席多く獲得した（9対8）。将来的に，スコットランド，北アイルランドが英国を離脱する「連合王国解体」のリスクが生じている。だから，保守党の大勝はイングランドに限られるのだが，人口の約85％を占めるイングランドが英議会の情勢を決めるのである。

### 4-2　英政権が目指す2020年末の完全離脱は可能か

　英国は2020年1月末EUを離脱した。英国はEUの政策決定に参加しない。だが，経済・社会はEU残留のままであり，国民の経済生活に変化はない。離脱協定の定める「移行期間」であって，英国はEU法の下にある。この期間に双方は将来関係の協定を交渉し，発効をめざす。英国が完全に離脱するのは，移行期間の終了時である。ジョンソン英政権は20年末に終了させると強調しているが，離脱文書は，英国が20年6月末までに申請すれば，1年刻みで最長22年末まで延期できる，と定めている。

　したがって，本当の「ブレグジット後」はまだ先のことであり，双方の関係がどう形成されるのかは3月に始まった離脱交渉に大きく影響される。

　上述したように，双方は広範なFTA（自由貿易協定）により物品貿易の「全品目で関税，数量割当を回避」するが，見返りに，英国は「補助金，福祉や雇用の規制，環境基準，気候変動，関連する租税」などでEUと「公正な競争条件（level-playing field）」を確保する，と約束した。しかし，英政府は離脱したら「EUルールを守るつもりはない」と強気の交渉路線を掲げ，「公正な競争環境」を強調するEUやEU加盟国と対立している。英国が法人税切り下げや労働規制のレベルを切り下げるなどして，強力な競争相手となることをEUは警戒して，「公正な競争条件」を重視している。「6月までに進展がなければ交渉から離脱する」とジョンソン首相は強気を貫くが，交渉から離脱すれば，経済へのダメージは英国が圧倒的に大きい。EUは人口でほぼ7倍，GDPは6倍近い。交渉はEU有利なのである。合意なき離脱では，英経済は短期的に大混乱，長期的にも経済成長率は半減するとのシミュレーションが複数発表されて

いるし，英政府文書も警告を発している。

　英政権の将来構想では，第 1 に国内での地方重視が注目される。19 年末の下院選挙で保守党に圧勝をもたらしたイングランド北部中部の工業地帯など恵まれない地方の「レベルアップ」を進め，支持を固める方針だ。財政による手当，ロンドンからイングランド中部までの高速鉄道（後に北部へ延伸）などインフラ投資，政府機関の移転などが政策候補だ。第 2 は競争力優先の構想で，規制緩和，研究開発費の大幅増額，企業設立支援，世界各国との FTA（自由貿易協定）などをセットで進める。

　離脱後の対外関係では世界各国との FTA を重視し，とりわけ対米 FTA を最重要としている。そのため，英国は離脱後米国に急接近し，EU と対決姿勢を強めるという予想が多かった。しかし，ファーウェイの高速通信規格 5 G の通信設備を一部採用すると決定し，トランプ政権の猛烈な反発を招いた。また米 IT 大手 GAFA を念頭にデジタルサービス税をかける計画を発表し，4 月実施の方針である。米政権はそうなれば英国からの自動車に高額関税を賦課すると表明。両国の関係は冷却し，英国に有利な米英 FTA は望み薄に見える。英国はすでに 4 G でファーウェイ製の基地局（スマホなどと電波をやりとりする設備）を英国全土に張り巡らしており，コスト的に他社に切り替えるわけにいかない事情もあるが，将来の中国との通商関係も念頭にあるはずだ。

　2016 年の離脱キャンペーンでは，ボリス・ジョンソンなど強硬離脱派は，経済停滞の EU よりコモンウエルス（旧英連邦諸国を中核に 53 カ国）や米国との連携を深めて「グローバル・ブリテン」に雄飛すると繰り返した。だが，輸出依存度はコモンウエルスと米国を合計しても，EU にはるかに及ばない。経済依存度の圧倒的に高い EU との将来の形を定めるのが先決で，それが失敗すれば，先は読めなくなってしまう。

　対米 FTA には固有の難しさがある。ホルモン肥育の牛肉・遺伝子組み換え作物・塩素殺菌した鶏などの輸入，政府運営の NHS（国民保険サービス。原則として無料の国立病院システム）の解体・民営化などを米国は要求する。それらを英国民が承認するとは思えない。20 年 3 月開始の離脱交渉前の英政府発表で

は，向こう 15 年を通して英米 FTA は英 GDP を年平均で 0.16％ 引き上げるだけという。英米 FTA の経済効果は乏しいのである。

わが国には米英同盟が世界を牛耳るというような将来図を示す向きもあるが，ジョンソン政権は米国一辺倒ではなく，全方位外交を採用する方針を現時点では明らかにしている。そうなると，モノでもサービスでも英国貿易のほぼ半分を占める EU の位置づけがますます重要になる。本年前半を交渉期限とする漁業交渉（ドーバー海峡の漁場問題）など，困難な問題は多数あるが，妥協を探る展開になるはずだ。

20 年 3 月開始の交渉を前に双方は包括的な交渉事項と主張を述べた交渉向け文書を公開した。英政府の交渉文書では，①包括的 FTA（CFTA）関連が 33 章，②漁業・航空・エネルギーなどからなる協定が 10 項目，③金融サービスの同等性など「将来関係交渉を越えるその他のプロセス」4 項目，からなり，問題は多岐にわたりかつ複雑だ。EU 側の文書も項目はほぼ同じである。

これだけのことを年内に合意し，批准にもちこむのは非常に困難ないし不可能であろう。英政権は EU カナダ自由貿易協定（CETA）をモデルとし，部分的に日欧 EPA にも言及するが，CETA も日欧 EPA も最終合意まで 5 年ほどかかっている。もっとも，英国は 47 年間 EU 加盟国だったので，英 EU は目下多くの分野で同一の EU 法・ルールに従っている。それが交渉の早期促進のベースになるのは確かだ。それでも，①合意がどうしても必要な分野や合意可能な分野に限って協定を結び（「第 1 段階合意」），その他は離脱後に回して交渉を続ける。②通商に関する紛争処理など加盟 27 カ国の批准が必要な案件はさしあたり交渉から外して，EU レベル（EU 理事会と欧州議会）のみで批准可能な日欧 EPA 方式をとる（CETA はベルギーの地方議会の批准反対で紛糾した），というような対応が考えられる。

EU にとって英国は加盟時にも特別の相手であった。サッチャー首相は EU 予算への英国拠出について「支払った金は返せ」と EU の新興国を無視した議論を貫いてついに特別扱いを勝ち取った。1998 年 12 月にはトニー・ブレア英首相とシラク仏大統領は「サンマロ宣言」を発して，EU の共通防衛政策の遂

行能力を強化することとし，EU の安全保障政策に時代を画した（英仏両国軍の協力は今日も継続）。英国が通貨統合（ユーロ）に参加しない特別待遇も EU は認めた。EU にとって英国は経済・政治・安全保障などすべての面で非常に重要な国であり，離脱後もそれは変わらない。EU を離脱しても英国はヨーロッパの国として EU および EU 諸国と非常に多くの共通の利害を有している。ヨーロッパの枠の中で双方の対立と妥協の繰り返しが続くとみている。

## 5. 米中両超大国の攻勢に対する EU の防御と反攻──方針を貫徹できるのか

### 5-1　トランプ政権の関税攻勢にどう対応したのか

　トランプ政権の関税攻撃に対して，EU は硬軟両様の対策をとっている。米政府が 18 年 3 月鉄鋼・アルミへの追加関税を発表し，EU の種々の抗議にもかかわらず 6 月発動した。EU は米国を WTO に提訴したほか，鉄鋼・アルミのほかに，オートバイ，ヨット・娯楽用などの船舶，スウィートコーン，バーボンウイスキーなどに報復関税をかけた。米共和党の有力議員の選挙区に本社や生産地をもつ物品をターゲットにして，関税の政治的効果を高めたのである。その一方で，ユンケル欧州委員会委員長は 7 月訪米してトランプ大統領と協議し，貿易拡大措置を取り決めた共同声明を発した。EU（欧州委員会）の貿易担当委員マルムストロームと USTR（通商代表部）長官ライトハイザーとがワーキンググループを形成し，協議を行った[8]。

　共同声明 1 周年に EU は「1 兆ドルの貿易関係を強化する」というタイトルの「進捗レポート」を発表し，対米輸入の増大をアピールした[9]。1 年間に EU の米国からの LNG（液化天然ガス）輸入は 4 倍以上（367%）増えて EU が最大輸入国になり，大豆輸入も 2 倍に増えた。トランプ＝ユンケル声明では，自動車を除く関税撤廃，サービス・医療機器の非関税障壁の引き下げ，補助金の廃

8)　詳細は次を参照。田中友義［2018］，「トランプ保護主義と欧米貿易摩擦～報復的対立から相互利益の関係を模索～」，季刊国際貿易と投資，No. 114, 12 月，所収。

9)　European Commission [2019 b]。

止（「3つのゼロ」）や基準の統一，貿易手続き面の容易化などを含めて，通商交渉に入るとされていた。しかし，EU 側が農業を交渉外としたことなどの影響もあり，EU 米国通商交渉は開始されていない。

　トランプ政権は米国の乗用車関税 2.5％ に対して EU は 10％ と高く，また対 EU の貿易赤字が対中国に次いで巨大である（対ドイツが最大）点，さらに，競争力より不当に安いユーロを利用してドイツが GDP 比 8％ 超もの経常収支黒字を出したとも批判する。

　EU の自動車関税率は確かに不当に高い（マルムストローム委員は「対米交渉でゼロにする用意あり」と言明）。ドイツの膨大な貿易黒字（ドイツの不可解な財政黒字主義と関連し，EU 内にも批判が多い），安いユーロとドイツの競争力に対する米国の批判には反論不可能，米政府のいうとおりである。防衛費の低いシェアや，ロシア制裁の傍らでノルドストリーム 2 によるロシアからの天然ガスの直接輸入の海面下パイプラインを敷設するなど，EU の対米問題（トランプ政権の批判）のほとんどはドイツ問題である。

　これら硬軟両様の EU の対応の効果によるものかどうかは不明だが，米政権が声明して緊張が深まっていた 19 年 11 月予定の対 EU 自動車関税を米政権は発動しなかった。

　トランプ=ユンケル共同声明 1 周年に発表された欧州委員会の上記「進捗レポート」の後半は，「不公正貿易慣行へのグローバルチャレンジ」をタイトルに，中国政府の補助金，過剰な国家介入，国有企業，投資制限や強制的な技術移転などを取り上げて，中国に対する EU 米国共同行動（WTO での紛争処理訴訟を含めて）を米国に訴え，FDI 審査における欧米日の 3 極協力，CIFIUS・米財務省との活動協力を提案している。

　今後の EU 米国の通商関係や対中国協力の行方は本年秋の大統領選挙の結果に依存するところが大きい。

## 5-2　中国の FDI による技術窃取に対する審査制度の導入

EU は経済統合を担当し，安全保障は加盟国と NATO に委ねるという分業関

係が確立したのは欧州防衛共同体（西ドイツ軍を共同防衛に加える構想）の流産
以後である。NATO 傘下にあって EEC の共同防衛を担う役割を想定されてい
た欧州防衛共同体は 1954 年にフランス議会で拒否され，政治統合・防衛統合
はそれ以後タブーとなった。

　EU 諸国はソ連圏との交渉に EPC（欧州政治協力）によって対処したが，それ
は国家協力であり，EU の出番はなかった。冷戦期には米国が積極的に NATO
の主力を引き受け，経済統合にも協力的だったので，EU と NATO の分業体制
は持続し，ソ連崩壊後も基本的に維持されてきた。上述したサンマロ宣言によ
る仏英軍事協力も，21 世紀に入ると，根拠のない核武装疑惑によってイラク
侵略を進めた米ブッシュ（子）政権に仏独両国が強く反対し，英国が米国に協
力したことによって，進展しなくなった。欧州安全保障政策という名称はある
が，EU は権限を持たず，加盟国の自発的な協力に委ねられている。EU 軍は
存在しない。

　FDI（外国直接投資）は 2009 年発効のリスボン条約で EU の権限に含まれた
が，FDI 規制は戦後伝統的に安全保障関係に属するとされていて，中国との FDI
協定も EU 各国がバイラテラルに中国と締結していた（アイルランドを除く）。
その状況の下で，中国企業は EU に自由に FDI で進出し，上述したように，米
国を上回る投資を EU に実施し，そのかなりの部分はハイテク関係であった。
そうした状況下でドイツを震撼させる事件が 2016 年に起きた。ドイツのハイ
テク技術政策「インダストリー 4.0」の中核企業の一つであるクーカ（Kuka）
を中国の美的集団（Midea）が株式多数を買い占めて買収したのである。さら
に半導体製造装置製造の Aixtron 社にも中国企業が買収をかけた。この企業の
在米子会社はパトリオットミサイルに部品を供給しており，米政府からの警告
もあって，ドイツ政府は買収を事実上差し止めた。

　ドイツの世論は中国熱烈歓迎から一変し，翌 17 年 7 月，対外経済法および
対外経済施行令を強化し，買収の経済省への通知の義務化など，FDI 規制が厳
格化された。しかし，EU 企業はドイツ企業を自由に買収できるので，ドイツ
以外の EU 加盟国企業を買収した中国企業が，EU 加盟国の企業を隠れ蓑にド

イツ企業の買収に乗り出せば，FDI 規制が有名無実化する可能性もある。独政府は危機感を抱き，仏伊両国とともに，欧州委員会に対応を求めた。また，欧州議会議員の一部から法整備の要請が出た。

　ユンケル欧州委員会委員長（当時）は 2017 年 9 月「EU 審査枠組み（EU Screening Framework：EUSF)」を発表し，EU 理事会，欧州議会との協議に入った。これら 3 機関の合意が 18 年 11 月に成立，ユンケル委員長は「われわれはナイーブな自由貿易主義者ではない」と説明した。19 年 3 月 EU 規則 Regulation（EU）2019/452 が発表され，提案からわずか 18 カ月で規則が公表された。EU 規則は公表から 20 日後に有効になる（19 年 4 月）。その後，加盟国の制度整備や準備に 18 カ月を見込み，制度が動き出すのは 20 年 10 月の予定である。

　「安全保障と公共の秩序」をリスクにさらすような M&A を対象とし，グリーンフィールド投資は含まない。審査に関わる部門として，①重要インフラ，②重要技術およびデューアルユース（軍民両用）技術，③重要な投入財，④センシティブな情報，⑤メディア，を上げていて，非常に多くの技術部門，エネルギーと原料，食糧安保まで非常に広い範囲をカバーする。EU 加盟国は FDI の審査について欧州委員会に通知し，通知が公表されると他の加盟国が審査中の案件について情報提供を要求できる。3 分の 1 以上の加盟国が賛成すれば，欧州委員会は情報提供を要求し意見を述べることができる。欧州委員会はまた独自の判断で意見を述べることもできる。加盟国が欧州委員会の意見に従わない場合には，その理由を説明しなければならない。しかし，FDI を受け入れるかどうかの最終的な決定権限は当該加盟国がもつ[10]。

　EU 加盟国の中には FDI 審査を行わない国があるなど，この審査枠組みは制度として弱い。CFIUS（米国外国投資委員会）の強力な審査能力とは比較するのもはばかられるほどだ。無制度の国などを欧州委員会がカバーすることはできるのだが，その審査能力の強化も喫緊の課題である。実地に実施して欠陥が示されれば，制度を強化できる。その意味で，この新枠組みは EU 審査制度の第

---

10)　European Commission [2017 a, b], Haneman et. al [2019] を参照。

一歩であり，今後強化がはかられていくであろう。

　上述したように，リスボン条約において FDI は EU の共通通商政策に包摂された[11]。EU は中国との FDI 協定が加盟国毎にバラバラということもあり，EU ＝中国の包括的投資協定（CAI : Comprehensive Agreement on Investment）を中国に要求し，2012 年 2 月の EU 中国第 15 回サミットで双方は交渉開始で合意，14 年 1 月に交渉が始まった。上述したように，EU と中国では，進出した外国企業への待遇が大きく異なり，中国は差別的である。CAI において EU は「投資の漸次的自由化，投資家への制限の除去（内国民待遇），投資家・投資保護の法的枠組み，紛争処理」などを求めている。

　EU が FDI 関係の権限をもつようになれば，加盟国バラバラの現状よりも格段に EU の力が高まる。中国は様々の術策を駆使して交渉合意をしぶり続けている。19 年 4 月の EU 中国サミットで「野心的な協定を 2020 年中に結ぶために」19 年末までに進展状況を確認することで合意，第 21 回〜24 回の交渉で，金融サービス，資本移転，内国民待遇，国有企業，市場アクセスについて原則を交渉した。だが，19 年 12 月の交渉でも溝は埋まらなかった。EU は 20 年 11 月ライプチッヒで開催予定の EU 中国サミットに李克強首相ではなく習近平主席の出席を求めている。

### 5-3　米中の地政学的行動に対する EU の新方針──EU 主権は可能か

　中国は EU に対する優勢を認識している。14 億の人口と共産党政権の統一権力，米国に次ぐ経済規模と軍事力を備える中国と，多数国の統合体で安全保障や税制の権限などは加盟国に所属する EU，しかも東西・南北の加盟国が対立している今の EU とでは，交渉力が違いすぎる。加盟国の利害の相違を利用して切り崩すこともできるし，中国の利害に反する要求は適当に引き延ばせばよい。EU 中国間の経済の相互依存が強いので，EU のできることは限られる，と中国は見切っている。

---

11)　EU の共通通商政策の概要は田中他著［2018］第 3 章を参照。

　中国は超大国的国家資本主義の手法を貫いて EU から取るべきものをとり，譲歩はしない。それどころか，「16 + 1」によって東欧諸国，次いで南欧諸国を取り込み，EU 分断を進めながら攻めてくる。トランプ政権もそういう種類の攻勢をかけはしない。欧州委員会は 19 年 3 月中国を「体制的ライバル systemic rival」と位置づけたが，中国の異質性を強く認識したのであろう。これまでの中国の攻勢を延長すると，東欧・南欧・バルカン半島を取り込み，西欧を孤立させる戦略が「一帯一路」かと思えてくる。さらに西欧と米国を分断し，孤立させれば世界経済の主導権は勝負あり，と展望しているかもしれない。

　これまでの専守防衛では「体制的ライバル」に歯が立たないと強く認識して，EU は対応をレベルアップし，対応に攻撃的要素を加え始めた。昨年 12 月就任のフォンデアライエン新委員長の下で取り上げられている構想の第 1 は，FDI 関連である。政府補助金を得ている外国企業には EU での事業展開に規制をかける，EU と同等のアクセスを欧州企業に許していない国の企業にはペナルティを課す，という。内国民待遇を提供しない国には最恵国原則を適用しないというのである。第 2 は EU 産業政策である。高速鉄道世界最大手の中国中車（売上高 3 兆円弱）に国際競争で対抗するため仏アルストムと独シーメンス（ともに販売額 1 兆円程度）が合併を申請したが，欧州委員会は 19 年独占禁止の観点から合併を禁止した。独仏両政府は反発し，EU 競争法の変更を求め，また両国を中軸に EU 産業政策の推進で合意した。第 3 は GAFA の世界寡占への複数の対抗措置である。

　第 4 は「欧州グリーン・ディール」である。気候変動対策として 2050 年にカーボンニュートラル（二酸化炭素の発生と固定を平衡化）を大規模な技術革新で達成する。ただし，EU の二酸化炭素排出量は世界の 10 分の 1，中国は約 30 ％，米国は約 15 ％ である。環境規制の緩い国を動かすために，そうした国から輸入する製品に国境炭素税を賦課する方針を公表した。石炭火力など不当に安価なエネルギーを使って生産された製品は不当に競争力を高めているので，関税で是正してよい（WTO のルールに違反しない），と正当化している。欧州委員会は 2021 年にも導入としているが，EU 寄りのシンクタンクでさえ導入に

は無理があると警告している[12]。中国などからの輸入品に国境炭素税を適用できる力を EU が備えているかを疑問視しているのである。他方，ピサニフェリーは，米国が環境保護「クラブ」に参加するかどうかが最重要問題であって，米国が「クラブ」に参加すれば米国自身が国境税を導入することになる。あるいは EU と他の気候変動意識の高い国が国境税を導入して米国と他のフリーライダーに規律を守らせるかのいずれかが，向こう数年間の重大な問題だとみている[13]。

　個々の政策を越えて「EU 経済主権」の提唱もなされている。「ヨーロッパ人は EU が巨大な経済規模をもち，その経済的運命を自ら決める能力があると信じたがっている。しかし，他の超大国の行動はその能力をますます疑問視させている。とりわけ中国と米国は EU のように経済的利害を地政学的利害から切り離すことはしない。両国は，サイバースペースから金融リンクまでの経済関係を地政学的優位獲得のために，または，地政学的目的に奉仕させるために，使用することがますます増えている。ヨーロッパの経済主権は危機にある[14]。」このように指摘して，中米両超大国がヨーロッパに突きつける経済主権の諸問題（企業への国家補助金，競争政策，FDI の審査，輸出規制―レアアースなど―，ユーロの国際的役割，国際支払いのインフラ，グローバルガバナンスなど）に対応するために，欧州委員会に地政学問題を扱う部署を立ち上げ，加盟国の当該部署と協力して，任務を明確化し，体制を整えるべきだ，というのである。

　これら EU の将来構想を具体化し，効力を持たせる作業がなめらかに進むとは思えない。東欧諸国の中には EU の権限拡張が自国の権限を縮小することを警戒して，そうした動き一切に拒否反応を示す国もある。中国企業の進出を経済発展の一要素と考えている加盟国は EU 強化に反対するかもしれない。だが，他方で，EU を強化しなければヨーロッパの自立性は中国と米国などに

---

12）　国境炭素税の提案は，European Commission [2019 c] を，またその批判は，Georg Zachmann and Ben McWilliams [2020] を参照。

13）　Jean Pisani-Ferry [2019], p. 8.

14）　Mark Leonard, Jean Pisani-Ferry, Elina Ribakova, Jeremy Shapiro and Guntram Wolf [2019], p. 1.

よって蚕食され，やがて崩壊すると考えている EU 加盟国も少なくない。

　これらの政策，デジタル革命や技術革新，金融面の強化，ユーロの国際的役割の強化，難民政策，そして中国との投資協定や将来の FTA などは，いずれも EU にまとまってこそ実現可能である。最近の世論調査では EU への支持率は 1980 年代以来の高率となり，ユーロへの支持率も 76％ と高い。英国が離脱しても EU は 27 カ国，人口 4 億 5000 万人の豊かな共同体であり，経済規模も米国に次ぐ。EU（欧州委員会）の新路線が加盟国にどのように受け入れられていくかは世界経済の注目点の一つとなろう。それは米中対決をはじめ，これからの世界経済にきわめて大きな影響を及ぼすであろう。

## 6．お わ り に

　2020 年 3 月に新型コロナウイルス禍はパンデミックに発展し，とりわけ欧米で爆発的な拡大を見せた。イタリアやスペインなど大量罹患・大量死の加盟国に対する EU の支援体制は立ち後れている。EU 経済は大きく落ち込むであろう。米国では「死者 10 万人」と保健当局のトップが予言するなど，欧米ともに先が見えない状況である。この危機に EU がどのように加盟国を助け，分断された EU の連帯を再構築するかに，2020 年代からの EU の将来は大きく左右される。本稿はその危機以前の世界経済と EU の状況・対応を説明したのである。その危機の分析と展望を次の課題としたい。

（2020 年 3 月末日脱稿）

### 参 考 文 献

天児慧［2018］，「第 19 回党大会は何を物語るか？」，『国際問題』8 月号，所収。
リチャード・ボールドウィン著，遠藤真美訳［2018］『世界経済　大いなる収斂──IT がもたらす新次元のグローバリゼーション』，日本経済新聞出版社。
庄司克宏［2019］，『ブレグジット・パラドクス』，岩波書店。
田中素香［2020］，「ブレグジット決着後の欧州経済の行方」，商工ジャーナル，2 月号，所収。
──［2019］，「分岐点に立つ「16＋1」プロジェクト」，経済学論纂（中央大学）第 59 巻第 3・4 号，所収。
──［2018 a］，「ヨーロッパは「一帯一路」をこう見ている」，『運輸と経済』12 月

号，所収。12 月号は特集：「一帯一路」をどう読み解くか？多数の論文，イン
タビュー，データを掲載している。

—— ［2018 b］「「一帯一路」戦略による中国の東ヨーロッパ進出—「16＋1」をど
う見るか」，ITI 調査研究シリーズ No.67。

—— ［2017］，「EU 中国通商摩擦（2016 年）とその背景—中国の攻勢と EU の防
御」，ITI フラッシュ，1 月 12 日。

—— ［2016］，『ユーロ危機とギリシャ反乱』，岩波新書。

田中素香・長部重康・久保広正・岩田健治［2018］，『現代ヨーロッパ経済（第 5
版）』，有斐閣アルマ。

European Commission [2017 a], Welcoming Foreign Direct Investment while Protecting Es-
sential Interests, COM (2017) 494 final.

—— [2017 b], Proposal for a Regulation "establishing a framework for screening of foreign
direct investments into the European Union", COM (2017) 487 final.

—— [2019 a], Report on Trade and Investment Barriers, 1 January 2018 - 31 December
2018.

—— [2019 b], EU-U.S. Strengthening a $1 trillion trade relationship, 25 July 2019.

—— [2019 c], The European Green Deal, COM (2019) 640 final.

Georg Zachmann and Ben McWilliams[2020], A European carbon border tax： much pain,
little gain, Bruegel Policy Contribution Issue no.5/ March.

Hanemann, Thilo/ Huotari, Mikko/ Kratz, Agatha [2019], Chinese FDI in Europe： 2018
Trends and Impact on New Screening Politics, a report by Rhodium Group and the
Mercator Institute for China Studies (MERICS).

Holslag, Jonathan [2015], Explaining Economic Frictions Between China and the European
Union, in： Aggarwal, Vinod & Sara A. Newland (ed.), Chapter 7.

Jean Pisani-Fery [2019], Collective Action in a Fragmented World, Bluegel Policy Brief, Is-
sue 5, June.

Mark Leonard, Jean Pisani-Ferry, Elina Ribakova, Jeremy Shapiro and Guntram Wolf
[2019], Redefining Europe's economic sovereignty, Bruegel Policy Contribution Issue
no.5/ September.

第　5　章

# 覇権システムから見る米中対立
### ――産業大国と通貨大国の戦い――

坂　本　正　弘

## 1. は じ め に

　米国が2018年から仕掛けた米中貿易戦争は2020年1月の通商合意で一段落の観があるが，両者の覇権をめぐる争いは続いている。米国による中国の先端技術の抑制は必ずしも奏効していない中で，注目すべきは，中国の識者が，米国が中国に対する攻撃手段として，ドル金融の制裁を予想していることである。米国の覇権システムの中で，ドルによる金融制裁は軍事力と並ぶ効力を持つものであり，中国も人民元の国際化等，対応策を検討するが，依然困難を感じる状況である。

　歴史を見ると，技術力を急激に増強した産業大国が，軍事力を強化して，通貨・金融大国の覇権国に，挑戦する例がいくつかあるなかで，覇権国が，金融力を動員して，挑戦を退けるケースがみられる。米中関係では今後どうなるかである。

　しかし，通商合意直後，中国に発し，世界に拡大した新型コロナウイルスは，パンデミックとなり，欧州，米国を襲い，大不況の予測もあるが，世界のパワーバランスに影響している。強権隔離と人民監視を強め，早期に，コロナウイルスを収束させつつある中国が，その医療援助や経済の早期正常化によ

り，特に欧州や途上国での国際的影響力を増すことが予想される。しかし，中国にもコロナウイルス発生・拡大の負債は残っており，パンデミックを契機に米中両国民の相互への不信，嫌悪は高まっている。米国の金融制裁のみならず，南シナ海や台湾問題をめぐり，両国の不測の事態の可能性すら，排除できない情況である。

## 2．中国の急台頭と米中対立の激化

### 2-1　中国産業・貿易の急膨張と習総書記の高揚路線

2001年のWTO加盟以来の中国の貿易・産業そして経済の急膨張は刮目すべきものである。特に，2008年のリーマンショックへの対応のために行った4兆元対策により，中国は，不況に悩む爾余の世界をしり目に，高度成長を続け，2010年には日本を抜き，世界二位のGDPを実現したが，購買力平価ベースのGDPでは2014年以来米国を抜いている。さらに，貿易では2009年に，世界の輸出第一位に躍り出たが，輸入を合した貿易総額では2014年以来，米国を抜き世界NO.1となっている。2017年の主要生産物の中国の世界でのシェアは粗鋼49％，自動車30％（EV 57％）テレビ47％，パソコン99％，携帯81％，スマートフォン83％，セメント54％など，まさに，世界の工場・産業大国の地位を示す。

習近平共産党総書記は，中華民族復興の夢として一帯一路を進めるとともに，米中で太平洋を2分する内容の新型の大国関係を提唱する。2017年の第19回党大会では，共産党立党百年の2020年「小康社会を実現し」，その後「中国製造2025」を実現し，2035年には社会主義近代化を実現し，さらに，2050年には総合国力[1]と国際的影響力がトップになる戦略を提唱した。国防面では，2020年までに局地的情報化戦争で勝利する体制を作り，2035年には，国防の近代化を完成し，2050年には世界一流の軍隊を築き上げるとする。

---

1)　中国は軍事力，経済力，外交力からなる総合国力の増強を目指す。総合国力が増大すれば，戦略的国境は地理的国境を越えて拡大するとする。南シナ海の軍事基地造成も総合国力増大の結果の攻撃的大国の論理であろうか？

表 5-1　世界の GDP

(単位：兆ドル)

|  | 米国 | 中国 | 中国 PPP | 日本 | EURO | 世界 |
|---|---|---|---|---|---|---|
| 2008 | 14.7 | 4.5 |  | 4.9 | 13.5 | 62.8 |
| 2009 | 14,4 | 4.9 |  | 5.3 | 12.4 | 59.8 |
| 2010 | 14.9 | 5.9 |  | 5.6 | 12.1 | 65.3 |
| 2011 | 15.5 | 7.3 |  | 6.2 | 13.1 | 72.1 |
| 2012 | 16.1 | 8.3 |  | 6.2 | 12.1 | 73.4 |
| 2013 | 16.7 | 9.5 | 16.6 | 5.2 | 13.2 | 75.4 |
| 2014 | 17.4 | 10.6 | 18.2 | 4.8 | 13.5 | 78.0 |
| 2015 | 18.0 | 11.2 | 19.7 | 4.4 | 11.6 | 74.2 |
| 2016 | 18.5 | 11.2 | 21.3 | 4.9 | 11.9 | 75.3 |
| 2017 | 19.4 | 12.1 | 23.2 | 4.9 | 12.6 | 80.2 |
| 2018 | 20.5 | 13.4 | 25.3 | 5.0 | 13.6 | 84.9 |
| 2019 | 21,5 | 14,1 | 27.3 | 5.2 | 13.3 | 86.5 |

(出所)　IMF, World Data Jan/2020. 日本の 2008 - 14 は内閣府
資料。

表 5-2　主要国の輸出入推移

(単位：10 億ドル)

|  | U.S.A. | | | 中国 | | | 日本 | | | ドイツ | | |
|---|---|---|---|---|---|---|---|---|---|---|---|---|
|  | 輸出 | 輸入 | 計 | 輸出 | 輸入 | 計 | 輸出 | 輸入 | 計 | 輸出 | 輸入 | 計 |
| 2000 | 780 | 1258 | 2040 | 249 | 225 | 474 | 479 | 380 | 858 | 614 | 604 | 1218 |
| 08 | 1307 | 2141 | 3448 | 1430 | 1132 | 2562 | 781 | 762 | 1443 | 1567 | 1323 | 2890 |
| 09 | 1070 | 1580 | 2650 | 1201 | 1006 | 2207 | 581 | 552 | 1133 | 1120 | 926 | 2046 |
| 10 | 1290 | 1938 | 3228 | 1577 | 1349 | 2926 | 770 | 694 | 1464 | 1298 | 1180 | 2478 |
| 11 | 1499 | 2303 | 3802 | 1898 | 1743 | 3642 | 822 | 852 | 1674 | 1642 | 1423 | 3065 |
| 12 | 1562 | 2275 | 3837 | 2049 | 1818 | 3867 | 799 | 886 | 1686 | 1600 | 1310 | 2910 |
| 13 | 1592 | 2294 | 3886 | 2210 | 1950 | 4160 | 715 | 832 | 1547 | 1755 | 1395 | 3150 |
| 14 | 1633 | 2385 | 4018 | 2342 | 1959 | 4301 | 684 | 803 | 1487 | 1704 | 1447 | 3151 |
| 15 | 1510 | 2272 | 3782 | 2273 | 1680 | 3953 | 625 | 648 | 1273 | 1771 | 1513 | 3284 |
| 16. | 1456 | 2208 | 3664 | 2098 | 1588 | 3686 | 646 | 551 | 1200 | 1536 | 1328 | 2864 |
| 17 | 1546 | 2409 | 3955 | 2264 | 1841 | 4105 | 698 | 671 | 1369 | 1446 | 1167 | 2613 |
| 18 | 1674 | 2561 | 4235 | 2487 | 2136 | 4623 | 738 | 759 | 1494 | 1561 | 1285 | 2846 |
| 19 | 1652 | 2519 | 4171 | 2498 | 2077 | 4575 | 706 | 721 | 1427 | 1487 | 1237 | 2724 |

(出所)　内閣府資料から筆者作成。

　「中国2025計画」は2015年発表されたが，中国産業・技術高度化の長期戦略で，2035年までに製造強国となり，21世紀半ばには世界のトップとなる覇者の構想である。戦略部門としては，5Gを含む次世代情報技術，ロボット，航空・宇宙技術，半導体などがあるが，これらの技術は，産業技術であるとともに，先端軍事技術に転用可能なものである。中国はその目標達成にあたって，自主開発を推進し，海外依存を大幅に削減する方針である。高度な自給度を持ち，世界市場での高い比重を狙う重商主義的政策といえよう。

　総体として，鄧小平の控えめな路線に対し，大国としての高揚路線を主張しているが，産業技術力に比べて，国際通貨・金融面では，中国は劣位にある。人民元の国際化に努め，スワップの拡大や，SDR通貨入りを果たし，最近では，デジタル人民元の採用を志向するが，基本的に資本取引の自由化がなければ[2]，人民元の国際化は難しい状況である。

### 2-2　トランプ政権による対中強硬政策──技術覇権の抑制

　トランプ大統領は，大統領選挙時から，対中政策の強化を主張していたが，2017年12月「国家安全保障政策」を，2018年1月には「国家防衛戦略」を公表した。共に，中国とロシヤを戦略的挑戦国と規定し，両国は権威主義的モデルを掲げ，19世紀的大国間競争を米国に挑んでいるとし，その対応には「力による平和」が必要だとした。特に中国はビッグデータ分析やAI，ロボットなどを起用し，先端技術力を高めて米国に挑戦しているとする。

　大統領は，2017年7月にすでに，中国への301条調査を命じたが，2018年3月の301条報告は，①中国に進出した米企業は最先端技術の供与を強制される，②中国政府は米国進出の中国企業に米国の先端技術を獲得するよう強制するが，また，③Cyberによる米国の技術・情報の盗取を行うが，それは知的財産，企業秘密，軍事機密に及ぶとした。注目すべきは，米国議会や知識階級はじめ米国民全体に，中国全体が安全保障上の脅威だという認識が，2017年頃

---

2)　中国が資本取引を自由化する機会は，21世紀初頭の経常収支の黒字が大きい時代だったと思われる。

から急速に広まったことである。中国が米国に対抗する大国になったのは，米
国からの不当な技術盗取のためだが，中国共産党の支配は企業，一般国民に及
び個人も油断できないとし，米国在住の中国人研究者や留学生も疑いの対象と
なっている。

　トランプ大統領は 301 条報告に基づき，①中国からの輸入品に関税を賦課す
る。②中国の外資との技術移転契約について WTO に提訴する。③中国の対米
投資制約を強化する（FIRRMA 及び CFIUS）とし，④米国輸出管理令（ECRA）
による中国への先端技術品輸出を制限するなどを命じた。上記「中国製造
2025」の先端技術への排他的重商主義への糾弾がある。

## 2–3　トランプ 2 国間主義と米中関税戦争

　トランプ大統領の関税戦争は 2018 年 3 月の関税賦課宣言に始まり，以来約
2 年にわたり，行われた。二国間取引は大国が，自分より弱い国に仕掛ける交
渉方式で，中国が好んだ方式であるが[3]，世界で，中国より強い米国のみが，
中国に対し可能な方式である。関税賦課の宣告，賦課，延期と新たな課税と延
期を繰り返すトランプ大統領の好む取引（Deal）が 10 数回にわたって繰り広げ
られた。それらはおよそ 4 つの時期に分けられる。

　第一は，18 年 3 月以後で，中国側は当初強く反発したが，2018 年 7 月，8
月の 500 億ドルへの関税賦課 25％ に始まり，9 月には，更に，2000 億ドル 10
％賦課と年内 25％ の引き上げ宣言があった。中国当局は混乱し，株安，人民
元安が進行した。

　第二段階は，12 月のブエノスアイレスの首脳会談以後で，米国の関税引き
上げ延期と米中通商会談の設置が決まり，中国側は一息ついて時間を稼いだ。
2019 年に入り，中国の景気持ち直しがあり，中国側は持久戦を宣言した。第
三段階は，まとまりかけていた米中合意が，中国側の国内からの反発で白紙と
なり，怒ったトランプ大統領は，2019 年 5 月，2000 億ドルへの関税賦課を 10

---

3)　戦後の貿易交渉では多国間交渉が正統とされてきた。

％から 25％ へ引き上げると同時に，中国の残りの 3000 億ドルへ 25％ 関税の 9 月引き上げを予告した。

　しかし，関税は相手への打撃であるが，自国経済にも被害が及ぶ。トランプ大統領は，2020 年の大統領選に影響するため株価が気になる情況で，9 月には，3000 億ドル 25％ の予定を，1200 億ドル 15％ の関税賦課にとどめた。他方，中国側は民意を気にする必要のない独裁制であり，大統領の株価重視の足元を見透かす状況であった。しかも，米中摩擦の激化に拘わらず，中国の広大な市場は，米国企業に魅力であり，中国への進出が続く中，中国の 5 G や AI などでの進展は，米国を凌ぐものがあった。曲折を経て，2020 年 1 月 15 日の米中合意が成立したが，貿易交渉の結果は中国側のかなりの譲歩となっている。米国は，2500 億ドルへの 25％ 関税の維持のほか，1200 億ドルの関税を半減だが 7.5％ を維持し，1600 億ドルへの関税は延期する内容に対し，中国側は，米農産物の購入を含め，2000 億ドル輸入を増やすほか，知的財産権の保護，技術移転強制の排除，為替切り下げ政策の否定など，多くの義務を負っている。しかも，トランプ大統領は，今回の合意は，第一段階で，今後に第二，第三段階があるとする。更に，この間，米国は，中国企業・ファーウェイや ZTE 等への技術覇権をめぐる干渉は続けている。

　基本的に，米国の中国からの輸入 5500 億ドル，中国の米国から輸入 1500 億国ドルの格差のある情況では，関税戦争は米国に利があったことだが，更に，米国には，軍事・通貨・金融大国として，この貿易，産業大国へのカードがある[4]。

## 2-4　覇権システムから見る米国のカード・軍事力とドルの力

　米中の対立は，総合的にみると，軍事・通貨力の米国対産業・貿易力の中国の対立とみることができるが，覇権システムからみると，米国の軍事・金融シ

---

4）　元国務次官補クルト・キャンベル氏は，2018 年 10 月 1 日，CSIS の会議で，米側が，現在，強く仕掛けている，今だったら中国を叩けるが，10 年後は無理のためとした。

ステムの優位が顕著であり，この優位が，中国への関税戦争での切り込みを可能にし，中国の受け身反応となっている。

　確かに，中国の軍事力の増強は急速であり，特に，米軍の近接を阻止するA2/AD能力の充実は目覚ましく，米軍の中国本土への近接は大きく制約されている。しかし，実戦を重ねた米軍の力は依然中国を凌駕し，有事の優位を確保している。

　さらに，米国の中国への優位としては，ドルとそれを支える金融力がある。米国が，イランやロシヤに金融制裁を科していることは周知の所であるが，米国は，2019年，国際非常時経済権限法をすでに発動しており，米政権が中国のカードとして金融・通貨面の制裁を使用することは十分ありうることである。米国政府が，中国企業の米国株式市場からの除籍とともに，米国資本の中国市場参入への規制の強化を検討しているが，更に，ドル決済の制約を強めることはありうることである[5]。後述の香港情勢はこの可能性を高める。

　注目すべきは，中国の有識者の中に，米国が貿易戦争の次の方策として，中国への金融制裁を行うだろうとの見解がみられることである。李暁吉林大学経済学院院長が「ドル体制の金融ロジックと権力」(外国為替貿易研究会『国際金融』2019.7)で，米国が中国をドル決済システムから除外する恐れを述べているが，余永定元人民銀行金融政策員も，米国の金融制裁には対応するすべがない(日経『世界鳥瞰』2019.7.29日)と警戒する。更に，Julian Gewirtzは「中国の識者は米国との金融戦争に備えている」(2019, Politico 12, 17)とし，中国の楼継緯元財務部長，周小川元人民銀行総裁等の意見を紹介する。

　中国の有識者は，中国は世界一の貿易大国，製造業大国だが，金融・通貨力では米国に大きく劣る。しかも，中国の国際収支は黒字がほとんど消え，外貨準備も脆弱性が大きい。人民元が国際通貨でない状況で，米国による，金融制裁，ドル決済システムから締め出されれば，中国にとって大きな打撃であるとの認識があるといえよう。

---

5)　CSISのStephanie Segal上級研究員は，米国は，中国を貿易・技術面で疎外する政策をとってきたが，金融面での疎外も検討していると指摘する（2019）。

## 3.　覇権システムにおける産業大国と通貨・金融大国の確執

### 3-1　歴史にみる産業大国と覇権への挑戦

　歴史にみると，通貨・金融システムの優位を持つ覇権国に対する，産業技術によって軍事力を向上させた大国の挑戦がみられるが，通貨，金融システムの優位を持った覇権国が有利である。

　19世紀末の米国の産業力は目覚ましく（表5-3），1880年には覇権国英国に追いつき，1913年には英国の2.5倍の工業力となった。第2次産業革命を先導した米国工業生産の世界でのシェアは，1913年には粗鋼40%，自動車90%，原油・電力90%であった。しかも，その担い手はUSスチール，フォードなど米国の先端企業であった。この点は，外資に依存する現在の中国とは異なっていた。しかし，その軍事力は劣位で，国際金融はロンドンのシティに依存していた[6]。

　他方，ドイツも，第二次産業革命を主導し，工業力のみでなく，科学，哲学，音楽など，世界の学術の中心地であったが，軍事力の充実に努力した。特に海軍力の急速な充実は，7つの海の支配に依存する英国に重大な脅威であり，英国は米国と結ぶとともに，日英同盟を結成し，自国の防衛に専念した（Gilpin 1975）。ドイツの軍事力は強かったが，英国が第一次大戦に勝利した理由の一つとして，仏，露，伊，ベルギーなどに金融を含む多額の援助をしたことがあげられる[7]。

### 3-2　戦間期の英米覇権継承

　第一次大戦は米国を軍事大国としたが[8]，大戦中の黒字の累積と戦時貸付により金融大国にもなった。米国は，英仏などへの戦時貸付で大債権国となった

---

6)　米国は第7代ジャックソン大統領が中央銀行を1830年代廃止し，連邦準備制度が発足したの1914年8月である。

7)　米国の参戦，援助も大きい。

8)　1921年ワシントン会議での，英米日の戦艦の比率5・5・3の決定は米国が英国と並ぶ軍事大国となったことを示す。

表 5-3　主要国による世界工業生産と世界貿易のシェア

(%)

| | 工業生産 | | | 貿易 | | |
|---|---|---|---|---|---|---|
| | 英国 | 米国 | ドイツ | 英国 | 米国 | ドイツ |
| 1860 | 36 | 17 | 16 | 21 | 11 | – |
| 1880 | 28 | 28 | 13 | 20 | 11 | 13 |
| 1900 | 18 | 31 | 16 | 19 | 12 | 13 |
| 1913 | 14 | 36 | 16 | 15 | 11 | 13 |
| 1920 | 14 | 47 | 9 | 15 | 14 | 8 |
| 1930 | 9 | 39 | 11 | 14 | 12 | 10 |
| 1937 | 9 | 35 | 10 | 14 | 12 | 9 |

（出所）Kaczynski, J., *Studien zur Geschihite der Weltwirtshaft*, Dietz Velag, 1952.

表 5-4　パックス・ブリタニカからパックス・アメリカーナへの継承過程と国際システム

| | 1860 | 1913 | | | 1925 | | 1937 | | | 1950 |
|---|---|---|---|---|---|---|---|---|---|---|
| | 英 | 英. | 独 | 米 | 英 | 米 | 英 | 独 | 米 | 米 |
| 安全保障 | A* | A* | A | C | A | A | A' | A' | A' | A* |
| 通貨 | A* | A* | B | C | A* | B | A' | B | A | A* |
| 国際金融 | A* | A* | B | B | A' | A* | A | B | A | A* |
| 国際貿易 | A* | A | A | A | A | A | A | A | A | A* |
| 産業力 | A* | A' | A | A* | B | A* | B | A | A* | A* |
| GDP | A* | A | A | A* | B | A* | B | A | A* | A* |

（注）A*, A, A', B, C, E は影響力の順位を示す。
（出所）坂本正弘, 『パックス・アメリカーナと日本　国際システムの視点からの検証』, 中央大学
　　　　出版部, 2001。

が，米国のドイツへの長期資本貸与は，ドイツの仏英などへの賠償支払いのた
め必須のものだった。1920 年代の世界の金融は米国資本の欧州諸国への資本
供与に依存していたといえる。但し，当時の国際通貨・金融体制の中心は，な
お，ロンドンであり，1925 年の英国の金為替本位制への復帰は，戦間期の相
対的安定期の象徴であった。しかし，1929 年のニューヨーク株式急落は，米
国資本の欧州からの引き上げを結果し，ドイツ，イギリスの金融破綻に繋が
り，金ポンド本位制は 1931 年崩壊し，30 年代の世界大不況を結果した。世界
の通貨体制の再編は，1936 年の米英仏の 3 国通貨協定から始まるが，ドルが
その中核と位置づけられた（キンドルバーガー 1982）。

　1930 年代不況の中，ナチス・ドイツが誕生し，その独裁体制の下，強い技
術・産業力を背景に，ドイツは軍事力を高めた大国となった。1939 年から，

表5-5　パックス・アメリカーナの国際システム

| | 1960 | 1988 | | | | 2000 | | | | 2020 | | | |
|---|---|---|---|---|---|---|---|---|---|---|---|---|---|
| | 米 | 米 | 日 | 中 | ソ | 米. | 日 | 中. | EU | 米 | 日 | 中 | 露 |
| 安全保障 | A* | A* | B' | B | A | A* | B' | B | A | A* | B | A | A |
| 通貨 | A* | A | B | D | C | A | A' | C | A | A* | A' | B | C |
| 国際金融 | A* | A* | A | D | C | A* | A' | C | A | A* | A | B | C |
| 国際貿易 | A* | A | A | C | B | A | A | B | A* | A | A' | A* | B |
| 産業 | A* | A' | A* | B | B | A | A | B | A' | A | A | A | B |
| GDP | A* | A* | A | B | A | A* | A | B | A | A* | B | B | B' |

（注）A*，A.A'，B，C，Dは，表5-4と同じく，影響力の順位を示す。

欧州で戦乱が始まったが，軍国・日本の参加で，戦争は世界に拡大した。連合国の勝利には，米国の圧倒的力が大きかったが，米国の金融を含む援助が，ソ連，欧州諸国，中国になされ，連合軍の結束を高めたことが貢献した。米国は，第二次大戦を経て，英国からの覇権の継承を受けたが，その源泉は，①米国の圧倒的国力，②第二次大戦での英国との共同作戦と共通の価値だが，③共通の敵・ドイツ（と日本）への勝利という，覇権の正統性獲得による。

米国の覇権掌握の過程から見ると，産業力，貿易力は国の成長に極めて重要であり，覇権国への登竜門として必要条件だが，十分条件ではない。金融力と通貨力を備え，安全保障力と基軸通貨を備えて覇権国の資格を得る。米国が19世紀末，産業大国となった時点から，覇権国になったのは，2つの戦争を経た半世紀後のことである（坂本1986，2001）。

### 3-3　米ソ対立とドルの力

米国は，戦後，ソ連の挑戦を受けるが，共産主義独裁体制の下，ソ連は技術力を軍事面に集中し，軍事力を行使してワルシャワ条約体制を作った。核兵力は米国を凌ぐものだったが，半世紀に及ぶ対立の結果，体制は崩壊した。その大きな理由として，通貨力の差を指摘したい。ソ連のルーブルはワルシャワ条約機構の中では強制通用させられたが，衛星条約国ですら，その保有に積極的でなく，むしろ闇ドルが幅を利かしていた。これに対し，米ドルは世界の諸国がその保有を希求し，米国は，ドルを活用して，世界の人材，情報，物資を集め，国力を高めることができた。ソ連邦の崩壊の基本は経済の停滞，混迷にあ

るが，米国の勝利は基軸通貨ドルとそれを背景にする国際金融での力の効用といえる（坂本2001）。

## 4. 米覇権システムの中核・ドル本位

### 4-1　基軸通貨の条件

バーグステンは，基軸通貨の条件として，安全保障の優位，大きな経済力，発達した金融資本市場，エネルギーなどの経済の安全保障に強いなどの諸条件を挙げる（Bergsten 1975）。いずれも，基軸通貨として，準備通貨，交換通貨は通貨の計算尺の機能を果たすには必須の条件である。更に，付言すれば，国際貿易にはすべての国が参加できるが，通貨システムは階層性が高く，国際通貨になれる通貨は限られている。基軸通貨の条件は厳しい。

### 4-2　金ドル本位制の IMF 体制

米国は，ブレトン・ウッズ協定に基き，IMF を設置し，戦後の国際通貨体制を金ドル本位制とした。圧倒的軍事力，経済力の上，当時の米国の金保有は世界の75%を占め，通貨体制の基礎として充分であった。しかし，欧州の金選好は強く，特にフランスはその先頭であり，獲得したドルを金に変え，1960年代米国の金準備は減り続け，米国はドル防衛に追い込まれた。米国の金準備が100億ドルになった時点で，ニクソン大統領は1971年8月，ドルの金との兌換を停止し，国際通貨体制は変動制に移行した。

### 4-3　危機を経る毎に強化されたドル本位

ドルは，その裏付を失ったが，同時に金の束縛から脱却する機会でもあった。国際経済は通貨による決済がなければ一日も運営できない。折から1973年第一次石油危機が起こり，産油国に蓄積する巨大な過剰流動性を急激に循環させる必要があった。この機能はドル以外，金でも，SDR[9]でもできるもので

---

9)　SDR は 1967 年に創出された。

はなかった。国際通貨としての金の機能は 1976 年キングストン合意によって
廃位された。

　その後の 1979 年以来の第 2 次石油危機，80 年代のプラザ合意に伴う円・マ
ルクの高騰，90 年代のアジア通貨危機があり，更に，2008 年以来のリーマン
ショックと世界金融危機と，国際通貨・金融情勢は激動，緊迫を続けたが，ド
ルはこの間，基軸通貨として，その機能を強めてきた。あえて言えば，ドルは
危機のたびに，対抗通貨を蹴落とし，その地位を強めてきたといえる。

　第一次石油危機後の金の廃位は典型だが，1990 年代の円高は，日本製造業
の基礎を犯し，日本は不況に悩んだ。2008 年の世界金融危機は米国発であっ
たにも拘わらず，世界が経験したのはドル不足である。その後の推移は，欧州
の金融危機を深め，ドルに代わる通貨として，予想されたユーロが，その国際
通貨としての機能不全を暴露した。現在も欧州の金融機関の脆弱性が懸念され
ている（坂本 2015）。

### 4-4　世界を覆うドル決済システム

　表 5-6 は，国際決済銀行（BIS）が 3 年に一度行う世界における通貨別外国
為替取引の推移で，最新は 2019 年 4 月の実績である。一日の外国為替取引は
6 兆 5 千 900 億ドルで，年間にすると 2405 兆ドルの巨額になる。世界の GDP
の 90 兆ドル，世界輸出の年額 20 兆ドルに比べると，外国為替取引の巨大さが
理解される。その巨大な取引を通貨別にみると，米ドルが 88％ であるのに対
し，ユーロは 31 − 2％ に比重を落とし，円とポンドは 2 割〜1 割を変動してい
る。人民元は SDR 通貨ではあるが，4％ とカナダドル，豪州ドル，スイスフ
ランの後塵を拝して 8 位である。

　世界の外国為替取引の 88％ という地位はほとんどすべての為替取引にドル
が絡んでいることを示す。ユーロや円，ポンドは自国や地域の取引に偏在して
いるのに対し，ドルは世界の取引に関係し，米国に関係のない，第 3 国間の取
引も広くカバーする状況である。円と人民元の取引は，直接に行われるのは少
ないため，円・ドル取引とドル・元取引がドルを仲介して行われる。これはド

表 5-6　2019 年 4 月通貨別外国為替取引額

（単位：%，10 億ドル）

| | 2001 | 2004 | 2007 | 2010 | 2013 | 2016 | 2019 |
|---|---|---|---|---|---|---|---|
| 取引総額 | 1.239 | 1.934 | 3.324 | 3.981 | 5.357 | 5.066 | 6.500 |
| ドル | 89.9 | 88.0 | 85.6 | 84.9 | 87.0 | 87.6 | 88 |
| ユーロ | 37.9 | 37.4 | 37.0 | 39.1 | 33.4 | 31.3 | 32 |
| 円 23.5 | 20.8 | 17.2 | | 19.0 | 23.0 | 21.6 | 17 |
| ポンド | 13.0 | 16.5 | 14.9 | 12.9 | 11.8 | 12.8 | 13 |
| 人民元 | − | 0.1 | 0.5 | 0.3 | 2.2 | 4.0 | 4 |
| 取引額全体 | 200 | 200 | 200 | 200 | 200 | 200 | 200 |

（出所）BIS,Triennial Central Bank Survey : Foreign Exchange Turnover in April 2019 & Sept 2019

ルとの取引が大量のため，その手数料が低いためでもある。しかし，世界の為替取引の 9 割がドルに関連するのは，米国のドル政策のためでもある（坂本 2019）。

### 4-5　ドル決済を支配する CHIPS と Fedwire

　米国には，ドルの決済システムとしては，米国の連邦準備銀行が運営する Fedwire（即時グロス決済資金移動システム）と民間の大口資金移動向けの CHIPS（クリアリングハウス銀行間支払いシステム）があるが，世界のドル取引は，最終的にはこの両者で決済される。

　Fedwire は，加盟銀行（9300 行）で各連銀の当座預金との取引になり，主に，国内決済に使用されるが，CHIPS の多くの銀行も加盟しており，国際取引も行われる。

　CHIPS（Clearing House Interbank Payments System）は民間組織で，加盟銀行は 50 行に満たないが，世界の大銀行がニューヨークに支店も持ち，決済に直接参加する。非参加者は，CHIPS 加盟銀行に口座を開設し，間接的にコルレス決済で対応する。CHIPS はネットの決済システムだが，米国における国際ドル決済の過半を占めている。

　以上と並んで，ベルギーに本拠を置く，SWFT（Society for Worldwide interbank Financial Telecommunication）は，国際銀行間金融・通信協会と訳されるが，為替業務を営む世界の銀行のほとんどが加盟している。専用通信回線をコンピュー

터でつなぎ，世界の銀行間の送金や信用状取引を確認するネットワークをも
つ。SWIFT は決済システムではないが，そのインフラとしての金融取引情報
のネットワークである。

　以上のように，ドルに関する決済は，上記 CHIPS か Fedwire で行われるが，
SWIFT の情報も米国に伝わる。米財務省，連邦準備はこれら諸機関の情報を
把握し，ドル決済への介入をはじめ，種々の対応手段を持っている。ファー
ウェイ副社長の逮捕に関連したイラン取引への関与も SWIFT 情報からといわ
れる[10]。

### 4-6　米国の金融制裁の可能性

　（1）米国は，これまでも金融制裁を行ってきた。北朝鮮による資金洗浄に関
与しているとして，2005 年，マカオにあるバンコデルタをドル決済システム
から締め出す制裁を行い，同行は存亡の危機に陥った。現在もイランに対して
は金融制裁の他，原油取引への制限を行っているが，ロシヤに対しても，資産
の一部凍結，融資制限，エネルギー開発技術輸出禁止などを行っている。更
に，財務省外国資産管理室の特別指定リストに掲載されれば，個別の金融制裁
の対象となる。中国中央軍事委員会装備発展部及びその部長個人は対象であ
る。

　渡邊哲也は，米国は 2019 年 5 月，国際緊急経済権限法 IEEPA（International Emer-
gency Economic Power Act）を発動し，政権諸機関は制裁措置の実施を検討してい
るとする（渡邊 2019）。IEEPA は安全保障・外交政策・経済への重要な脅威に
対し，金融制裁で対応するというもので，外国人の資産没収，通貨，貿易取引
の規制ができるというものであり，上記のドル決済システムからの除外は当然
含まれる。当然，中国がその主な対象であり，為替操作国指定が常に検討され
ている。

---

10)　CHIPS 加盟には 1998 年までは，ニューヨークでの支店所有が必須条件だった。2009
　　年加盟 47 行中，日本は三菱 UFG，三菱信託，みずほ，三井住友の 4 行が加盟

（2）金融制裁の有効性と副作用

　経済制裁としては，対中関税賦課は相手国の輸出を阻害するが，米国の物価
も引き上げる。中国が報復すれば，米国も被害を受ける。日本，欧州など第 3
国が漁夫の利を占める可能性があり，これを防止するには多国間で行うことが
必要だが，多国間の合意は時間を要し，しかも容易でない。これに対し，金融
制裁の効果は直接的であり，有効であり，米国単独でできる。特に，ドル決済
からの締め出しは極めて効果的であり，中国の主要銀行の一つへの制裁は甚大
な効果があると思うが，なぜ，すぐ行わないかというと，副作用も大きいため
である。

　第一に，中国金融機関の一つの倒産でもその影響は他の金融機関に波及し，
中国経済全般に及ぶ。第二に，中国金融機関の倒産は，米国に跳ね返る。米国
金融機関の貸し付けが焦げ付くほか，中国進出の米企業を打撃し，米国の株価
に悪影響する。要するに，中国の米国・世界と相互依存が大きすぎるというこ
とである。現行の制裁はイランやロシヤなど隔離された国・部門に行われてい
る。第 3 に，ドル決済からの締め出しは，短期的には有効だが，中長期的に
は，ドル体制への批判を高める。特に，フランスなど，欧州諸国には，ドル体
制への批判が依然根強い。

　トランプ大統領は関税戦争以来，米国と中国の隔離を進めてきたが，関税賦
課も，米国経済への悪影響を最小限にしながら，2018 年から 2 年をかけて
行ってきたともいえる。大統領は米国企業に中国から離れろといい続けるが，
金融制裁も，米国との分離が十分進んで米国への被害が少ない状況を待ってい
るともいえる。また，正当な理由が必要である。


5．中国とドル体制


**5-1　弱体化した中国の国際収支**

　中国の戦後の成功の大きな原因はドル体制を徹底的に，利用したことであ
る。中国は人民元レートを，2004 年まで 1 $ ＝ 8.277 元と廉価に設定し，その
後も，為替介入により，レートの切り上げを，緩慢にした。大幅な経常黒字と

表 5-7　中国の国際収支と外貨準備

(単位：10 億ドル)

| | 経常収支 A | 外貨準備 | 外貨準備増 B | 資本流入 B－A | 対ドルレート | 対外純債権 | 上海総合指数 |
|---|---|---|---|---|---|---|---|
| 01 | 17 | 212 | 46 | 29 | 8.277 | | 2.051 |
| 04 | 69 | 609 | 228 | 159 | 8.277 | | 1.559 |
| 07 | 353 | 1.528 | 462 | 109 | 7.608 | 1,188 | 4.427 |
| 08 | 421 | 1.946 | 418 | －3 | 6.949 | 1.494 | 5.261 |
| 09 | 243 | 2.399 | 454 | 211 | 6.831 | 1.491 | 1.820 |
| 10 | 238 | 2.847 | 448 | 210 | 6.770 | 1.688 | 3.277 |
| 11 | 136 | 3.181 | 334 | 198 | 6.462 | 1.688 | 2.808 |
| 12 | 215 | 3.311 | 130 | －85 | 6.312 | 1.865 | 2.199 |
| 13 | 148 | 3.821 | 510 | 362 | 6.196 | 2.106 | 2.269 |
| 14 | 236 | 3.843 | 22 | －214 | 6.143 | 1.603 | 2.115 |
| 15 | 304 | 3.330 | －513 | －817 | 6.228 | 1.673 | 3.234 |
| 16 | 202 | 3.011 | －319 | －515 | 6.645 | 1.950 | 3.539 |
| 17 | 165 | 3.140 | ＋129 | －36 | 6.759 | 2.100 | 3.103 |
| 18 | 49 | 3.073 | －67 | －116 | 6.863 | 2.146 | 2.557 |
| 19 | 82 | 3.108 | ＋35 | －36 | 6.976 | 2.240 | 3.050 |
| 20.I | －30 | 3.061 | －47 | －17 | 7.085 | | 2.750 |

(出所) 中国人民銀行, 内閣府資料より筆者作成。
(注 1) 表 5-7 の B－A は資本の流出を示す。
(注 2) 2020 年 4 月 2 日の人民元は 7.077。株価は 2.750。

　多量の資本流入が，2014 年まで続き，4 兆ドルの外貨準備を実現した。その巨額な外貨準備を背景に，2015 年，AIIB を設立し，人民元の SDR 通貨を実現した。しかし，2015，6 年は大幅な資本流出により，外貨準備は 3 兆ドルに急減した。

　国際収支の現状は，経常収支黒字は，かつての 3 千億ドルを超える勢いはない。2018 年は 490 億ドル，2019 年には 820 億ドルだが，厳重な資本取引規制に拘わらず，現在も資本流出は続いている。2016 年末 3 兆ドルに下落した外貨準備は以後横ばいの状況にある。更に，その外貨準備の内容だが，中国が持つ米公債 1 兆ドル余の流動性は確かだが，その他はどのくらい流動性の高い資産かは不明である。更に，短期債務は増大しており，償還に追われている。中国の人民元は 2019 年 8 月以降，1 ドル 7 元を上下する。これは，輸出にとっては好都合だが，債務の返済，資本流出抑制には不都合である。このような状況の中国にとって，海外での証券市場での資金獲得，或いは外国基金の中国投

資は歓迎するところであり，中国政府は外資の流入育成に政策を変換している。しかし，米当局が検討し，議会が進めている，中国企業の米国証券市場からの疎外，米国資金の中国への投資制約は打撃となる。

## 5-2　中国の懸念

李暁吉林大学経済学院院長は「ドル体制の金融ロジックと権力―中米貿易摩擦の通貨金融面の背景と中國の思考」において，ドル体制から見ると，巨額のドル債務に拘わらず，「ドルの衰退」あるいは「米国の衰退」はみられない。その権力の典型として，米国は SWIFT と CHIPS のネットワークを利用して，世界の金融情報を把握し，的確な金融制裁手段を行使する。中国が両システムの利用を否定されると世界の金融市場から疎外され，対抗できない。ドル体制は今後も続くが，中国はこの体制内にいることをよく認識しつつ，人民元の国際化や，日本との通貨面の協調を図るべきとする（李，2019）。

また，余永定元中国人民銀行金融政策審議委員も「米中，次なる懸念は金融戦争」で，米国裁判所は，6 月，中国大手 3 銀行に法廷侮辱罪として罰金を科しているが，SWIFT や，CHIPS のサービスの使用権を奪われれば，ほとんどの企業が生存できない。金融制裁に打つ手なしとする（余，2019）。更に，Julian Gewirtz は「中国の識者は米国との金融戦争に備えている」とし，中国の楼継緯元財務部長，周小川元人民銀行総裁等の意見を紹介し，中国側は対抗手段として，SWIFT に代わる国際決済システムの創設を模索するが，対応は容易でないとする（Julian, 2019）。

## 5-3　中国の対応―デジタル人民元の波紋

中国は，金融上の脆弱性を克服するため，人民元の国際化を進めてきた。貿易決済での人民元建てがその一つであり，2015 年の人民元 SDR 通貨入りや AIIB の創設，各国中央銀行とのスワップ協定もその流れである。2015 年に設立された国際銀行間決済システム（CIPS）は人民元建ての国際決済を促進するため設立された。中国版 SWIFT といえるが，一部決済機能を備え，2018 年の

決済額は 26 兆元に上る。取引国はロシヤ，トルコなど米国の金融制裁を受けている国や中国の影響力の強いアフリカ諸国が中心である。但し，中国の輸出の人民元建ては，2015 年約 3 割だったが，今や 1 割 5 分と停滞している。

　このような状況での最近の注目は，デジタル人民元の波紋である。習総書記は 2019 年の 4 中全会でブロックチェーン技術の重要性を説いたが，中国人民銀行は近い将来のデジタル人民元の導入を公表している。デジタル人民元の詳細は明らかでないが，国内では，人民銀行が国民の使用状況を把握し，一層の監視社会になる可能性があるものの，2015 年にみたような大量の外貨の国外流出を避ける効果はありそうである。国際的には，国際送金は迅速になり，しかも，SWIFT や CHIPS の監視から逃れることができる。上記に述べたように，中国は ICPS の SWIFT に代わる決済機構を推進しているが，デジタル人民元の流通は，その効果をさらに進めよう。ロシヤや，中国や中国の影響力の及ぶ一帯一路国，キャッシュレスの途上国では，人民元の使用はある程度可能になろう。

　しかし，資本規制の続く限り，人民元の国際通貨での使用は限定的と思われる。ドルが歓迎されるのは，準備通貨としてのドルは米国公債や企業の株式，社債に投資され，いつでも換金できるためであり，資本規制が続き，監視力を強めるデジタル人民元には大きな制約となろう。一帯一路国でも，中国の借款はドル決済である[11]。

　デジタル人民元構想は，しかし，各国中央銀行に大きな波紋を与えている。かねてからビットコインは暗号通貨として登場したが，2019 年 6 月 Facebook が，主要金融カード会社，情報提供企業の参加するリブラを国際通貨として提案し，関心を集めた。米国連邦準備（FRB）はリブラ構想を認めなかったが，各国中銀は，リブラ，デジタル人民元構想に刺激を受け，欧州主要銀行と日銀は共同研究に踏み切った。欧州金融機関が SWIFT や CHIPS に代わる決済制度の導入に関心を示すとは思われないが，欧州諸国にはトランプ大統領の米国第

---

11)　中国のドル建借款は，元本回収の他，利子を獲得する中国の外貨対策でもある。

一主義の反発がある。各国中央銀行のデジタル通貨が，ドル体制の基本に影響するとは思わないが，現在猖獗の新型肺炎パンデミックを契機とする世界の通貨体制への影響が注目される。

## 6. 新型肺炎パンデミックの世界パワーバランスへの衝撃

### 6-1　パンデミックの深刻な打撃——人-人感染

　本年1-2月，中国で猖獗した新型コロナウイルスは，3月，欧州，更に，米国で暴発し，パンデミックとなったが，その後，世界に拡大している。7月10日現在，世界のパンデミック感染者は1200万人を超え，死者は55万人となった。感染者は，米国306万人，ブラジル170万人，インド77万人，ロシア70万人だが，英国，スペイン，イタリアも20万人台で中国の8.5万人を遥かに超える。この人-人感染力の高い，姿なきウイルスへの恐怖は，各地で医療崩壊を起こしたが，人-人感染防止のため，多くの国で国境閉鎖とともに，国内での人の移動制限，集会やイベントの禁止などの強い措置をとっている。社会隔離は，短期でも，社会生活を制約し，観光，航空，各種娯楽，飲食などの活動を委縮させ，企業活動に死活の影響を与え，多くの失業者を生んでいるが，長期の打撃は深刻である。

### 6-2　中国・強権隔離と早期収束の優位

　習政権は，1月23日，人口1千万人の武漢市を含む湖北省を強制隔離し，死者は3千人を超えたが，3月に入り，制御の成功を宣言した。独裁政権にして可能な強権隔離と国土全体に巡らしたIT監視体制は，人-人感染のウイルス抑制に効果的だったが，中国は更に，早期感染，早期収束の優位を活用し，危機を機会に変えている。中国は8万人超の感染者の病状をAI分析・蓄積し，先端医療情報のカードを持った。また，早期収束が医療体制の余裕を生み，イタリアやスペインなどに，器材提供など医療援助を行い，国際的影響力を高めている。中国経済も，大きな打撃を受けたが，早期収束の利益に，中国政府は生産回復，職場復帰を促進している。上述の先端医療，IT技術，インフラ投

資などが経済を活性化し，外資も中国の早期収束と海外の混迷から，海外移転を中止する。

### 6-3 感染爆発と株価不安定の米国

米国は，当初大統領予備選の中，対応が遅れた観がある。3月中旬以来の感染爆発は，世界最大の感染者を生んでいる。トランプ政権は国家非常事態を宣言し，入国制限を強化し，米国人の渡航中止を勧告し，国防生産法による医療機器の生産，2兆ドル予算による個人支援の現金給付や航空会社援助を行う。連邦準備はゼロ金利に踏み切り，各種債券の多額の買い支えを行っている。また，ニューヨーク，カリフォルニア，イリノイ州などが外出制限，集会・外食禁止を宣言し，病院船まで動員し，医療体制の強化を目指しているが，急激に増え続ける感染者に悪戦苦闘の状況である。株式市場は乱高下の状況で，失業者も急増。但し，米国の異業種の企業が医療器具の増産に乗り出すなど，総力戦の標語も出る。このような状況で，国際金融市場では，むしろ，ドル不足で，FRBへスワップの要請が続く。

### 6-4 ウイルスが悪化させる米中関係

新型肺炎パンデミックは，米国，欧州や日本にも大きな被害を与えているが，多くの途上国への被害も大きい。このような中で，中国が強権体制と早期収束の利を活用し，ウイルス対策でも，経済対策でも先手を取り，国際影響力を高めている。しかし，習政権の初動の遅れや医療情報の不透明さが，世界にパンデミックを齎したことは明瞭である。また，WHO事務局長の行動も，中国の影響の下，事態を悪化させたのではないかとの疑惑がでる。このパンデミックが，中国の世界への大きな負債であることは明らかであるが，中国はこの負債を認めない。習政権は，むしろ，中国は大都市武漢を隔離する犠牲を払い，世界へのウイルス感染を遅らせた，世界でのウイルス拡大は中国の責めでないと主張する。さらに，最近，中国外務省報道官が，武漢のウイルス発生は米陸軍が持ち込んだとまで発言する高姿勢である。

　米国の反中感情はウイルス感染暴発の中，高まっているが，中国外務省報道官の戦狼外交的発言は，これを憎悪にまで強めている観がある。とりあえず，1 月成立した米中貿易合意の米国からの輸入を 2 千億ドル増やす条項や 5 G を巡る争いが高まると思うが，中国が欧州等で影響力を高めるにつれて，米中対立は深まろう。中国への金融制裁は，ファーウェイなどへの個別制裁で始まろうが，台湾問題や南シナ海での偶発的衝突すら危惧される状況がある[12]。

　更に，問題視されるのは，中国政府が 6 月 30 日より施行の「香港国家安全維持法」の影響である。同法は，中国中央政府が香港の国家安全に根本的な責任を負うとしたが，これまで認められてきた一国二制度による香港の自治を否定する内容である。「国家分裂，国家転覆，テロ活動，外国の介入」を処罰の対象とし，司法，検察とも，香港の中央政府化が進むだけでなく，海外での中国批判も処罰の対象となる。

　以上に対し，英国をはじめ，国際的批判が強いが，特に米国は，1984 年の香港基本法で，一国二制度を前提に，香港に認めた幾つかの優遇措置を廃止することを表明したが，米議会の強硬派は，香港への最恵国待遇の取り消し，米金融市場からの除外などの金融制裁を主張している。香港問題を契機に，米中関係は更に悪化することになろう。

## 参 考 文 献

Bergsten, C. Fred (1975) The Dilemma of the Dollar New York University Press.

Gewirtz Julian (2019) Look out : Some Chinese Thinkers are Girding for a "Financial War" Politico December 17,2019.

Gilpin Robert (1975) U.S. Power and Multinational Corporation Basic Book.

Segal Stephanie (2019) "Break-through or Break-up? U.S.-China Negotiations and the Financial Account" CSIS Commentary October 2019.

アリソン・グレアム（2017）『米中戦争前夜』藤原朝子訳：ダイヤモンド社。

安全保障貿易情報センター（2018）CISTEC Journal 139「米国からの制裁・規制リ

---

12)　米国は 2020 年 3 月，台湾の国際的地位を高める「台湾同盟保護イニシアチブ法（台北法）」を成立させたが，ポンペオ国務長官は台湾の WHO 総会参加を支持するとした。米国防長官は，米国空母のコロナ感染に関連し，米軍の混乱に対し，中国が冒険的行動に及ばないよう，警戒を呼び掛けている。

スクに関する留意点（まとめ）2018 年 11 月号。

キンドルバーガー，C.P.チャールズ著石垣明彦・木村一郎訳（1982）『大不況の世界 1929–39』東京大学出版会。

坂本正弘（1986）『パックス・アメリカーナの国際システム』有斐閣。

―（2001）『パックス・アメリカーナと日本』中央大学出版部。

―（2015）「国際金融危機とドル本位制」中央大学『経済学論纂第 55 巻第 5・6 合併号』2016 年 3 月。

―（2018）「米中通商交渉はどうなるか」総合社会研究所『インテリゲンスレポート』2018 年 10 月号。

―（2019）「先端技術覇権をめぐる米中闘争」外国為替貿易研究会『国際金融 1316』2019 年 1 月号。

―（2019）「米中対立とドルの力」外国為替貿易研究会『国際金融 1326』2019 年 11 月号。

―（2020）「新型肺炎・パンデミックと世界のパワーバランス」外国為替貿易研究会『国際金融 1331』2020 年 4 月号。

中島眞志（2017）『SWIFT のすべて』東洋経済新報社。

中條誠一（2019）『ドル・人民元・リブラ』新潮新書：新潮社。

ナヴァロ，ピーター（2016）『米中もし戦わば』赤根洋子訳（株）文芸春秋。

西村閑也（1980）『国際金本位制とロンドン金融市場』法政大学出版局。

李暁　吉林大学経済学院院長（2019）「ドル体制の金融ロジックと権力」外国為替貿易研究会『国際金融 1322』2019 年 7 月号。

余永定（2019）日経『世界鳥瞰』2019 年 7 月 29 号。

渡邊哲也（2019）『中国大崩壊入門』徳間書房。

第　6　章

# 米国による対イラン経済制裁の経済的影響

谷　口　洋　志

## 1.　はじめに

2017 年 1 月 20 日に発足した米国のトランプ政権は，米国と米国民の利益を前面に出して各国と交渉してきた。その強硬な姿勢は，貿易相手国だけでなく，軍事的敵対国にも向けられてきた。その典型がイランに対する経済制裁である。米国とイランの関係は単純な二国間関係ではなく，主として米国・イスラエル・サウジアラビアとイランの関係であり，その敵対関係は，イラン国内よりも，イラクやシリアを舞台としている。こうした国際情勢や地政学的問題はそれ自体重要なテーマであるが，以下では，米国による対イラン経済制裁に焦点を当てる。

米国トランプ政権による執拗なまでの対イラン制裁をみると，米国とイランの間における異常な敵対関係ばかりがクローズアップされるが，ここでは以下の 2 点に注意する必要がある。第 1 は，米国による対イラン制裁はトランプ政権が最初に始めたことではなく，1979 年以来続いていることである。第 2 は，米国による制裁措置は，イラン以外にも多数の国に向けられていることである。

国務省の経済制裁政策・実施局（the Office of Economic Sanctions Policy and Imple-mentation）のウェブサイト「経済制裁プログラム（https : //www.state.gov/economic-sanctions-programs/）」には，20項目の制裁が掲載されており，アジアではビルマ（ミャンマー）と北朝鮮，中東ではイランとシリア，アフリカではブルンジ，中央アフリカ，コンゴ民主共和国，南スーダン，スーダンやジンバブエ，中南米ではキューバ，ニカラグアやヴェネズエラ，欧州ではロシア（ウクライナのクリミア地域侵攻に対して）が制裁対象となっている[1]。

　このうち，トランプ政権になってから開始された制裁対象はマリとニカラグアだけである。マリに対する制裁は，国連安保理決議と歩調を合わせたものであり，日本も制裁に加わっている。また，ニカラグアに対する制裁は，1980年代のレーガン政権時代にも発動されたことがあった。したがって，トランプ政権が外国に対する制裁を従来の政権以上に発動しているというわけではない。とはいえ，以下で説明するように，米国の対イラン経済制裁の目的はイランの政体破壊を狙ったもので，その影響はイランだけでなく，イランと強い取引関係にある諸外国にも及ぶのである。

　本章の構成は以下のとおりである。第2節では，米国の歴代政権の対イラン経済制裁について，その経過，意図・目的，制裁内容について整理する。そのうえで，オバマ政権とトランプ政権の対イラン経済制裁の比較を行う。第3節では，経済制裁によってイラン経済がどのような影響を受けてきたかをマクロ経済の指標に基づいて整理する。第4節では，イランの対外経済関係を取り上げ，米国の経済制裁に伴って生じている対外経済関係の変化について論じる。第5節では，米国による対イラン経済制裁が政治体制の転換よりも，国民生活の破壊をもたらしたことを論じる。

　経済制裁は，その対象国が諸外国と経済取引をすることを徹底的に封じ込める政策であり，一国経済を閉鎖経済に追いやる政策である。この意味で，経済制裁は，保護貿易とは違う意味で自由貿易とは対極にある政策である。トランプ政権の「アメリカ第一」政策のもとで自由貿易体制が動揺している現在，経済制裁の問題を検討することで改めて閉鎖経済の問題点と危険性が明らかとな

---

1)　日本も10か国以上に対して制裁措置を講じており，その多くは国連の安全保障理事会決議に基づくものである。

る。

## 2. 米国の対イラン経済制裁

### 2-1　イラン制裁法

　本節では，米国の歴代政権の対イラン経済制裁について，その経過，意図・目的，制裁内容について整理する。そのうえで，オバマ政権とトランプ政権の対イラン経済制裁の比較を行う。

　米国は，1979 年のイラン・テヘランにおける米国大使館人質事件以来，イランに対して制裁を科してきた。経済制裁の実施は主に国務省と財務省が担ってきた。このうち国務省経済制裁政策・実施局は，「特定活動や特定国が引き起こす国家安全保障への脅威に対抗すべく採択された外交政策関連の制裁を開発・実施する責任を負っている」[2]。また，財務省外国資産管理局（Office of Foreign Asset Control）は，「対象となる国・政権，テロリスト，国際麻薬密売人，大量破壊兵器拡散に関わる活動従事者やその他米国の国家安全保障・外交政策・経済への脅威に対して，米国の外交政策と国家安全保障目標に基づく経済・通商制裁を管理・執行する」[3]。

　米国による対イラン経済制裁は，表 6-1 に示されるように，民主党政権のクリントン大統領やオバマ大統領時代に盛んに発動された。対イラン経済制裁の理由は，例えば，クリントン大統領時代の 1995 年に発表された大統領令 12957 号では，「イラン政府の活動と政策が米国の安全保障，外交政策，経済に対して異常な脅威を与えることが発見されたことにより，その脅威に対処する国家緊急事態を宣言する」として，「イランでの石油資源開発に関わる米国民の契約・資金供与・保証を禁止」した。

　1996 年 8 月制定の「1996 年イラン・リビア制裁法（ILSA）」では，「イラン

---

2)　ウェブサイト（https : //www.state.gov/economic-sanctions-policy-and-implementation/）での説明。

3)　ウェブサイト（https : //www.treasury.gov/about/organizational-structure/offices/Pages/Office-of-Foreign-Assets-Control.aspx）での説明。

表 6-1 トランプ政権以前の対イラン経済制裁

---

1995 年 3 月 15 日，（クリントン大統領）大統領令 12957 号
　イランの石油資源開発に関する若干の取引の禁止。イラン政府の活動と政策が米国の安全保障，外交政策，経済に対して異常な脅威を与えることが発見されたことにより，イランでの石油資源開発に関わる米国民の契約・資金供与・保証を禁止。

---

1996 年イラン・リビア制裁法（H.R.3107），2006 年以降はイラン制裁法（ISA）
　イラン政府による大量破壊兵器の取得と国際テロ活動支援への使用が米国の安全保障と外交政策利益に脅威を及ぼすことから，制裁対象者に対する輸出入銀行による輸出支援，商品・技術の輸出，米国金融機関の融資，制裁対象者による金融活動や調達を禁止。

---

2005 年 6 月，（ブッシュ大統領）大統領令 13382 号
　大量破壊兵器の拡散者・支援者の資産をブロック。

---

2010 年 7 月，2010 年包括的イラン制裁・説明責任・投資撤収法（CISADA）
　新型武器・弾道ミサイル開発や国際テロ支援に関連したイラン政府の不正な核兵器活動が米国・イスラエル・同盟国の安全保障に脅威を及ぼすことから，1996 年イラン制裁法に規定された制裁を拡大し，イラン原産の商品・サービスの輸入および商品・サービス・技術の輸出を禁止。

---

2011 年 11 月 20 日，（オバマ大統領）大統領令 13590 号
　イランのエネルギー・石油化学部門への商品・サービス・技術・支援の提供に関する若干の制裁。1995 年大統領令 12957 号に明記された国家緊急事態に関わる追加的措置。

---

2012 年 8 月，2012 年イラン脅威削減・シリア人権法（ITRSHA）
　イランに対する多国間制裁体制の拡大，イランのエネルギー部門とイランによる大量破壊兵器拡大に関わる制裁の拡大，イランの革命防衛隊に関する制裁，イランにおける人権濫用に関わる措置を規定。

---

2012 年度国防授権法（H.R.1540）1245 項
　イランの金融部門に関する政策を規定。イラン中央銀行を含むイランの銀行部門がテロ資金融資やマネーロンダリングに関与しているとの疑いから，イランの金融部門をマネーロンダリングの懸念がある金融機関として指定し，米国国内の資産の凍結を行うとともに，イラン中央銀行およびその他金融機関に対し，米国国内での口座開設を禁止し，口座の維持を禁止または厳格な条件を課す。

---

2012 年 4 月 23 日，（オバマ大統領）大統領令 13606 号
　IT を利用したイラン・シリア政府の重大な人権濫用に関する特定個人の入国保留と財産ブロック。

---

2012 年 5 月 1 日，（オバマ大統領）大統領令 13608 号
　イラン・シリアに関する制裁回避者による米国へ入国の保留および若干の取引の禁止。

---

2012 年 7 月 30 日，（オバマ大統領）大統領令 13622 号
　1995 年大統領令 12957 号に明記された国家緊急事態に関わる追加的制裁措置。

（表 6-1 つづき）

---

2012 年 10 月 9 日，（オバマ大統領）大統領令 13628 号
　2012 年イラン脅威削減・シリア人権法に規定された制裁とイランに関する追加的
制裁措置。

---

2013 年国防授権法，副題 D：イラン制裁
　人権侵害を含むイラン政府の不安定化活動が米国の利益と国際平和に脅威を及ぼ
すことから，イラン政府の人権抑圧を否定し，国民の権利確立を支援し，国際衛星
放送信号に対する妨害を阻止するとともに，イラン政府の核兵器拡大活動に関係す
るエネルギー・輸送・造船部門の法人資産をブロックする。

---

2013 年 6 月 3 日，（オバマ大統領）大統領令 13645 号
　2012 年イラン自由・核拡散防止法に規定された制裁とイランに関する追加的制裁
措置の実施。

---

2015 年 7 月 14 日，イラン核合意（JCPOA, the Joint Comprehensive Plan of Action）
　イランと 6 か国（欧米中露）＋EU の間で，イランの核開発制限の見返りに欧米の
対イラン制裁を段階的に緩和。

---

2016 年 1 月 16 日，（オバマ大統領）大統領令 13716 号
　イランに関連する大統領令 13574 号，13590 号，13622 号，13645 号の廃止と，イ
ランに関連する大統領令 13628 号の修正。

---

（出所）U.S. Department of State, Economic Sanctions Policy and Implementation, "Iran Sanctions,"（https：
//www.state.gov/iran-sanctions/）および U.S. Department of Treasury, "Resource Center,（https：//
www.treasury.gov/resource－center/sanctions/Programs/Pages/jpoa_archive.aspx）より作成。

政府による大量破壊兵器の取得とその国際テロ活動支援への使用が，米国およ
び米国と共通の戦略・外交政策目的を共有する諸国の安全保障と外交政策利益
に脅威を及ぼす」，「既存の多国間・二国間構想を通じて大量破壊兵器拡散と国
際テロ活動を阻止するという目的は，核・化学・生物・ミサイル兵器プログラ
ムを持続するためのイランの資金調達手段を拒絶する追加措置を必要とす
る」，「イラン政府は，国際テロ活動を促進し，自国の核・化学・生物・ミサイ
ル兵器プログラムを支援するために，その外交機関や国外の準政府機関を利用
している」として，「制裁対象者に対する輸出入銀行による輸出支援，商品・
技術の輸出，米国金融機関の融資，制裁対象者による金融活動や調達を禁止」
することを規定している。
　1996 年イラン・リビア制裁法は，その後，5 年ごと（2001 年，2006 年，2011
年，2016 年）に延長されることとなった。2006 年にリビアに対する制裁が廃止

されたことに伴って 2006 年以降は「イラン制裁法（Iran Sanctions Act, ISA）」と呼ばれるようになった（Katzman, 2007, p.1）。ILSA と ISA では，イラン以外の第三国企業にも対イラン制裁措置が拡大適用される（松永，2020，3 ページおよび Congressional Research Service, 2020, p. 20）。ISA は，2016 年 12 月の最新決定では，2026 年 12 月末まで延長されることとなった（Congressional Research Service, 2020, p. 20）。なお，イラン制裁法は，オバマ政権のもとで成立した 2015 年 7 月の「イラン核合意」の対象外とされている（松永，2018，6 ページ）。

　ISA が既定する制裁をさらに拡大するための関連法として，2010 年 7 月には「2010 年包括的イラン制裁・説明責任・投資撤収法（CISADA）」が，2012 年 8 月には「2012 年イラン脅威削減・シリア人権法（ITRSHA）」が成立している。CISADA は，新型武器・弾道ミサイル開発や国際テロ支援に関連したイラン政府の不正な核兵器活動が米国・イスラエル・同盟国の安全保障に脅威を及ぼすという理由で，ISA に規定された制裁を拡大し，イラン原産の商品・サービスの輸入および商品・サービス・技術の輸出を禁止するものである。また，ITRSHA は，イランに対する多国間制裁体制の拡大，イランのエネルギー部門とイランによる大量破壊兵器拡大に関わる制裁の拡大，イランの革命防衛隊に関する制裁，イランにおける人権濫用に関わる措置を規定したものである。

　このように，トランプ政権以前の，主に ISA をベースに CISADA と ITRSHA によって拡大された対イラン制裁は，イランの石油・ガス部門や大量破壊兵器・通常兵器の取引に関わる活動を主に制裁の対象としている。これら以外にも，イランで人権濫用・人権侵害に関わる当事者，テロ資金融資やマネーロンダリングに関わる活動を制裁対象としている。

### 2-2　イラン核合意・離脱と対イラン制裁強化

　2015 年 7 月 14 日，オバマ前政権のもとで，イランと 6 か国（欧米中露）の間で，イランの核開発制限の見返りに欧米の対イラン制裁緩和を行う「イラン核合意（the Joint Comprehensive Plan of Action, JCPOA）」が成立し，2016 年 1 月 16 日に履行された[4]。

　イランと米国との核交渉は，2013 年 8 月のイランでの穏健派政権誕生以降に開始され，2013 年 11 月には「共同行動計画（Joint Plan of Action, JPA）」が発表されている（貫井，2016 b，86–87 ページ）。JPA は，2014 年 1 月 20 日から 2016 年 1 月 16 日までの中間的な核交渉である。JPA では，イラン産石油輸入制限が緩和され，大統領令 13382 号，13622 号，13645 号に規定された石油化学・金貴金属・航空機部品等に関する通商規制措置が一時停止された。

　JCPOA で緩和された米国の措置の対象は，イランの石油開発，外国によるイランへのガソリン販売，イランのエネルギー部門への外国投資，金融部門・自動車部門への制裁，通貨リアルの取引などである。しかし，トランプ政権が 2018 年 8 月 6 日に対イラン制裁復活を内容とする大統領令 13846 号を発表し，同年 8 月 7 日と 11 月 5 日の 2 回にわたる対イラン経済制裁を実施したことによって，JCPOA のもとで実現した緩和措置はすべて停止され，元に戻ってしまった（Congressional Research Service, 2020, p. 47 および表 6-2 を参照）。

　JCPOA からの離脱決定は，JCPOA が「恐るべき一方的な取引であり，イランの核開発経路を完全に遮断するという目的が達成できず，殺人的な独裁体制に資金を与える」（2018 年 8 月 6 日声明[5]）と考えたからであり，「核兵器開発の脅威に加え，弾道ミサイル計画の脅威，世界でのテロ活動，中東を含む広範囲での威嚇的活動を挙げ，イランの外交的，経済的孤立を目指すとした」（2018 年 5 月 8 日声明[6]）。また，対イラン制裁復活を発表した 2018 年 8 月 6 日の大統領令 13846 号では，イランのミサイル拡散・開発，非対称通常兵器能力，地域侵略軍事行動，テロ組織への支援，イスラム革命防衛隊の有害な活動などのイランがもたらすあらゆる脅威に対して包括的で持続的な解決を図るためにイラン体制への経済的締め付けを行うとした[7]。

---

4)　ICPOA の成立過程については，田中（2016）を参照。

5)　White House, "Statement from the President on the Reimposition of United States Sanctions with Respect to Iran," Aug. 6, 2018 (https://www.whitehouse.gov/briefings-statements/statement-president-reimposition-united-states-sanctions-respect-iran/)。

6)　White House, "On President Trump's Decision to Withdraw From the JCPOA," May 8, 2018 (https://www.state.gov/on-president-trumps-decision-to-withdraw-from-the-jcpoa/)。

表 6-2　　トランプ政権の対イラン経済制裁

| 2018 年 5 月 8 日 | トランプ大統領，イラン核合意からの離脱を表明。 |
|---|---|
| 8 月 6 日 | 大統領令 13846 号，対イラン制裁復活を発表。イランの自動車部門，金・非鉄金属貿易，イラン通貨リアルに関連する取引などを対象。 |
| 8 月 7 日 | 対イラン経済制裁第 1 弾実施。イラン政府による米国紙幣の購入・取得，イランの金・貴金属貿易，工業プロセスで使用されるグラファイト，アルミニウム，スチール，石炭，ソフトウェア，イラン通貨リアルに関わる取引，イランの国債発行に関連する活動，イランの自動車部門などを対象。 |
| 11 月 5 日 | 対イラン経済制裁第 2 弾実施（経済制裁の全面的完全実施）。イランの港湾業務とエネルギー・輸送・造船部門，イランの石油関連取引，外国金融機関によるイラン中央銀行との取引などを対象。 |
| 同 | イラン産原油輸入禁止の一時除外国・地域を発表。（中国，インド，イタリア，ギリシア，日本，韓国，台湾，トルコを対象。 |
| 11 月 20 日 | シリアへのイラン・ロシアの石油供給ネットワークに対する制裁措置。 |
| 2019 年 2 月 13 日 | イラン拠点の法人・個人を制裁対象に指定。 |
| 5 月 2 日 | イラン産原油輸入禁止の除外措置打ち切り。 |
| 5 月 8 日 | 大統領令 13871 号，イランの鉱業・金属部門に対する制裁措置。 |
| 6 月 24 日 | イランの最高指導者とイラン最高指導者事務所を制裁対象とする大統領令に署名。 |
| 7 月 19 日 | 核開発関連活動に従事するイラン企業に関係するイラン・ベルギー・中国の法人と個人を制裁対象に指定。 |
| 7 月 22 日 | イラン産石油の購入・取得に関与した中国系企業・CEO に対する制裁措置。 |
| 9 月 25 日 | イラン産石油の輸送に関与した中国系企業・CEO に対する制裁措置。 |
| 10 月 25 日 | イランとの人道的取引の透明性確保に関する新たな人道的メカニズムを発表。イラン中央銀行とイラン政府のテロ支援を制限。 |
| 2020 年 1 月 3 日 | 米軍の空爆により，イランのイスラム革命防衛隊ソレイマニ司令官を暗殺。 |
| 1 月 10 日 | 大統領令 13902 号，イラン高官，建設・鉱業・製造業（鉄鋼・アルミニウム・銅）・繊維部門に対する制裁措置。 |
| 1 月 23 日 | イランの国際石油化学・石油企業に対する追加制裁措置。 |
| 1 月 31 日 | イラン原子力庁とその長官を制裁対象に指定。 |
| 2 月 20 日 | イラン護憲評議会とその選挙監督委員会のメンバーを制裁対象に指定。 |
| 2 月 25 日 | イラン・北朝鮮・シリア拡散防止法（INKSNA）に関係する中国系企業・個人に対する制裁措置。 |
| 3 月 18 日 | イラン石油化学製品の取引・輸送に従事する企業に対する制裁措置。 |

（出所）U.S. Department of State, Economic Sanctions Policy and Implementation, "Iran Sanctions,"（https : //www.state.gov/iran-sanctions/）および Congressional Research Service（2020）より筆者作成。

　2018 年 8 月 7 日からの第 1 次制裁では，イラン政府による米国紙幣の購入・取得，イランの金・貴金属貿易，工業プロセスで使用されるグラファイト，アルミニウム，スチール，石炭，ソフトウェア，イラン通貨リアルに関わる取引，イランの国債発行に関連する活動やイランの自動車部門が制裁対象となった。同年 11 月 5 日からの第 2 次制裁では，イランの港湾業務とエネルギー・輸送・造船部門，イランの石油関連取引，外国金融機関によるイラン中央銀行との取引が新たな制裁対象となった。さらに，2019 年 5 月 8 日の大統領令 13871 号では，鉄鋼・アルミニウム・銅部門が，2020 年 1 月 10 日の大統領令 13902 号では，イラン高官，建設・鉱業・製造業（鉄鋼・アルミニウム・銅）・繊維部門が制裁対象となった。

　これらの制裁のなかでも特に第 2 次制裁の実施は，「イラン経済の屋台骨で，政府の主要収入源・外貨でもある石油産業と原油輸出に打撃を与え，経済を機能不全にする」と予想される（Weinthat, 2018）。2018 年 11 月 5 日には第 2 次制裁の実施と同時に，イラン産原油輸入禁止の一時除外国・地域（中国，インド，イタリア，ギリシア，日本，韓国，台湾，トルコ）が発表された。適用除外は 2019 年 5 月 2 日までとされた。

　オバマ政権までの対イラン制裁とトランプ政権の対イラン制裁を比較すると，前者では，石油・ガス等のエネルギー部門や大量破壊兵器・国際テロ活動に直接関係する活動の制限が中心であったのに対し，後者では，制裁の対象が経済のほぼ全部門にまで拡大されている。その意味で，トランプ政権の対イラン経済制裁は，現行のイラン政治体制だけでなく，イラン経済における産業活動や国民生活をも破壊させようとするものである。それは，JCPOA に反対してきたイスラエルやサウジアラビアの主張に沿うものである（貫井，2016 a, 2017）。

　一方，オバマ政権時代には制裁の拡大と緩和の両方が導入されたことから，オバマ政権は制裁一辺倒または宥和一辺倒ではなかった。恐らくは，イランで

---

　7）　https : // www. whitehouse. gov / presidential-actions / executive-order-reimposing-certain-sanctions-respect-iran/

穏健政権が誕生したからこそ JPA や JCPOA などの交渉の余地が生まれたのであろう。また，JCPOA が成立したあとにも ISA がずっと残存していることから，オバマ政権のもとでは，政権の意向と議会支配政党の意向が必ずしも一致せず，対イラン経済制裁も一枚岩的ではなかった。

## 3. 対イラン制裁の経済的影響

　米国による対イラン制裁について詳細かつ包括的にまとめた Congressional Research Service の報告書によると，国際社会がイランに対する経済制裁を強めた 2012〜2015 年の間に，イランの原油輸出が 5 割以上減少するとともにイラン経済が縮小し，イランが保有する 1200 億ドルの海外資産へのアクセスも制限された（Congressional Research Service 2020, summary）。そして，2011〜2015 年および 2018 年以来の経済制裁によって，GDP，雇用，石油輸出，銀行業，海上保険，海外保有外貨，為替レート，物価上昇，自動車生産・販売，対米貿易，石油・ガス生産能力などに負の影響が生じたとしている（同上書，pp. 64-68）。以下では，米国による対経済制裁がイラン経済におよぼした影響について，世界銀行とイラン・イスラム共和国中央銀行の統計データを用いながら具体的にみることとする。

### 3-1　マクロ経済活動への影響

　イランの正式名称は，イスラミック・リパブリック・オブ・イラン（イラン・イスラム共和国）で，首都はテヘラン，言語はペルシャ語，宗教はほぼシーア派イスラム教（9 割以上）で，最高指導者はハーメネイ氏，大統領はローハニ氏である。ハーメネイ体制は 1989 年から続いている。また，ローハニ大統領は，2019 年 12 月 24 日に来日し，安倍首相と会談している。

　イランは，中東における大国である。イランの面積は 164.82 万平方キロメートル（日本の 4.4 倍）で，サウジアラビアの 214.97 万平方キロメートルに次いで第 2 位，人口は 8,492 万人（2020 年 7 月推定）で，エジプトの 1 億 412 万人に次いで第 2 位。2017 年の国内総生産（GDP）は 4,540 億ドルで，8,527 億

図 6-1　イランの GDP およびイラン・サウジアラビア GDP 比率

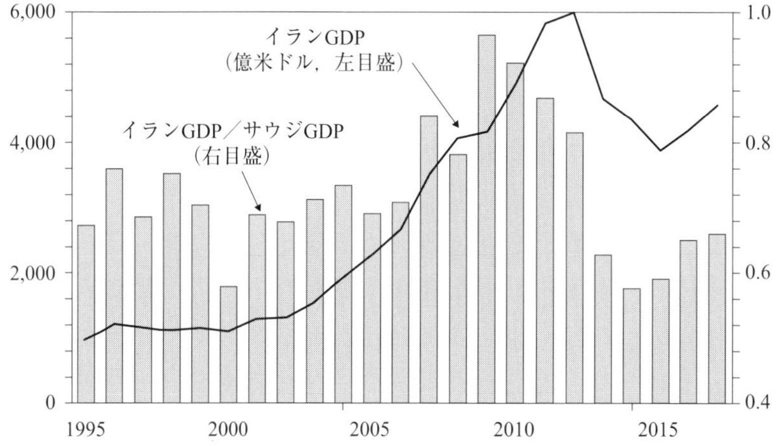

（出所）World Bank, World Development Indicators, 2020 年 3 月 18 日更新版より筆者作成。

ドルのトルコ，6,886 億ドルのサウジアラビアに次いで第 3 位である[8]。この
ように，イランは中東を代表する国であるが，人口がイランの 4 割なのに GDP
が 1.52 倍のサウジアラビア，人口がイランとほぼ同等なのに GDP が 1.88 倍の
トルコに比べると，まだ経済発展段階は低いように見える。

　図 6-1 が示すように，イランの名目 GDP（米ドル表示）は，1996 年から 2000
年にかけて停滞したあと，2003 年から 2011 年にかけて増加し，2013 年から
2015 年にかけて減少した。サウジアラビアの GDP（米ドル表示）に対するイラ
ンの GDP（米ドル表示）の比率をみると，1995〜2006 年は 0.7 倍前後で，2007
〜2009 年に 0.8〜0.9 倍強まで上昇したあと，2010 年から 2015 年にかけて 0.9
から 0.6 倍弱まで低下した。特に，2013 年から 2015 年にかけての落ち込みが
大きい。イランの GDP およびイラン・サウジアラビア GDP 比率の落ち込み時
期は，オバマ政権のもとでの対イラン制裁強化の時期と一致する。また，2016

8)　面積と人口は，CIA (Central Intelligence Agency), *The World Factbook*, 2020 年 3 月 15
　　日更新版，GDP は，World Bank, *World Development Indicators*, 2020 年 3 月 18 日更新
　　版に基づく。なお，世界銀行のデータによると，2018 年にサウジアラビアの GDP は
　　トルコの GDP より大きくなった。

図 6-2　イランの実質 GDP・実質民間消費成長率と消費物価上昇率

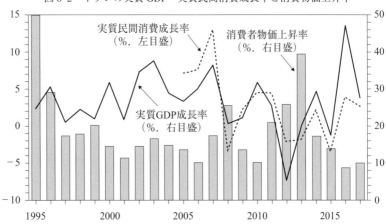

（出所）World Bank, World Development Indicators, 2020 年 3 月 18 日更新版および Central Bank of the Islamic Republic of Iran, "Economic Time Series Database/"（https : //tsd.cbi.ir/DisplayEn/ Content.aspx）より筆者作成。

〜2017 年における GDP の回復は，イラン核合意による制裁緩和時期と符合する。

　図 6-2 における実質 GDP 成長率（自国通貨ベース）でも，2012 年〜2015 年にかけての鈍化が大きい。特に，2012 年にはマイナス 7.4%，2013 年と 2015 年においてもマイナス成長である。実質民間消費も同じ年にマイナス成長を示した。その結果，実質民間消費は 2011 年から 2015 年の間に 5.49% 減少した。一方，消費者物価上昇は 2016 年を除いて毎年 2 桁の伸びであり，とりわけ 1995 年，1996 年，1999 年，2008 年，2011〜2013 年の伸び率が大きい。1995 年から 2010 年までは，消費者物価は 5 年間でほぼ倍増を繰り返したあと，2010〜2013 年の 3 年間に 2.12 倍，2010〜2015 年の 5 年間に 2.82 倍となった。このように，オバマ政権期の対イラン制裁強化期に，イランの経済成長率はマイナス基調，消費者物価は大幅上昇となったのである。

　マクロ経済活動水準と密接な関係にある雇用動向をみると，失業率は常時 10% を超え，2010 年には 13.5% のピークを記録したあと，2014 年にかけて 10% 台にまで低下している（図 6-3）。しかし，実質 GDP がマイナス成長をするな

図 6-3　イランの失業率，就業率と労働力率

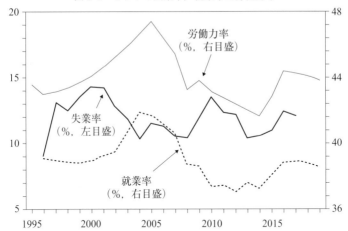

（注）定義的には，労働力率＝就業率＋失業率，であるが，失業率はイラン・
　　　イスラム共和国中央銀行のデータ，その他は世銀のデータであり，しか
　　　も労働力率は，ILO（国際労働機構）のモデル分析による推定であるた
　　　め，定義的な関係が成立していない。
（出所）World Bank, World Development Indicators, 2020 年 3 月 18 日更新版および
　　　Central Bank of the Islamic Republic of Iran, "Economic Time Series Database/"
　　　（https://tsd.cbi.ir/DisplayEn/Content.aspx）より筆者作成。

かで失業率が下落していることは，マクロ経済状況の改善を意味するとは考え
られない。そこで別の指標として，就業率（15 歳以上人口に占める就業者数の比
率）と労働力率（15 歳以上人口に占める労働力人口の比率）をみると，2005 年あ
たりから 2014 年頃まで大きく低下している。したがって，失業率の低下は，
経済状況の改善によるものではなく，失業者が労働市場から撤退（非労働力化）
することで生じた可能性が高い。

### 3-2　産業と産業構造への影響

次に，産業構造について取り上げる。イラン経済を理解するためには，まず
石油部門の役割を知る必要がある。表 6-3 に示されるように，石油部門付加価
値の対 GDP 比は，名目でも実質でも，2004 年から 2011 年までは 20% 台を維
持し，2012 年以降は 10% 台にまで低下した。実質では 2016 年から再び 20%
台となったが，名目は 13% 前後にとどまる[9]。最近の数値をみると，名目で

も実質でも 2012 年から 2015 年にかけて大幅に低下している。これは，制裁の対象が石油等のエネルギー部門に向けられてきたことを反映している。

　そこで表 6-4 により，石油部門実質付加価値の前年度比伸び率をみると，2011年度から 2013 年度までマイナス成長となり，特に 2012 年度はマイナス36.5%，2013 年度はマイナス 5.1% となるなど大幅下落を記録している。原油生産量は 2012 年度から 2014 年度までの 2 年間に 2 割減となり，輸出量は 2011年度から 2014・15 年度までの 3〜4 年間に 3 割減となった。輸出額は 2012 年度から 2015 年度にかけて 828 億ドル減少し，規模は半分未満となったが，それは石油輸出額の減少（873 億ドル）に起因する。石油輸出額減少の一部は，原油生産量・輸出量の減少によるものであるが，一部は 2014 年から 2016 年にかけての原油価格下落にも起因する（2014 年から 2016 の 2 年間に原油価格は 70%下落した）。

　対イラン経済制裁の石油部門への影響は，2018 年 11 月 5 日における一部除外国・地域の 180 日猶予措置導入のもとでも現れている。OPEC（石油輸出国機構）が 2 次情報源をもとに発表したイランの原油生産量は，2017 年の日量381.3 万バレル（イラン政府からの直接情報では 386.7 万バレル）から 2018 年の355.3 万バレル（これ以降，直接情報によるデータなし），2019 年の 235.6 万バレルへと激減している。月次ベースでも，2017 年 1 月の 377.8 万バレル（2 次情報源，以下同じ）から，2018 年 1 月の 381.8 万バレル，2019 年 1 月の 275.4 万バレル，2020 年 1 月の 208.2 万バレルへと激減している[10]。

　表 6-3 をみると，製造業・鉱業は名目でも実質でも 20% 台を継続的に維持する一方，サービス部門は名目では 50% 以上，実質でも約 50% となり，経済

---

9)　1980〜2005 年度までについては，2004 年基準では，名目は 4〜26%，実質は 15〜33%，1997 年基準では，名目は 4〜28%，実質は 8〜17% の範囲にあった。Central Bank of the Islamic Republic of Iran, "Economic Time Series Database/" (https : //tsd.cbi.ir/DisplayEn/Content.aspx)，に基づく。

10)　イラン政府は 2018 年以降の原油生産量を公表していないが，OPEC が 2 次情報源に基づく数字を発表している。ここでの数値は，OPEC, *Monthly Oil Market Report*, 2017〜2020 年の各 3 月号に掲載されたものを用いている。

表 6-3　イランの産業構造（付加価値の対 GDP 比）：2004～2017 年度

| 部門 | | 2004 | 2005 | 2006 | 2007 | 2008 | 2009 | 2010 | 2011 | 2012 | 2013 | 2014 | 2015 | 2016 | 2017 |
|---|---|---|---|---|---|---|---|---|---|---|---|---|---|---|---|
| 名目 | 農業 | 6.9 | 6.4 | 7.0 | 7.2 | 6.1 | 7.0 | 6.6 | 5.5 | 7.7 | 9.8 | 10.0 | 10.8 | 10.0 | 9.8 |
| | 石油 | 21.3 | 25.1 | 23.8 | 23.9 | 22.4 | 18.4 | 21.2 | 22.0 | 13.8 | 17.0 | 13.6 | 9.4 | 12.3 | 13.5 |
| | 製造業・鉱業 | 26.3 | 23.8 | 23.6 | 24.1 | 25.2 | 25.1 | 23.4 | 26.2 | 29.9 | 26.3 | 26.9 | 24.5 | 22.7 | 22.6 |
| | サービス | 48.1 | 47.3 | 48.2 | 47.4 | 48.6 | 51.9 | 51.6 | 48.9 | 51.2 | 48.8 | 51.0 | 57.3 | 57.1 | 56.2 |
| 実質 | 農業 | 6.1 | 6.4 | 6.6 | 6.3 | 5.0 | 5.4 | 5.4 | 5.5 | 6.2 | 6.6 | 6.7 | 7.1 | 6.6 | 6.6 |
| | 石油 | 28.0 | 26.6 | 26.0 | 24.5 | 24.3 | 23.1 | 23.0 | 22.0 | 15.1 | 14.4 | 14.6 | 15.9 | 22.8 | 22.2 |
| | 製造業・鉱業 | 22.0 | 22.4 | 22.3 | 23.0 | 24.7 | 25.4 | 25.8 | 26.2 | 27.7 | 26.7 | 27.2 | 26.0 | 23.6 | 23.9 |
| | サービス | 45.9 | 46.8 | 47.7 | 48.7 | 48.1 | 48.6 | 48.5 | 48.9 | 53.8 | 55.2 | 54.2 | 53.8 | 49.6 | 49.9 |

（注）年度は，3 月 21 日から翌年の 3 月 20 日まで。2011 年基準。表 6-4 も同じ。
（出所）Central Bank of the Islamic Republic of Iran, "Economic Time Series Database/"（https : //tsd.cbi.ir
/DisplayEn/Content.aspx）より筆者作成。

表 6-4　イランにおける石油の付加価値・生産・輸出：2005～2017 年度

| 摘　　要 | 2005 | 2006 | 2007 | 2008 | 2009 | 2010 | 2011 | 2012 | 2013 | 2014 | 2015 | 2016 | 2017 |
|---|---|---|---|---|---|---|---|---|---|---|---|---|---|
| 石油付加価値（%，名目） | 48.5 | 14.6 | 31.8 | 11.7 | -14.3 | 41.5 | 32.0 | -28.1 | 66.2 | -8.2 | -32.2 | 50.3 | 28.1 |
| 石油付加価値（%，実質） | 0.0 | 2.7 | 0.9 | -1.2 | -4.8 | 5.1 | -1.5 | -36.5 | -5.1 | 4.5 | 7.2 | 61.6 | 0.9 |
| 原油生産量（日量万バレル） | 410.6 | 405.1 | 405.8 | 394.6 | 355.7 | 353.6 | 361.9 | 373.2 | 348.1 | 306.3 | 323.1 | 376.2 | 384.9 |
| 原油輸出量（日量万バレル） | 260.2 | 243.3 | 248.1 | 237.1 | 205.6 | 202.1 | 203.3 | 180.3 | 160.6 | 134.3 | 143.4 | 213.1 | 214.5 |
| イラニアン・ライト（米ドル） | 50.7 | 61.1 | 69.3 | 94.7 | 61.2 | 78.2 | 108.3 | 109.8 | 107.2 | 97.3 | 51.5 | 41.7 | 52.4 |
| イラニアン・ヘビー（米ドル） | 48.0 | 59.3 | 67.1 | 91.5 | 60.6 | 76.7 | 106.1 | 109.1 | 105.7 | 96.1 | 48.8 | 39.6 | 51.7 |
| 輸出額（億米ドル）A | 645.2 | 761.9 | 976.7 | 1012.9 | 883.3 | 1127.9 | 1458.1 | 973.0 | 929.1 | 889.8 | 630.0 | 839.8 | 981.4 |
| うち石油 B | 557.9 | 646.7 | 845.1 | 866.2 | 699.6 | 901.9 | 1191.5 | 680.8 | 645.4 | 554.1 | 318.5 | 557.5 | 658.2 |
| 　石油以外 | 87.3 | 115.3 | 131.6 | 146.7 | 183.7 | 226.0 | 266.6 | 292.1 | 283.7 | 335.7 | 311.5 | 282.3 | 323.2 |
| B/A（%） | 86.5 | 84.9 | 86.5 | 85.5 | 79.2 | 80.0 | 81.7 | 70.0 | 69.5 | 62.3 | 50.6 | 66.4 | 67.1 |

（注）付加価値は前年度比伸び率，輸出額は財（商品）の輸出額。
（出所）Central Bank of the Islamic Republic of Iran, "Economic Time Series Database/"（https : //tsd.cbi.ir/
DisplayEn/Content.aspx），および Organization of the Petroleum Exporting Countries, *2017 Annual
Report*, 2018 より筆者作成。

　の中心となっている。これは，経済発展とともに産業の中心が農業から工業，
サービスへ変化していくというペティ＝クラークの法則と符合する。しかし，
イランの場合には，米国を中心とする対イラン経済制裁が主にエネルギー部門
を対象とし，原油生産を減少させ，輸出の大部分を占める石油収入[11]の激減
を招いたことが，サービス部門の拡大につながった面もある。

---

11)　表 6-4 が示すように，輸出額に占める石油輸出の比率は 2011 年度まで 80% を維
　　持していたが，2012 年度から低下し，2015 年度には 50% にまで低下したあと，7 割
　　近くまで回復した。

図 6-4　イランの自動車生産・販売台数：2005〜2019 年

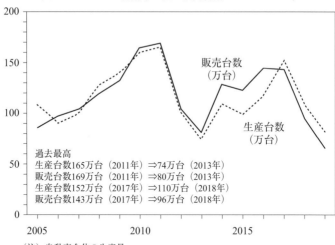

（注）自動車全体の生産量。
（出所）OICA (International Organization of Motor Vehicle Manufacturers), "Sales Sta-
　　　tistics" and "Production Statistics" より筆者作成。

　ところで，米国による対イラン制裁ではエネルギー部門が主要な対象となっ
ているが，製造業の代表である自動車産業も制裁の対象とされてきた。例え
ば，オバマ前大統領による 2013 年 6 月 3 日の大統領令 13645 号では，イラン
の自動車部門との関連で使用される財・サービスのイラン向け販売・供給・移
転に関係した外国金融機関が制裁対象とされた[12]。

　2015 年 7 月 14 日の「イラン核合意（JCPOA）」では自動車部門への制裁が緩
和されることとなったが，2018 年 8 月 6 日のトランプ大統領による大統領令
13846 号では自動車部門が翌日の 8 月 7 日から再び制裁対象とされた。

　米国による対イラン経済制裁の影響を象徴的に物語るのが，イラン自動車産
業の動向である（図 6-4 を参照）。イランにおける自動車生産・販売は 2011 年
までは順調に拡大したものの，オバマ前政権による対イラン制裁に伴って，生
産台数は 2011 年の 165 万台から 2013 年の 74 万台へ，販売台数は 169 万台か
ら 80 万台へ半減した。生産台数におけるイランの世界順位は 11 位から 20 位

12)　https : //www.treasury.gov/resource-center/sanctions/Programs/Documents/13645.pdf

へと転落した。トランプ政権による 2018 年からの制裁措置で自動車産業は再び転落した。生産台数は 2017 年の 152 万台から 2019 年の 82 万台へ，販売台数は 143 万台から 66 万台へ再び半減した。

　以上のほかにも，経済制裁は，イランの通貨リアル（Rial）をも直撃した。公式為替レートによるリアルの価値は，2011 年度の 1 ドル 10,952 リアルから2015 年度の 29,580 リアル，2017 年度の 34,214 リアルへ減価した。非公式レートも，2011 年度の 13,568 リアル，2015 年度の 34,501 リアル，2017 年度の 40,453リアルへと大幅に減価した。つまり，リアルの相対価値は，短期間に 3 分の 1～4 分の 1 にまで下落したのである[13]。

## 4.　イランの対外経済関係

　イランの経常収支と貿易収支（ともに国際収支ベース）は，ほぼ継続的に黒字を記録してきた。経常収支黒字は，2011 年度に 585.1 億ドルの最高を記録したあと減少し，2017 年度は 158.2 億ドルとなった。このうち商品の貿易収支黒字（FOB）は，2011 年度に 677.8 億ドルの最高を記録したあと減少し，2017 年度は 226.0 億ドルとなった。一方，石油部門を除いた通関ベースの貿易収支（輸入は CIF）は経常的な赤字であり，非石油部門の貿易収支赤字は，2010 年度に379.0 億ドルの最高を記録したあと減少し，2017 年度は 145.4 億ドルとなった[14]。

### 4-1　輸出入先の変化

　イランの主要輸出先（石油製品を除いた非石油輸出[15]）は，イラン制裁法（「1996年イラン・リビア制裁法」）が始まった 1996 年度にはドイツ・UAE・イタリアの

---

13)　Central Bank of the Islamic Republic of Iran, "Economic Time Series Database/" (https : // tsd.cbi.ir/DisplayEn/Content.aspx)，に基づく。

14)　以上の数値は，Central Bank of the Islamic Republic of Iran, "Economic Time Series Database/" (https ://tsd.cbi.ir/DisplayEn/Content.aspx)，に基づく。

15)　イランの輸出入統計（通関ベース）は非石油部門のみのデータであり，国際収支ベースでは石油部門も含まれるため，両者の数値には大きな差がある。

順で，日本は9位，中国は10位，米国は24位であった[16]。これが2010年度には中国・イラク・UAEの順となり，ドイツは15位，イタリアは16位に後退し，日本は11位，米国は24位となった。オバマ前政権による対イラン経済制裁が強化された2013年度には中国・イラク・UAEのトップ3は変わらず，ドイツは10位，イタリアは14位，日本は23位，米国は25位となった。こうした状況は2017年度になってもあまり変わらない。

　一方，主要輸入先は，1996年度にはドイツ・ベルギー・日本の順で，韓国は9位，中国は16位であった（米国は記載なし）。2010年度はUAE・中国・ドイツの順となり，韓国は6位，日本は9位であった。対イラン経済制裁が強化された2013年度はUAE・中国・インドの順で，韓国は4位，ドイツは6位，日本は20位となった。2014年度以降は，中国・UAE・韓国・トルコ・ドイツまたはインドの順となった。

　以上の動向に加え，イランの対外経済関係（石油部門を除く）を整理すると，以下のようになる。

・輸出でも輸入でも中国の順位があがり，1位となった。

・輸出ではイラク・UAE，輸入ではUAEとの取引が中国に次いで多い。

・輸出入の両面でトルコとの関係が強まり，2017年度は輸出も輸入も4位である。

・インドとの関係も強まり，2017年度は輸出も輸入も6位である。輸出では，パキスタンがインドに次いで7位となっている。

・対イラン経済制裁を継続してきた米国との取引は極めて少ない。

・日本との関係では，輸出では2003年度に3位，輸入では1997年度に2位を記録したが，2012年度あたりから日本の順位が大きく低下し，緊密な経済関係は失われた。

・ドイツとの関係では，1990年代には輸出・輸入の両方で1位を記録したが，輸出先順位では10位以下に後退する一方，輸入先順位では今も5位前後を

16)　以下の数値は，Central Bank of the Islamic Republic of Iran, "Economic Time Series Database/" (https://tsd.cbi.ir/DisplayEn/Content.aspx)，に基づく。

占めている。

・韓国との関係では，2014年度以降の輸入先順位は3位であるが，輸出先順位は低い。

以上の整理から，以下の点が示唆される。

(1) 世界貿易の約1割を占める中国の存在から，多くの国で中国との貿易が第1位となっており，イランも同様である（イランの輸出・輸入の4分の1を占める）。

(2) UAE・イラク・トルコとの関係が強いことは，イランが中東でイスラエルやサウジアラビアと対立する一方で，協力し合える国が存在することを示唆する。

(3) 米国が経済制裁を継続していることから対米貿易は非常に少なく，日本は米国の経済制裁に追随し，イランとの取引を大きく減少させてきた。他方，ドイツや他の欧州諸国（イタリア，フランス）は，イランとの取引が日本ほどには減少しておらず，米国の経済制裁路線とは一線を画してきた。

(4) 輸出先では，アフガニスタン，インド，パキスタンなどの南アジア諸国との関係が密であり，輸入先では韓国とインドの存在が目立っている。

### 4-2　中国との関係

イランの非石油部門貿易では，中国が第1位の貿易相手国である。イランの輸出先では2010年度から1位を続け（2012年度のみイラクが1位となった），輸入先では2014年度から1位を続けている。その意味で，イランにとって中国は最も頼りになる貿易相手国である。しかし，2018年8月以降，トランプ政権が対イラン経済制裁を強化し，イランとの貿易・取引削減を第三国にも強要するなかで，中国も対イラン貿易を縮小させている可能性がある。逆にいえば，イランにとっては，最大貿易相手国である中国との関係が弱まっている可能性がある。この点を中国側のデータに基づいて確認してみたい。

最初に注意すべきは，イランにとって中国が最大の貿易相手国であっても，中国にとってはそうではないという非対称性があることである[17]。例えば，

図 6-5　中国の対イラン貿易：2000～2019 年

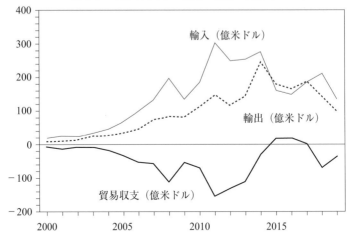

（出所）中華人民共和国国家統計局「統計数据」（http://data.stats.gov.cn/）および中華人民共和国海関総署「統計月報」（http://www.customs.gov.cn/customs/302249/302274/302277/index.html）より筆者作成。

2019 年の輸出入総額をみると，中国とイランの取引額は 230.3 億ドルであり，日本との取引額 3,150.3 億ドルの 10 分の 1 以下である。その結果，中国がイランとの貿易額をわずかでも減少させると，中国にとって影響は小さいが，イランにとっては大きな影響が生じることになる[18]。この点を念頭において，中国とイランの貿易関係をみることとする。

　中国の対イラン貿易では恒常的に中国の貿易赤字が続いていたが，2015～2017 年のみ黒字となった。中国の対イラン貿易赤字は，2011 年に 155.8 億ドルの最高を記録し，2019 年は 38.4 億ドルとなった。中国の対イラン輸出額は，2014 年に 243.3 億ドルの最高を記録し，2019 年は 95.9 億ドル，中国の対イラン輸入額は，2011 年に 303.4 億ドルの最高を記録し，2019 年は 134.3 億ドルとなった（図 6-5）。

---

17)　貿易関係における非対称性の問題については，谷口・高（2020）において検討した。

18)　ただし，貿易総額と貿易収支とでは，少し話が異なる。例えば，2013 年に，中国の対イラン貿易赤字は 113.5 億ドルであり，これは中国の対日赤字 121.1 億ドルとほぼ同等であった。長期的には，対日赤字が対イラン赤字よりも大きいものの，年によっては両者の差が拡大したり縮小したりしている。

　ここで注目されるのは，オバマ前政権が対イラン経済制裁を強化した 2011
〜2014 年の間に，中国・イラン間の貿易額は必ずしも減少していないこと，
そして，トランプ政権が再び経済制裁強化を行った 2018 年以降，とりわけ 2019
年に激減したことである。もう少し詳しくみてみよう。

　2012 年から 2014 年にかけては，中国の対イラン輸出額が 116.0 億ドルから
243.4 億ドルへ倍増し，対イラン輸入額も 248.7 億ドルから 275.0 億ドルへ増加
した。しかし，イラン核合意（JCPOA）が成立した 2015 年，その履行が始まっ
た 2016 年には輸出入額ともに大幅に減少した。これには 3 つの要因が考えら
れる。

　第 1 は，2014 年夏から 2016 年初にかけて石油の国際価格が 7 割程度下落し
たことである[19]。中国の原油輸入量は，2014 年の 3.08 億トンから，2015 年の
3.36 億トン，2016 年の 3.81 億トンへと増加している[20]。したがって，中国の
イランからの鉱物性燃料等[21]の輸入額は，2014 年の 211.9 億ドルから 2016 年
の 96.0 億ドルへと激減し，対イラン輸入額に占める割合が 77％ から 65％ へ
低下したのは，輸入量の増加にもかかわらず，それをはるかに上回る石油価格
の下落があったからである。ただし，原油価格の下落は中国の対イラン輸入額
の減少を説明できるものの，輸出額の減少を説明することはできない。

　第 2 は，2012 年頃から中国経済の減速が進行し，2013 年頃から 2016 年にか

---

19)　IMF の主要産品価格データによると，北海ブレント・ドバイ産・WTI の 3 種ス
　　ポット価格の平均値（2016 年＝100 とした指数）は，2014 年 7 月の 105.225 から 2016
　　年 1 月の 29.918 へと下落した。https : //www.imf.org/~/media/Files/Research/CommodityP-
　　rices/Monthly/ExternalData.ashx を参照。
20)　以下のデータは，中華人民共和国国家統計局「統計数据」（http : //data.stats.gov.cn
　　/），中華人民共和国海関総署「統計月報」（http : //www.customs.gov.cn/customs/302249/
　　302274/302277/index.html）および Central Bank of the Islamic Republic of Iran, "Economic
　　Time Series Database/" (https : //tsd.cbi.ir/DisplayEn/Content.aspx), に基づく。なお，イ
　　ランの統計データは年度，中国の統計データは暦年であるが，ここでは両者の違い
　　は無視することとする。
21)　鉱物性燃料等とは，より正確には，輸出統計品目表（HS コード）における「第 5
　　部　鉱物性生産品　第 27 類　鉱物性燃料及び鉱物油並びにこれらの蒸留物，歴青物
　　質並びに鉱物性ろう」のことである。

けて主要工業製品の生産量が横ばい（粗鋼，セメント，板ガラス），もしくは減少（石炭，パソコン，冷蔵庫）したことである[22]。また，中国の産炭地や東北地区では，かなりの停滞がみられ，マイナス名目成長に陥った地区も出現した（谷口，2019）。当時は，国有企業を中心とする過剰設備・過剰生産の解消，不動産を中心とする過剰在庫の削減，地方政府を中心とする過剰債務の削減などが最重要課題とされ，そのあおりで生産活動が抑制された面がある。こうした製造業を中心とする国内生産の相対的抑制が，中国の対イラン輸出を減少させたと考えられる。なお，中国の輸出総額も，2014年の2.34兆ドルから2016年の2.10兆ドルへと減少し，2017年以降は輸出・輸入ともに回復した。2019年は，輸出が前年比0.5%増，輸入が2.7%減，輸出入総額が1.0%減となった。

第3は，オバマ大統領時代の西側諸国の制裁に対して，中国とイランは貿易拡大によって対応し，制裁が緩和されるとそれを一部解消したという可能性である。実際，イランの輸出総額が2012年から2014年にかけて83億ドル減少し，輸入総額が22億ドル増加するなかで，対中国輸出が26億ドル増加し，対中国輸入が96億ドル増加した。また，イランの輸出総額が2015年から2016年にかけて210億ドル増加し，輸入総額が55億ドル増加するなかで，イランの対中国輸出が12億ドル減少し，対中国輸入が14億ドル減少した。こうした動きは，イランと欧米との関係が悪化するとイランと中国の関係が強化され，イランと欧米の関係が改善するとイランと中国の関係が弱くなる（調整される）という関係性を示唆している。

こうしたイランと中国との協力関係は，中国やイランに対して強硬な姿勢をとるトランプ政権が誕生してから変化し始めている。トランプ政権は，イランには経済制裁を，中国には関税引き上げを仕掛け，しかも対イラン経済制裁では，イランとの取引を公然，非公然に進める中国系企業をターゲットに制裁を拡大・強化している（表6-2を参照）。

図6-6は，2017年1月から2020年2月までの中国のイランからの鉱物性燃

---

22) すべての生産が停滞したわけではなく，自動車，携帯・スマホ，エアコン，カラーテレビや発電量は増加した。

図 6-6　中国の対イラン鉱物性燃料等輸入：2017 年 1 月～2020 年 2 月

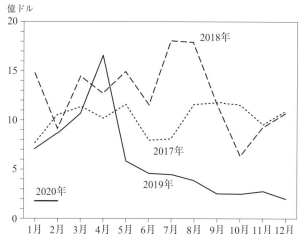

(注) 鉱物性燃料等は,「第 5 部　鉱物性生産品　第 27 類　鉱物性燃
　　料及び鉱物油並びにこれらの蒸留物, 歴青物質並びに鉱物性ろ
　　う」に関する輸入額。2020 年 1 月と 2 月は分離されずにまと
　　めて発表されているので, ここでは二等分して示した。
(出所) 中華人民共和国海関総署「統計月報」2017 年 1 月～2020 年 2
　　月（http://www.customs.gov.cn/customs/302249/302274/302277/in-
　　dex.html）より筆者作成。

料等の輸入状況を示したものである。年次ベースでは, 2017 年の 122.7 億ド
ル, 2018 年の 151.0 億ドル, 2019 年の 71.6 億ドルへと激減し, 対イラン輸入
総額に占める鉱物性燃料等の比率は, 2017 年の 66.1%, 2018 年の 71.5%, 2019
年の 53.3% へと低下している[23]。月次ベースでは, イラン産原油輸入禁止措
置が強化された 2019 年 5 月から激減し, 毎月漸減傾向にある。
　これに対して, イラン産原油が, イランの国営企業のタンカーを利用して,
中国の複数の港湾に向けて輸送され, 保税倉庫に保管されるという動きもあ
る。こうした保管分は, 「中国国内の税関を通過したり, 輸入データに反映さ
れたりすることはなく, 必ずしも制裁違反に当たらない」[24]。トランプ政権

---

23)　以下のデータは, 中華人民共和国国家統計局「統計数据」（http://data.stats.gov.cn/)
　　および中華人民共和国海関総署「統計月報」（http://www.customs.gov.cn/customs/302249
　　/302274/302277/index.html）に基づく。

は，こうした制裁逃れに対して，制裁措置発動以降も，イラン産石油の購入・取得に関与した中国系企業や CEO に対する制裁措置を発表している。

## 5．おわりに

　第 2 節で整理したように，米国は「1996 年イラン・リビア制裁法（ILSA）」およびその修正版である「イラン制裁法（ISA）」を通じて，イランのエネルギー部門を中心に経済制裁を実施し，現時点では 2026 年末まで適用される。オバマ前政権時代の 2011 年から 2013 年にかけて追加制裁が導入されたものの，2013 年 8 月にイランで穏健派政権が誕生すると，制裁緩和に向けた動きが始まる。2013 年 11 月に「共同行動計画（JPA）」が発表され，イラン産石油輸入制限が緩和され，石油化学，金・貴金属，航空機部品等に関する通商規制措置が一時停止された。

　その後，2015 年 7 月 14 日にイランと 6 か国（欧米中露）＋EU の間で，イランの核開発制限の見返りに欧米の対イラン制裁緩和を行う「イラン核合意（JCPOA）」が成立し，2016 年 1 月 16 日に履行された。JCPOA によって，イランの石油開発，外国によるイランへのガソリン販売，イランのエネルギー部門への外国投資，金融部門・自動車部門への制裁，通貨リアルの取引などへの制裁が緩和された。

　しかし，トランプ政権が 2018 年 5 月 8 日に JCPOA からの離脱を発表し，同年 8 月 7 日から第 1 次経済制裁，11 月 5 日から第 2 次経済制裁を実施したことで，JCPOA のもとで実現した緩和措置はすべて停止され，JCPOA 以前の状況に戻ることとなった。それだけでなく，2 次にわたる経済制裁によってイラン経済のほぼ全部門が制裁対象となった。

　トランプ政権は，先例のない経済圧力をイランにかける理由として，海外テロ活動の支援，国民の抑圧，シリアの残忍なアサド体制の支援，弾道ミサイル

---

24)　Bloomberg News「イラン産原油，中国の港湾で大量保管—米の全面禁輸後も積み下ろし」2019 年 7 月 22 日（https://www.bloomberg.co.jp/news/articles/2019-07-22/PV 14 PB 6 TTDS 301）。

技術の調達，中東の不安定化などを挙げる。経済制裁はこれらを阻止するために導入したものであり，イラン体制による抑圧・汚職・経済管理の失敗の犠牲者となっているイランの国民に向けられたものではないとする。そのために，大量破壊兵器の拡散や国際テロ活動支援と関連を持たない限り，農産物，食料，医薬品や医療機器は制裁対象とはならないと主張している[25]。

　しかし，第3節でみたように，米国による対イラン経済制裁は，イランの経済活動，消費，雇用，石油部門，自動車産業等の製造業や為替レートなどに大きなマイナスの影響を与えてきた。中東では相対的に大国であるイランが，過去に何度も制裁の対象となり，制裁のたびに打撃を受けつつも徐々に立ち直ってきたものの，トランプ政権のもとで最も強硬な経済制裁が発動された。すでに原油生産の激減，自動車生産・販売の激減などの形で経済制裁の効果が出始めている。トランプ政権の狙いは，国民生活に配慮するとしながらも，軍事目的を阻止するために産業活動を破壊し，ひいては国民生活を破壊すること，要するにイラン経済を徹底的に破壊することにあるようだ[26]。

　米国による対イラン制裁に対して，イランの最大貿易相手国である中国は，オバマ前政権時代には対イラン貿易の拡大によってイラン経済を支援してきた。しかし，トランプ政権の制裁対象はイランだけでなく，イランと関わりを持つすべての国・地域まで広がっている。そうした圧力のもとで中国は2018年以降，イランとの貿易を削減し，特に原油輸入を激減させている。中国までもイラン離れを進めると，イラン経済がますます悪化することは避けられない。これが，はたしてイランでの政権交代につながるのか，あるいは米国を中心とする敵対国への憎悪を助長し，国際関係や国際情勢の悪化につながるのか。

　2020年に入ると，新型コロナウイルスによる肺炎問題がイランを襲い，経

---

25）　U.S. Department of the Treasury, "Financial Channels to Facilitate Humanitarian Trade with Iran and Related Due Diligence and Reporting Expectations." (https : //www.treasury.gov/resource-center/sanctions/Programs/Documents/iran_humanitarian_20191025.pdf).

26）　経済制裁によるイランの国民生活の深刻化については，岩﨑（2019）を参照。

済制裁の苦しみをさらに倍加させている。さらに，原油価格の下落も生じている。経済制裁と新型肺炎問題と原油価格下落に対してイランがどのように立ち向かうのか。2020年3月時点で事態が改善する見通しが立っていないことは，大きな不安材料である。

## 参 考 文 献

岩﨑敬子（2019）「深刻化するイランの人々の暮らし―米国による「最強」制裁の影響」ニッセイ基礎研究所『研究員の眼』6月10日（https : //www.nli-research.co.jp/files/topics/61759_ext_18_0.pdf）。

田中浩一郎（2016）「核合意の履行を迎えたイラン」『中東協力センターニュース』2月，22-30ページ。

谷口洋志（2019）「中国における一部地区の低成長の要因に関する研究」『経済学論纂』第60巻第3・4合併号，1月15日，345-368ページ。

谷口洋志・高鶴（2020）「中国の対外経済関係に関する考察」『経済学論纂』第59巻第3・4合併号，1月30日，85-99ページ。

貫井万里（2016a）「合意のイラン内政と国際関係への影響―ポスト核合意期に向けたイラン，アメリカ，イスラエル，サウジアラビアの動き」『Middle East Security Report』Vol.5,1月17日，1-5ページ。

――（2016b）「核合意のイラン内政と国際関係への影響」『平成27年度外務省外交・安全保障調査研究事業安全保障政策のリアリティ・チェック―中東情勢・新地域秩序』（公財）日本国際問題研究所，85-101ページ。

――（2017）「トランプ政権の失政を慎重に待つイラン」『Middle East Security Report』Vol.15,3月24日，1-6ページ。

松永泰行（2018）「トランプ政権とイラン核合意の行方―米国単独離脱とその影響」『国際問題』No. 671,5月，5-16ページ。

Congressional Research Service (2020), "Iran Sanctions," CRS Report, RS 20871, Jan. 24,

Katzman, Kenneth (2007), "The Iran Sanctions Act (ISA)," *CRS Report for Congress*, Oct. 12, pp.1-6.

Weinthal, Benjamin. (2018), "U. S. Sanctions 'will cripple the Economy' of Iran, Say Economists," The Jerusalem Post, Sep. 5 (https : //www.jpost.com/International/US-sanctions-will-cripple-the-economy-of-Iran-say-economists-566521)

第 **7** 章

米国の通商政策の起源と中央政府の財源構築

長 谷 川　聰 哲

## 1.　は じ め に

　トランプ大統領の強硬な手腕によりアメリカへの移民の規制政策が打ち立てられ，アメリカ第一主義と謳って輸入制限措置を実施する政策手法とそのアメリカの国家としてのスタンスは，トランプ大統領自身が互恵主義（または相互主義：reciprocity）と呼んでいる。第二次世界大戦後のグローバリズムを追求してきた国際協力体制を理解する上での互恵主義とトランプ大統領の使う互恵主義とでは，言葉同じにしてその意味する内容は異なるように思われる。

　D. アーウィンはその『米国通商政策史』の中で，米国の互恵主義を関税政策の目的とする歴史を第 3 期目に区分された大恐慌以後の時代であると論じている[1]。南北戦争が税収から輸入規制への契機となり，大恐慌が輸入規制から互恵主義へ移行したように，米国の関税政策の目的は，第 1 期の税収の財源を安定化する時期，第 2 期は輸入規制を目指した時代，第 3 期は互恵主義が大恐慌後の現代に至るまでを位置づける歴史的転換を辿った。

---

1)　米国の互恵主義の歴史については，D. アーウィン（2017）『米国通商政策史』，および，Davis Rich Dewey, (1912), *Financial history of the United States* を参照。さらに，長谷川聰哲「危ぶまれる国際公共財としての相互主義ルールの存続」『草のみどり』中央大学，通巻 309 号，2018 年 9 月を参照されたい。

外国が米国に課す関税障壁を軽減することと引き換えに米国の関税を削減するという互恵主義が米国の通商政策にはじめて登場するのは，マッキンリー関税法においてであった。マッキンリー William McKinley（第25代大統領，在任期間 1897-1901 年）が議会の歳入委員会の委員長として 1890 年に提出した関税法案は，「保護のナポレオン」とまで揶揄された不人気な特徴を備える保護色の強いもので「関税大論争」に発展した。米国の貿易政策の新しいアプローチとして，互恵主義の考えが共和党の少数派の中から登場した。共和党として勝利し大統領に就任した B. ハリソンが指名した国務長官 J. ブレインの主唱していた互恵主義の運動は，マッキンリーに託され，マッキンリー関税法として議会で可決された。ハリソン大統領は 1890 年 10 月 1 日にこの関税法を承認した。平均関税率を 51％ にまで高めることとなる農産品を網羅した関税率表，国内製造業のための関税措置，そして，互恵協定交渉の権限を立法府から行政府に付与するという特徴をもつものであった。（D. アーウィン，前掲書，第 5，6 章を参照）。

税収以外の目的で関税政策を用いる権限を持つべきではないとする党の指針を前面に押し出していた民主党は 1892 年の大統領選挙で勝利し，共和党から政権を奪還した。民主党の自由貿易のための関税改革への取り組みは，民主党のクリーブランド政権発足時に直面した株式市場の崩壊により財政基盤の優先に追い込まれてしまうのである。次期大統領選挙では，マッキンリーが第 25 代大統領として共和党の政権奪還を果たしたのである。

共和党政権の下での議会において，1840-1911 年の期間に互恵貿易協定の法案が議会への提出は 20 回あったが，その内で可決され発効したものは，カナダ（1855-1866 年），ハワイ（1876-1900 年），それにキューバ（1902-1934 年）の 3 協定だけであった。互恵貿易協定の法案の大部分は，議会で否決される運命となった。

アメリカ合衆国の通商政策は，政権に就いた大統領の指導力の下で独自の構想と手腕とによって牽引され，どれほど国家の意思として実現されてきたのであろうか。アメリカの通商政策の策定における社会経済の状況，議会を構成

する地方から選ばれた議員，そして政治的指導者が，建国の時期に遡って，建国における近代民主主義国家としてどのように制度的枠組みを構築することになったのかを知ることこそ，今日のアメリカの通商政策を知る重要な鍵となる。建国期における中央政府の最大の政策課題が，中央政府の財政基盤を確立することであった。この財政基盤を確立する上で，通商政策に依存しなければならなかったことであり，そして，その通商政策はやがて対外的には互恵主義へと転換される必要があったことを，本稿では建国期の通商政策の構築の背景を歴史的，かつ包括的に経済統計を利用して分析することにした。

## 2.　英国の植民地としてのアメリカにおける権益と通商

　1607 年に英国が北米大陸ヴァージニアのジェームスタウンに初入植して以来，1732 年の東海岸のジョージア邦に至るまで 13 邦領域を確保した。ダグラス・ノース Douglass C. North (1961) が述べているように，アメリカ合衆国はこれらの 13 邦による 1776 年の「独立宣言」から 1790 年までの期間をかけて政治的危機は解消した[2]。マックス・ファランド Max Farrand (1918)[3]は，「アメリカにおける植民地の政治組織や制度は，根本的にはイギリス的」であったとし，その発展は本国と同一方向に進んだと説明している。そして，1700 年の人口が 27 万人だったのが，1750 年には 120 万人に移民の急増が進んでいた背景には，開墾すると 10 万エーカーの土地が与えられるという自由寛大な土地政策が重要な要因であったことと，同時に，その人口成長がフロンティア（辺境地）において絶えず繰り返し生活が更新されるというアメリカの社会的発展の特殊性を培っていたと説明している。

　13 邦[4]によるアメリカ合衆国の憲法批准の完了（1787 年）を受けて，1789 年

2)　Douglass C. North (1961), *The Economic Growth of the United States 1790-1860*, Prentice Hall, Inc.

3)　Max Farrand (1918), *The Development of the United States*, Houghton Mifflin Company, Boston. マックス・ファランド著，名原広三郎・高木八尺訳『アメリカ発展史』岩波書店，1941 年。

4)　英国は世界中の各植民地を state「邦」と呼んでいたが，アメリカの独立宣言を機

図7-1　アメリカ合衆国の人口

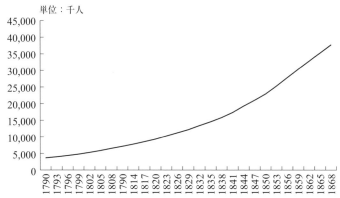

単位：千人

（出所）米国国勢調査局の以下の推計統計を基に，本図は筆者が作成した。United States Census Bureau (1975), *Bicentennial Edition : Historical Statistics of the United States*, *Colonial Times to 1970*.

にジョージ・ワシントンが初代大統領に就任した。米国の人口の 1790-1830 年までの推移を図7-1 に示したように，独立宣言から独立した国家として歩み出していた 1790 年の建国時の人口は 393 万人に成長していた。

　1790 年のアメリカ合衆国の人口が 393 万人だったものが，40 年後の 1830 年には 1286 万人の 3.72 倍までに成長している。この間に，図7-2，および図7-3 が示すように，全国の白人の人口の割合は 80.7% から 84.3% に，北部の人口の割合は 50.1% から 60.5% へと拡大した。1861 年から 5 年に亘り戦われる南北戦争前のこの新国家には，北部にマジョリティーの市民が定着していたのである。

　このように短期間のうちに急拡大するアメリカ社会の国民経済とは，どのような特徴を持っていたのかを以下で検討することにした。

　英国へのアメリカの輸出は，図7-4 に示されているように，アメリカ独立戦争（英・革命戦争）（1775〜1783 年）が始まる 1775 年に所謂駆け込み輸出で急増

―――――――――

　に，アメリカで同じ state を使用する場合には，これを「州」と呼ぶことが定着している。また，13 邦の連合による会議としての Congress の日本語の呼称「大陸会議」は，独立国家樹立後に用いられる場合は「連邦議会」へと訳語を代えられている。

図 7-2　米国建国期の人種別人口

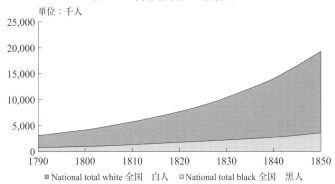

単位：千人

（出所）米国国勢調査局の以下の推計統計を基に，本図は筆者が作成した。United
　　　 States Census Bureau (1975), *Bicentennial Edition : Historical Statistics of
　　　 the United States*, *Colonial Times to 1970*.

図 7-3　独立初期米国の地域別・人種別人口　1790-1850 年

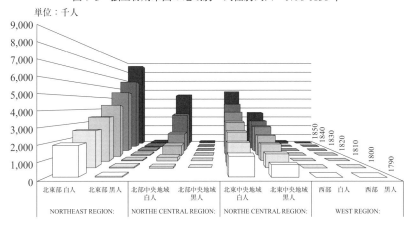

単位：千人

（出所）米国国勢調査局の以下の推計統計に基づいて，本図は筆者が作成した。United States Census
　　　 Bureau (1975), *Bicentennial Edition : Historical Statistics of the United States*, *Colonial Times to
　　　 1970*.

表 7-1　米国の地域別・人種別人口 1790-1850 年

単位：1,000 人，%

| | | 1770 | 1780 | 1790 | 1800 | 1810 | 1820 | 1830 | 1840 | 1850 |
|---|---|---|---|---|---|---|---|---|---|---|
| Northeast Region： | 北東部　白人 | 841 | 1,336 | 1,901 | 2,553 | 3,384 | 4,246 | 5,417 | 6,619 | 8,477 |
| | 北東部　黒人 | 49 | 54 | 67 | 83 | 102 | 114 | 125 | 142 | 150 |
| North Central Region： | 北部中央地域　白人 | | | | 50 | 286 | 841 | 1,569 | 3,262 | 5,268 |
| | 北部中央地域　黒人 | | | | 1 | 7 | 18 | 42 | 39 | 136 |
| South Region： | 南部　白人 | 635 | 869 | 1,271 | 1,704 | 2,191 | 2,776 | 3,546 | 4,309 | 5,630 |
| | 南部　黒人 | 411 | 522 | 690 | 918 | 1,268 | 1,644 | 2,162 | 2,642 | 3,352 |
| West Region： | 西部　白人 | | | * | * | * | * | * | * | 173 |
| | 西部　黒人 | | | * | * | * | * | * | * | 1 |
| | | 1770 | 1780 | 1790 | 1800 | 1810 | 1820 | 1830 | 1840 | 1850 |
| National total：white | 全国　白人 | 1,476 | 2,205 | 3,172 | 4,307 | 5,861 | 7,863 | 10,532 | 14,190 | 19,548 |
| National total：black | 全国　黒人 | 460 | 576 | 757 | 1,002 | 1,377 | 1,776 | 2,329 | 2,823 | 3,639 |
| National total | 全国人口総計 | 1,936 | 2,780 | 3,929 | 5,309 | 7,238 | 9,639 | 12,861 | 17,013 | 23,187 |
| White Share in All Population | 白人の人口比率(全国比) | 76.2% | 79.3% | 80.7% | 81.1% | 81.0% | 81.6% | 81.9% | 83.4% | 84.3% |
| North Share in All Population | 北部の人口比率(全国比) | 45.9% | 50.0% | 50.1% | 50.6% | 52.2% | 54.1% | 55.6% | 59.1% | 60.5% |

（出所）本表は米国国勢調査局の図 7-1〜図 7-3 で利用した推計統計に基づき，前掲図 7-2 のため，
　　　　筆者が作成した。

図 7-4　アメリカ合衆国による英国への輸出と英国からの輸入

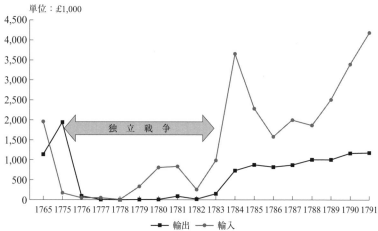

（出所）米国国勢調査局の以下の推計統計に基づいて，本図は筆者が作成した。B. R. Mitchell
　　　　(1962)。*Abstract of British Historical Statistics*, Cambridge University Press.
（備考）ここで英国とは Great Britain であり，England ではない。

図 7-5　種々の税収法の下でのアメリカ植民地における租税徴収
□新税収措置 砂糖法（1764，1766）　　■新税収措置 印紙法 1765
■新税収措置 タウンシェンド税収法 1767　□航海法 1673

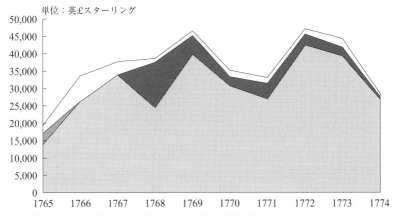

（出所）米国国勢調査局の次の歴史統計に基づき，筆者が作成。Colonial and Pre-Federal Statistics, Series Z 611–615, in United States Census Bureau (1975), Bicentennial Edition : Historical Statistics of the United States, Colonial Times to 1970.

して，翌年 1776 年に急減した。1765 年の輸出水準近くまで戻ったのは 1790 年ころのことである。一方，米国の英国からの輸入は 1775 年に直ちに下落すると，独立戦争が終了するまで低迷したが，1784 年には独立戦争以前の水準と比べて 1.86 倍に拡大，3 年ほど揺り戻しがあったのちに，再び 1765 年当時と比べて 2 倍以上に増大していった。二国間の貿易収支で，米国が黒字を計上したのは，1775 年と 76 年のことであり，その内 76 年の輸出入ともに貿易額はわずかなものに留まった。

　英国の植民地としてのアメリカでは，英国の法律の下で租税政策が適用されている。独立戦争に向かう段階で，アメリカの入植者によるスローガンに，「課税されるならば代表される」ことが英国に対して要求されることになっていた。図 7-5 は，英国がアメリカ植民地に対して課税していた税収法とその財源としてのウエイトを，独立戦争が始まる前年までの状況を示すものである。こうした種々の税収法による税負担が，アメリカ植民地の人々に，英国への反発，英国からの独立への運動に繋がっていったのである。

## 3. 独立戦争と米国憲法における対外的争点

　合衆国の初期の経済史を説明する上で，タウッシグ Frank W. Taussig (1896) は，二つの期間，すなわち 1787 年の憲法批准，1789 年の第一回連邦議会開催とワシントン初代大統領による政府組織の樹立から 1808 年までを第一期とし，1808 年から 1808 年までを第二期に分けてその特徴を説明する[5]。本稿で網羅する期間は，独立を宣言する前の英国の植民地としての時代も時系列的に比較するために，整合的な統計の入手できる 1765 年まで遡って抽出した。

　タウッシグは，アメリカ合衆国の建国初期 1808 年迄の第一期の経済の特性を，植民地時代の延長であったと位置付けている。英国に対する植民地政策への反発が，大陸会議で 13 州による独立宣言を 1776 年に採択するに至るまでに，異なる強度でありながらも湧き上っていた。それぞれの邦（本稿では，多くの前例に倣って，英国から独立し，1787 年に憲法を批准するまでは，state を「邦」と訳し，これ以降を「州」と呼ぶことにした。）はその個々の利害関係を抱えながらも，連合して英国に対峙することでかろうじて統合していく歴史的過程は，これまでに多くのアメリカ政治経済史の分野において論じられている。タウッシグに留まらず，前述のファランド (1918) やダグラス・アーウィン Douglas Irwin (2017) などの経済史の視点からも少なからず，この過程を説明してきた[6]。1787 年の憲法制定会議では，連合を実現するために「汚い妥協」とされた連邦政府による奴隷貿易の規制を 1808 年までの 20 年間に亘り禁止するという合意が採択されたことは，タウッシグが規定したアメリカ経済史の第一期にあたり，連邦国家の樹立を優先して，南北間の相反する権益の重要な案件を棚上げする期間を意味することに他ならない猶予期間であった。

---

5)　Frank W. Taussig (1896), The Tariff History of the United States, G. P. Putnam's Sons, New York, p. 3. F. W. タウッシグ著,長谷田泰三・安藝昇一訳 (1938),『米国関税史』有明書房，6 頁。

6)　ファランド（1918），前掲書。Douglas Irwin (2017), Clashing over Commerce — A History of U. S. Trade Policy, the University of Chicago Press.『米国通商政策史』として邦訳書近刊。

　1808 年から 1838 年までの第二期は，幼稚産業の保護を確固として実施した
期間であったとする。タウシッグは，「輸入することのできる製造品はすべて
国内で造られることなく，輸出農作物の代償としてこれを得たのである」と
し，例外的な製造業がニューイングランドの比較優位をもっていた造船業で
あったとこの時期のアメリカの貿易構造を特徴づけている。この時期の国際的
な情勢の変化は，アメリカ経済に大きな影響をもたらした。フランス革命の影
響は，アメリカの物品需要と海上輸送に中立国としての優位性を発揮させうる
好機になったのである。

　ダグラス・ノース Douglas C. North (1961) は，前掲書（脚注 2）において，独
立時のアメリカの国内経済は，都市人口は限定的で，地方の住民は自給自足農
家であると断定するのは誤りで，米国経済の潜在的発展の説明を対外通商に求
める。独立戦争が始まった 1775 年までに行われていた英国への輸出は，1790
年に至っても過去の水準に戻らなかったのは，二つの要因にあるとノースは次
のように説明している。第一が，英国から最早植民地としての待遇を受けられ
なくなってしまい，それと共に，当時の欧州諸国が採用していた国際貿易の規
制政策の制約を受けることになってしまったことであった。第二に，海上輸送
業が規制対象になれば，輸出自体も見通しが暗くなる。植民地の経済的繁栄を
支える主要産物の輸出に対する需要が拡大する見通しが閉ざされてしまったの
である。輸出の三分の一を担うタバコは，約 85,000 ホッグスヘッド（1 ホッグ
スヘッド＝米 63 ガロン）は独立戦争後にはその数量を上回ることはなくなり，
コメは 1770 年から 1791 年に亘り減少し，1771 年において小麦 751,240 バレル
および小麦粉は 458,868 バレルの輸出だったが，1791 年と 1793 年を除き，1770
年の輸出量をその後の 10 年は回復することはなかったとしている。こうした
主要産物の輸出低迷の主因は，英国と他のヨーロッパ諸国の通商政策が米国の
競争力を阻むことに成功していたからであったとする。

　1789 年の合衆国の第一回連邦議会において，最初の関税法のための草案と
して連合会議が準備していた内容とは，一般関税として 5% の従価税を，茶，
珈琲，砂糖などの 23 の物品に対して従量税を賦課することとするものであっ

た。ワシントン大統領の就任の宣誓に関する規定の決議後，この草案は，マ
ディソンにより議会で提案された。議会では，従来からマサチューセッツやペ
ンシルバニアは特定の産業に対する保護関税を求めた。初期の関税率表は，指
示された品目を除き 5% の一般従価関税を賦課するままとされたが，奢侈品
（馬車に 15%）にはそれよりも高い従価関税率を，麻，索条，釘，硝子等の特殊
品には従量税を賦課する内容に変更され，「政府の最大急務は財政で（中略）
最初に輸入品に低率の課税を」（ファランド，1918）[7]課す歳入法案として可決さ
れることになった。タウシッグは前掲書において，後年論じられる保護貿易の
政策というほどのものでは無いにしても，一定の保護関税の内容を含むものと
なっていたと指摘している。タウシッグが述べているように，「この関税法か
ら 20 年間の立法には，これ以上の保護貿易政策の見るべき発展はなかった」
ことは，1812 年の対英戦争時の対応，1816 年の関税法で輸入規制が強化され
ることになるが，貿易統計や関税に関する歴史的統計から観察しても大きな誤
りはない。

## 4. ハミルトンとジェファーソンの通商政策の異なるアプローチ

図 7-6 に示したアメリカ建国期の国際収支は，商品貿易と輸送サービスを加
えたものである。1790 年の商品輸出は 2,100 万ドル，輸送サービスは 700 万ド
ル，輸出総額は 2,900 万ドルであったが，第一期の終わりの 1807 年の輸出総
額は 16,200 万ドルと 5 倍強にまで拡大し，同期間の輸入も 2,400 万ドルから
16,700 万ドルに約 7 倍にまで拡大している。1807 年までの輸出，輸入は拡大
傾向を明瞭に示している。この時期の大西洋を巡る通商環境は，建国したばか
りの米国にとっては追い風となるものであった。それと同時に，その後の通商
関係に脅威を孕むものでもあった。1792 年 - 1799 年に亘るフランス革命戦争，
1793 年 2 月のフランスによる英国への宣戦布告，それに続くナポレオン戦争
（1799 年 11 月 9 日 - 1815 年 11 月 20 日），その過程で，中立国の立場に立ったア

---

7)　ファランド，前掲書，p. 79。

図 7-6　アメリカ建国期の国際収支

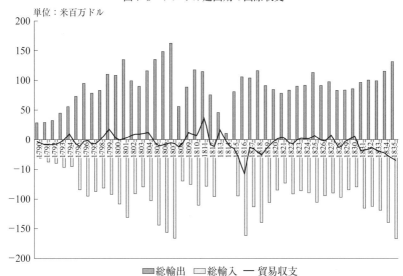

（出所）以下のデータを基に筆者が作成。U. S. Bureau of the Census. *Historical Statistics of the United States, Colonial Times to 1970*, Bicentennial Edition, Washington, D. C., 1975.
https : //www.census.gov/library/publications/1975/compendia/hist_stats_colonial-1970.html

図 7-7　アメリカの平均関税負担率　1791-1835 年

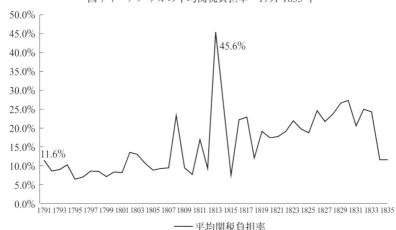

（出所）以下のデータを基に筆者が作成した。U. S. Bureau of the Census. *Historical Statistics of the United States*, *Colonial Times to 1970*, Bicentennial Edition, Washington, D. C., 1975.
https : //www.census.gov/library/publications/1975/compendia/hist_stats_colonial–1970.html
（備考）総輸入には商品輸入＋輸送輸入＋外国の対米投資所得＋その他取引を加算したものとした。但し，関税収入 1791 年は 1789-91 年についてのもの。

メリカの海運貿易は発展することになった[8]。ワシントン政権の中では，ヨーロッパでの戦争にどう対処するかについて意見が分かれていた。ジェファーソン（当時国務長官，第3代大統領に1801年就任）とマディソン（第4代大統領に1809年就任）はフランスを支持する立場を主張し，ハミルトンは紛争に巻き込まれることを嫌った。ワシントン大統領は，英国とフランスのどちらも支持しないことに決めて，1793年4月に「中立宣言」Neutrality Proclamation を公布した。

　貿易統計では，この間に大きな政策措置を講じるような変化は見られない。同時期の関税率の趨勢を図示したものが，図7-7である。アメリカの平均関税負担率は，1807年まではおよそ10%台のレベルを維持し，関税政策に劇的な変化が起こっていないことが分かる。

　1806年のベルリン勅令に続く，フランスのナポレオンによる1807年12月のミラノ勅令により，英国と英国軍の占領地から積み出された中立国の船舶の拿捕を許可により，さらに，1807年の英国の枢密院令により，英仏間の封鎖戦は，直ちに，米国の中立国としての海洋輸送業に打撃を与えるものとなった[9]。これに対抗する米国は，1807年12月22日にトーマス・ジェファーソン大統領が禁輸措置法 Embargo Act を署名し成立し1809年3月1日に撤廃，1809年には通商禁止法 Non-Intercourse Act, 1810年に第二メイコン法などの平和的強制 peaceable coercions の外交措置を講じた。この間に，英国海軍はアメリカ船舶の拿捕とその船員の強制徴募を行う状況に発展していた。結局，米国のこうした外交方針は功を奏することなく，1812年6月18日に，米国は英国に対して宣戦布告した[10]。

　米国の英国との通商は禁止され，すべての輸入関税が二倍に引き上げられることになった。関税引き上げは税収の増大を意図するものであったのだが，外

---

8)　Irwin (2017), *ibid*., 第2章。

9)　英国とフランスとの戦争，そして米国の影響については，タウシッグ（前掲書，13-14頁），中嶋啓雄（1993），「一八一二年戦争の外交政策」，一橋論叢，109(1)：140-160を参照せよ。

10)　英国海軍の米国海運業への圧迫については，Irwin (2017) 前掲書の第2章に詳しい説明がなされている。

図 7-8　米国の関税収入の変遷 1789-1945

単位：左軸は米百万ドル，右軸は%

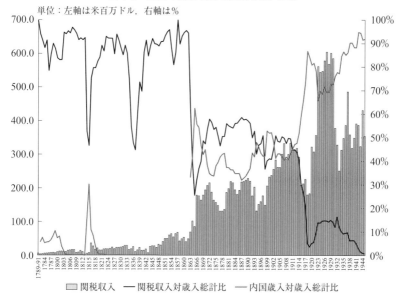

　関税収入　――― 関税収入対歳入総計比　――― 内国歳入対歳入総計比

（出所）The Bureau of the Census (1949), *Federal Government Finances −Treasury Receipts, and Sur-plus or Deficit : 1789 to 1945*, in *Historical Statistics of the United States 1789−1945 − A Supplement to the Statistical Abstract of the United States* のデータを基に，筆者が作成。

国貿易が閉ざされることとなったことで，この措置の実効性はほとんど伴うことはなかった。米国における 1808 年以降の第二期における米国の貿易，関税率，そして中央政府の税収の変化は，ここで掲載した図 7-4，図 7-5，図 7-6 から観察することができる。図 7-6 のアメリカの国際収支が示すように，1807 年末の禁輸措置法の施行や他の制限的立法措置の影響は，それまでの活況を呈していた貿易が，翌年から 1815 年までの間は，再び元の水準に戻ることはなかった。1807-1815 年の期間にわたる図 7-7 に示したように関税率は，それまでの低い水準から高関税へと舵を切られたことを示している。平均関税負担率の最も高かったのは，1813 年の 45.6% であったことが分かる。

　米国の関税収入の変遷を示した図 7-8 で，独立戦争期，連邦政府の樹立期における関税収入の中央政府の財源としての役割は圧倒的なもので，その関税収入の歳入に占める割合が 90% を超え，1862 年の 94.36% まで，二度の例外的

図 7-9　米国の連邦政府の財政収支と公的債務

単位：US＄1,000

■歳入　□歳出　━財政収支　━公的債務総額（右縦軸）

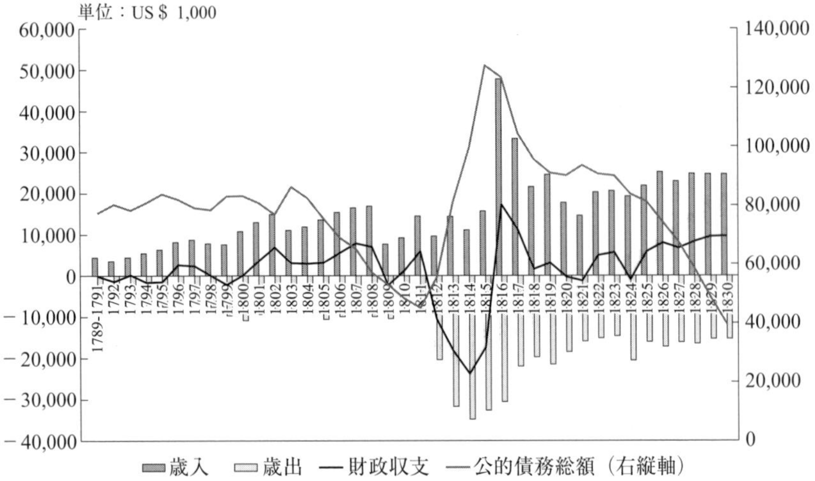

（出所）図 7-8 に同じ。

な時期を経験することはあっても揺らぐことはなかった。逆の見方をすれば，内国歳入（国内における租税収入）の基盤が確立されることはなかったのである。外国歳入と内国歳入の割合が，ようやく逆転したのが 1864 年のことであった。

　図 7-9 は，建国期の連邦政府の財政収支と公的債務を示したものである。本図は，1775-1783 年の独立戦争（革命戦争）が終結し，建国してからの統計を示したものである。フローの歳入，歳出，財政収支は左軸に，ストック変数の公的債務残高は，右軸に単位を表示して描いている。1802 年までは，歳入が歳出を超過し，財政赤字を計上していた。1808 年に歳入のピークを迎え，それを契機に，翌年から財政赤字に転換し，同時に公的債務が急激に増大し始めることになった。1815 年の債務残高が頂点に達したのが，本稿で規定した第二期の終わり，英国との戦争の終結する年にあたる。公的債務残高は 1820 年代後半になって解消した。

## 5.　ハミルトンとジェファーソンの通商政策をめぐる争い

　初代ワシントン大統領の政権下で，国務長官を務めたトーマス・ジェファー

ソンと財務長官を務めたアレキサンダー・ハミルトン Alexander Hamilton は，通商政策を巡り国論を二分する論争を長い期間にわたり展開した。ワシントン大統領からの要請を受けて，ハミルトンは新国家としての合衆国にとってのいくつもの提案をする。三大報告書と言われるうちで通商政策にかかわるものが，1791 年 12 月 5 日に連邦議会下院に提出した『製造業に関する報告書』(Report on the Subject of Manufactures）であり，「ハミルトン体制」と呼ばれる公債を機軸とし，財政，金融，通商，三つのうちの一つの柱となるものであった[11]。建国初期の米国初代財務長官として 5 年間にわたり，「ハミルトン体制」が確立されていった。しかしながら，通商政策では，北部を中心とした製造業を奨励する政策を強く主張するものではあったが，本稿で既述したように，建国第一期には，対外通商政策ではハミルトンの構想した措置の実現には至らなかった。

　他方で，アメリカ合衆国の建国にあたり建国の父たちと呼ばれた指導者の中でも，ハミルトンと共に通商政策のみならず国家の枠組みを構想することに傑出した働きをしたもう一人の人物がトーマス・ジェファーソン Thomas Jefferson である。トーマス・ジェファーソン[12]の経済思想は，1776 年に公刊された

---

11）　Alexander Hamilton (1791), The Report on the Subject of Manufactures, Philadelphia, December 5, 1791 [To the Speaker of the House of Representatives].
　　　https : //founders.archives.gov/documents/Hamilton/01-10-02-0001-0007#print_view
　　　アレグザンダー・ハミルトン著，田島恵児他訳『製造業に関する報告書』未来社，1990 年。通称 Annals of Congress と呼ばれる American State Papers : Documents, Legislative and Executive of the Congress of the United States に政策文書としての報告書を公文書として最初に収録したものである。なお，この日本語訳注にて，矢内原忠雄編『新渡戸稲造全集』第四巻，教文館，1969 年に所収の「植民政策講義及論文集」の中で，新渡戸が大正初年にハミルトンのこの報告書を「製造業に関する報告書」と呼び言及していたことに触れている。

12）　Thomas Jefferson (1793), Report on the Privileges and Restrictions on Commerce of the United States in Foreign Countries, collected in Thomas Jefferson, *Writings*, Literary Classics of the United States, Inc., New York, December 16, 1793, pp. 435-448.「合衆国通商に対する諸外国の特典および制限に関する報告書」。Thomas Jefferson (1781, 1782), Notes on the State of Virginia, collected in *Writings*, ibid., pp. 121-325.「ヴァジニア覚書」として，『世界の名著』の第33巻『フランクリン・ジェファソン・ハミルトン・マディソ

アダム・スミスの『諸国民の富』をはじめ，欧州の自由主義思想に強く影響を
受けている。独立戦争の始まる直前の 1774 年には，『イギリス領アメリカの諸
権利についての意見の要約』を発表し，イギリスの国王陛下宛ての上訴を綴っ
ている。1651 年にイギリス共和国の代表とヴァジニア植民地代議院との間に
締結された条約の第 8 条の規定に「イギリス本国民があらゆる地域，あらゆる
国民との間に，自由貿易を行う権利を享有すると同様に，彼ら（アメリカ植民
地人）も，共和国の諸法律にしたがって（自由通商の）権利を有すべきこと」と
明記されていた。チャールズ二世陛下の復位後に，「アメリカ諸植民地の自由
通商の権利は恣意的権力の犠牲になった」と訴え，その後の通商制限立法にお
いて，アメリカ植民地の輸出入品目に関税を課し，「アメリカにおいて必要と
されるイギリスからの輸出品の価格を，そのような特権が与えられる以前のも
のの二倍にも三倍にも引き上げたが，（中略）イギリスの需要が満たされた後
に残る（アメリカの）タバコの葉の余剰すらも，他の購買国に販路を求めてそ
れを輸送することを禁止した。その結果，それらタバコの葉はイギリス商人の
手によって勝手な低い価格で引き取られ，再びこれを外国市場に送られ，価値
相当の充分に高い価格で販売せられ，その利益はイギリス商人のふところには
いってしまうという事態を，アメリカ人はいかんともしえなかった」と言及す
る。アメリカ人を奴隷制へと陥れるという一つの意図的な組織的な計画である
と明言し，その具体的法律の数々を列挙している。そのうちの二つを挙げる
と，

　　「アメリカにおけるイギリス領の植民地および移住地に対し，またその他

ン・トクヴィル』（pp. 238-268）に所収。「ヴァジニア覚書」は，部分的に訳出され
ていて，通商政策にかかわる当該箇所が，質問第 19「工業，商業，内国・外国貿易
の現状は如何？」（pp. 261-262），質問 20「この邦特有の商品，住民がヨーロッパや
世界の他の地方から入手せねばならぬ物品，についての論評は如何？」（pp. 263-
266）である。Thomas Jefferson (1774), A Summary View of the Rights of British America, in
*Writings*, ibid, pp. 103-122. 邦訳は「イギリス領アメリカの諸権利についての意見の要
約」として，前掲書『フランクリン・ジェファソン・ハミルトン・マディソン・ト
クヴィル』（pp. 209-231）に所収。

に対し，ある種の印紙税その他の租税を課することを許可し，施行する法
律」

「紙，茶，その他につき関税を課することを許可する法律」


これら立法は，よく知られてきたものであり，イギリス議会への訴えに回答
がなされてこなかったことをジェファーソンは国王に上訴している。

　1776 年 6 月の大陸会議で，フランクリンと共に，ジェファーソンは「独立
宣言」の起草委員に選ばれ，この「独立宣言」は翌月 7 月 4 日に 13 邦の植民
地連合会議の全員一致により採択，宣言されることとなった。13 邦全体の意
思として，「この連合殖民地は自由にして独立なる国家たり，また（権利とし
て）当然にしかあるべきである。(中略) これら連合諸邦は自由かつ独立な国と
して宣戦，講和をなし，同盟，通商の条約を結ぶ完全の権あり，独立国の当然
行いうる他のいっさいの行為をなす権利がある」[13] と結んでいる。

　独立戦争後のワシントン大統領の政権で，当時国務長官であったジェファー
ソンは 1793 年 12 月 16 日に連邦議会下院に「通商に関する報告書」を提出し
た。正確な名称は，「合衆国通商に対する諸外国の特典および制限に関する報
告書」[14] であり，今日の USTR（合衆国通商代表部）により公表されるものへと
繋がるアメリカの連邦政府初めての通商報告書と呼ぶことのできるものであ
る。この報告書提出の直後の 12 月 31 日に，ジェファーソンは政権を離れた。
ハミルトン体制の主導を相容れることができなくなったからであった。1797
年に二代目の大統領としてジョン・アダムス John Adams が就任すると，ジェ
ファーソンは副大統領としてふたたび政権に戻り，1801 年には彼自身が三代
目の大統領に就任した。

　ハミルトンの主張する国家体制の主張と対立し，国務長官の職を離れたジェ

13)　アメリカ合衆国「独立宣言」(1777 年) は，トーマス・ジェファーソンの著作とし
　て，前掲書『世界の名著』第 33 巻に所収，pp. 232-237。
14)　USTR, *National Trade Estimate Report on Foreign Trade Barriers (NTE)*, various years. 通
　称「外国貿易障壁報告書」と呼ばれている。

ファーソンが主張する通商制度は，ヨーロッパの政情不安とそれに伴う北米植民地政策の変化により，自身が大統領になってから議会には，英仏に障壁を与えて譲歩を勝ち取るというものであったが，外交的に実効性が伴うものとはならなかった。ジェファーソンの署名した1807年の禁輸措置法が執行に至るものの，15か月後の1809年3月，大統領の座を明け渡す当日に，同法は撤廃することとなった。

　ハミルトンの構想した製造業を保護し，奨励金を与えるという立場と，ジェファーソンの求めた自由な経済活動を保持する立場との相対立する二つの通商政策上の勢力が，連邦議会において，アメリカ合衆国の国家の意思を策定することにかかわることとなっていった。ジェファーソンを継承した四代目大統領は，同じ共和党のジェイムス・マディソンが就任した。マディソンは，「通商禁止法」Non-Intercourse Act と「メイコン法」による平和的強制 peaceable coercions という外交指針を展開したが，ジェファーソンと同様に，実効性が伴わなかった。

　建国初期のハミルトンとジェファーソンの主張は，まもなく，それを継承してそれぞれアダムス派（アダムスは共和党，第6代大統領に1825年就任）とジャクソン派（ジャクソンは民主党第7代大統領に1829年就任）の二大政党が生まれる。これらは，その後に保護貿易運動支持のアダムス派の国民共和党と主要産物の自由な交易を保持することを求める南部の議員を中心とした民主党のジャクソン支持者の勢力となる。

　タウシッグは，通商政策における最初の「米国の保護関税立法の制度は，1816年に始まり，1830年代の終わりに近い頃まで持続された。1933年の妥協関税法は徐々に之を切り下げることとした」[15] と述べている。通商政策を巡るアメリカ経済史は次の第3期へと向かうことになる。

　アメリカ合衆国の各州から選出された議会における代議員は，地域の利害関係を背負いながらも，建国の理念を国家の意思としての制度と政策措置の立案

---

15）　F. W. タウシッグ著（1938），『米国関税史』（邦訳），有明書房，第1章。

に転換する。近代の民主主義社会として歩み出す国家において，選挙を通じて選ばれる代議員と大統領による通商政策の方向付けこそが，二大政党制が産声を上げ始めたこの国家にとっての最大の政治課題であった[16]。

### 参 考 文 献

中嶋啓雄（1993）「一八一二年戦争の外交政策」，一橋論叢，109（1）。

長谷川聰哲（2018）「危ぶまれる国際公共財としての相互主義ルールの存続」『草のみどり』通巻 309 号，2018 年 9 月。

矢内原忠雄編（1969）「植民政策講義及論文集」『新渡戸稲造全集』第四巻，教文館に所収。

Dewey, Davis Rich (1912), Financial History of the United States, American Citizen Series, Longmans, Green, and Co.

Farrand, Max (1918) *The Development of the United States*, Houghton Mifflin Company, Boston. マックス・ファランド著，名原広三郎・高木八尺訳『アメリカ発展史』岩波書店，1941 年。

Hamilton, Alexander (1791), *The Report on the Subject of Manufactures*, Philadelphia, December 5, 1791 [To the Speaker of the House of Representatives].（邦訳）アレグザンダー・ハミルトン著，田島恵児他訳『製造業に関する報告書』未来社，1990 年。

Irwin, Douglas (2017), *Clashing over Commerce ─ A History of U．S．Trade Policy*, the University of Chicago Press.『米国通商政策』として邦訳書近刊。

Jefferson, Thomas (1793), *Report on the Privileges and Restrictions on Commerce of the United States in Foreign Countries*, collected in Thomas Jefferson, *Writings*, Literary Classics of the United States, Inc., New York, December 16, 1793, pp. 435-448.「合衆国通商に対する諸外国の特典および制限に関する報告書」。

── (1781, 1782), *Notes on the State of Virginia*, collected in *Writings*, ibid., pp. 121-325.「ヴァジニア覚書」として，『世界の名著』中央公論社，第 33 巻『フランクリン・ジェファソン・ハミルトン・マディソン・トクヴィル』1970 年，（pp. 238-268）に所収。

── (1774), *A Summary View of the Rights of British America*, in *Writings*, ibid, pp. 103-122.（邦訳）「イギリス領アメリカの諸権利についての意見の要約」として，『世界の名著』中央公論社，第 33 巻『フランクリン・ジェファソン・ハミルトン・マディソン・トクヴィル』1970 年，（pp. 209-231）に所収。

---

16)　アメリカの政党政治についての研究として，アメリカ政治学会の会長をも務めたシャットシュナイダーの重要な研究がある。E. E. Schattschneider (1942), *Party Government*, Rinehart & Company, Inc., New York. 邦訳は，E. E. シャットシュナイダー（1962）『政党政治論』法律文化社として出版されている。シュナイダーは，その主要な業績として関税政策に関する *Politics*, *Pressure and the Tariff*, 1935 で知られている。

North, Douglass C. (1961), *The Economic Growth of the United States 1790−1860*, Prentice Hall, Inc.

Schattschneider, Elmer Eric (1942), *Party Government*, Rinehart & Company, Inc., New York.（邦訳）E. E. シャットシュナイダー（1962）『政党政治論』法律文化社。

—— (1935), *Politics, Pressure and the Tariff*, 1935。

Taussig, Frank W. (1896), *The Tariff History of the United States*, G. P. Putnam's Sons, New York.（邦訳）F. W. タウシッグ著，長谷田泰三・安藝昇一訳（1938）『米国関税史』有明書房。

United States Census Bureau (1975), *Bicentennial Edition : Historical Statistics of the United States*, *Colonial Times to 1970*.

United States Trade Representative, *National Trade Estimate Report on Foreign Trade Barriers*, various years.

# 第Ⅲ部

# 国際収支と国内経済への
# インプリケーション

第 8 章

# トランプ時代の国際収支と為替相場の決定要因

矢 野 生 子

## 1. は じ め に

1980 年代頃から活発となった国際資本移動の自由化の結果として生じた「対外純資産」の累積は利子・配当という形で「所得収支（現：第一次所得収支）[1]」に反映され，日本では「所得収支の黒字」が「貿易収支の赤字」を上回るほどになった。日本の対外純資産額はデータ的には 1992 年末以降，世界第一位となっている。

「所得収支（第一次所得収支）」は，従来の為替相場決定理論や経済モデルにおいてほとんど注目されることの無い，国際収支の構成項目の一つでしかなかった。しかしながら，国際資本移動が活発になった現在，「所得収支（第一次所得収支）」は無視できないほどに為替相場や産業構造に大きな影響を与えることになったのである。

この対外純資産の増加や減少によって生み出される「所得収支（第一次所得収支）」の黒字や赤字が為替相場を変化させ，貿易収支や実物経済に影響を及

---

1) 国際資本移動の自由化を背景に IMF は 2008 年 12 月に国際収支マニュアル第 6 版への統計見直しを公表した。それに伴い，日本でも 2014 年より国際収支関連統計を第 5 版から第 6 版へと移行することとなった。この国際収支の大幅な構成項目の変化により，第 5 版での「所得収支」は第 6 版では「第一次所得収支」となっている。国際収支の具体的な構成項目の変更点については，後述する 3-1 を参照。

ぼし，経済構造を変化させるだけでなく，対外債務国では，債務不履行や通貨危機などの経済危機を発生させる可能性があるのである。そのため，「所得収支（第一次所得収支）」を考慮した新たなモデル構築の必要があると考えられる。

　本章では，2. において国際通貨制度の変遷とともにそれぞれの時代の為替相場決定の要因について資本移動の観点から考察をおこなう。3. においては，国際収支の定義における構成要素の変化について説明したのち，日本・韓国・アメリカの国際収支の構成項目（経常収支・貿易収支・所得収支）や対外純資産の状況などについて説明をおこなう。また，2001 年末に発生したアルゼンチン通貨危機がこれまでの通貨危機とは異なる要因によって発生した可能性について言及する。

　グローバル化により国際資本移動が活発になった現在，対外純資産によって計上される「所得収支（第一次所得収支）」が大きな役割を果たすようになり，対外純資産の自国通貨建て価値が為替相場の変動に従って大きく変化し，その国の実物経済に大きな影響を与えることを考慮すると，これまでのマクロ・モデルの本質そのものが変化してきていると考えられるのである。この対外資産を内生変数として捉えた新たなモデルの構築が必要であること，そして，国際資本移動の拡大とともに，「モノづくり」から急速に離れつつある日本の産業構造の問題点について言及する。

## 2.　為替レート決定要因と国際資本移動について

　国際通貨制度の変遷とともにそれぞれの時代における為替相場決定の要因について資本移動の観点から考察をおこなう。

### 2-1　金本位制度

　金本位制度は 19 世紀の後半から第一次世界大戦と第二次世界大戦の両大戦間の一時期に世界規模で成立していた最初の本格的な国際通貨制度であるが，経常収支は常に不均衡であり，金あるいは金為替が移動することで調整が行わ

れた。具体的には，短期均衡メカニズムとして「金現送点」との関係から為替相場が一定の範囲内で変化する「金現送メカニズム」と国際収支の不均衡に応じて国際間を金が移動することによって物価が変動するために長期均衡が達成されるという「正貨移動の理論」によって調整機能が説明される。すなわち，国際資本移動は金本位制度のルールの下で積極的に国際間を自由に移動していたのである。

　金本位制度の下での為替相場は，短期均衡メカニズムである「金現送メカニズム」によって一定の範囲内に抑えられることから，一種の固定相場制度として捉えられるが，国際資本移動という観点から考えると，国際資本移動が制限されていた固定相場制度とは異なり，国際収支問題として考えた場合には国際資本移動が自由化している変動相場制度と同じであると考えることができる。

## 2-2　固定相場制度（フロー・アプローチ）

　第二次世界大戦後に成立した固定相場制度の下では，いわゆる「伝統的為替相場決定理論」とよばれ，外国為替市場での外国為替の需給によって為替相場が決まるというフロー概念（フロー・アプローチ）に基づいている。この時代の代表的な為替相場決定理論として，為替相場は自国通貨と外国通貨の購買力の比率によって決定されるという「購買力平価説」が挙げられるが，外国為替の需給の背景となるのは，財・サービスの貿易収支であり，経常収支が為替相場への主な決定要因であると考えられていた。資本収支については，国際間の資本移動が活発ではなく，資本取引は長期的に平準化されてしまうことから，為替相場の主な決定要因とはみなされていなかったのである。

　固定相場制度が開始された当時は，第二次世界大戦直後の「ドル不足」の時代であった。唯一，自国通貨を金との兌換可能としたアメリカの貿易収支は黒字であり，世界中が対米赤字の状態であった。しかし，1960年代に入ると西側主要国の経済回復や米ソによる東西冷戦などにより，次第にアメリカの貿易収支の赤字が拡大し，アメリカはドル防衛策として「金ドル兌換停止（いわゆるニクソンショック）」を宣言することで，事実上，固定相場制度が崩壊するこ

ととなった。為替相場による貿易収支の赤字は調整されず，結果として，アメ
リカの国際収支の赤字の拡大を止めることはできなかったのである。


### 2-3　変動相場制度（アセット・アプローチ）

1973 年 2 月に固定相場制度から変動相場制度へと移行[2]したが，既に固定相
場制度の下でのフロー・アプローチが国際収支の不均衡を調整できなかったよ
うに，変動相場制度においても，フロー・アプローチは有効ではなかった。そ
のため，国際的収支の不均衡を調整するためには，従来のフロー概念（フ
ロー・アプローチ）からストック概念に基づく必要があったのである。この場合
のストックとは金融資産（アセット）であり，外国為替や株式，債券などが挙
げられる。これらの金融資産が国際間のストック市場で取引されることによ
り，短期的な為替相場が決定するというものである。

その背景としては，1980 年代頃から活発となった国際資本移動が挙げられ
る。特に欧米の先進国を中心に国際資本取引が活発化し，金融資産を増大させ
たのである。それにより，短期の為替相場は従来の経常収支ではなく，国際資
本取引に伴う資本収支によって決定されるようになったのである。このことか
ら，変動相場制度の下での短期為替相場の決定理論として，アセット（資
産）・アプローチという手法が用いられるようになった。

アセット・アプローチとしては，①マネタリー・アプローチと②ポートフォ
リオ・バランス・アプローチが挙げられる。①マネタリー・アプローチとは，
為替相場は 2 国間の通貨で示された資産（アセット）の交換比率であり，金融
資産が国際間のストック市場で均衡することにより為替相場が決定するもので
ある。②ポートフォリオ・バランス・アプローチとは，マネタリー・アプロー
チが前提としていた各国の通貨建て金融資産を完全代替ではなく，リスク・プ
レミアムを考慮した国際間での資産選択行動を仮定した理論である。いずれも

---

2)　1973 年 2 月 12 日，13 日に外国為替市場が停止し，翌日から世界各国は順次，現
在の変動相場制度へと移行したが，正式に変動相場制度への移行を決定したのは，
1976 年 1 月のキングストン会議においてである。

短期の国際間の資本移動が自由におこなわれるということが前提となっている。

## 2-4 新たなアプローチ（新アセット・アプローチ）

これまでのアセット・アプローチは，短期の国際間資本移動が自由におこなわれている状態での為替相場決定理論であった。経常収支ではなく資本収支が為替相場の決定要因であり，国際間での金融資産の取引を通じて為替相場が決定され，国際収支の不均衡を生じる原因になっていると考えられてきた。金本位制度の時代には，経常収支の不均衡が国際間の資本移動を活発化させたが，そのことが通貨危機[3]を発生させる一因ともなった。変動相場制度においても経済のグローバル化が進み，国際間の自由な資本移動が活発化することで通貨危機をしばしば発生させることとなったのである。

前述したように，国際資本移動を前提とした変動相場制度の下での短期為替相場決定理論は，経常収支ではなく資本収支であるというアセット（資産）・アプローチが用いられた。しかし，ポートフォリオ・バランス・アプローチに基づいて，リスク・プレミアムを考慮した国際間での資産選択行動が長期にわたって続いた結果，過去におこなった海外投資は，国際資本移動の自由化が拡大するとともに「対外純資産」の累積となり，「対外純資産」の利子・配当は投資収益として「所得収支（第一次所得収支）」に反映されることになるのである。

この対外純資産の増加によって生み出される「所得収支の黒字」が「貿易収支の赤字」を上回る場合には「経常収支」は黒字となり，為替相場を増価させ，さらなる「貿易収支の赤字」をもたらすのである。この一連の動きが，国

---

3) 具体例としては，過去最大の世界的金融危機とされる 1929 年に発生した「世界大恐慌」が挙げられる。世界的な経済危機となった理由としては，金本位制度の下で各国の金融政策に対する裁量性（自由度）が非常に低かった点が挙げられる。各国は金の流出を防ぐために金利上昇などの金融引き締め政策を採用せざるを得ず，それがさらなる国内景気の悪化を招くこととなったのである。この金融引き締め政策は，結果的に世界の流動性を硬直化させ，金本位制度崩壊の一因となったのである。

内企業の海外進出と相俟って実物経済に影響するのである。

　また，対外債務国では「貿易収支」が黒字であったとしても，「所得収支（第一次所得収支）」の赤字によって「経常収支」が赤字となり，自国通貨安が対外債務残高を増加させ，金利支払いを増加させるのである。その結果，貿易収支や実物経済に影響を及ぼし，債務不履行や通貨危機などの経済危機を発生させることになるのである。

　「所得収支（第一次所得収支）」は，従来の為替相場決定理論や経済モデルにおいてほとんど注目されることの無い，国際収支の構成項目の一つでしかなかった。しかし，国際資本移動が活発になった現在では，「所得収支（第一次所得収支）」は無視できないほどに為替相場や産業構造に大きな影響を与えることになったのである。そのため，「所得収支（第一次所得収支）」を考慮した新たなモデル構築の必要があると考えられるのである。

　言い換えれば，国際資本移動の自由化によって，対外純資産が内生変数として実物経済に影響を与えるのである。そのため，これまでとは異なる新たなアプローチが必要になるのである。

## 3. 国際収支と国際資本移動

　以下では，国際収支の構成要素がどのように変化しているのかについて，各国（日本・米国・韓国）のデータから現状について考察し，「対外純資産」の変化とともに「所得収支（第一次所得収支）」が，為替相場や経済構造に大きな影響を与える可能性について言及する。また，アルゼンチン通貨危機が発生した要因についても「所得収支（第一次所得収支）」の観点から考察をおこなう。

### 3-1　国際収支の定義における構成要素の変化

　国際資本移動の自由化によって国際収支の構成要素も変化してきている。IMFでは2008年12月に国際収支マニュアル第6版への統計見直しを公表した。それに伴い，日本でも2014年より国際収支関連統計を第5版から第6版へと移行することとなったのである。国際収支マニュアルの変更前（第5版）

表 8-1　国際収支の主要項目の組み換えと名称の変更

| 変更前（第 5 版） | | | 変更後（第 6 版） | | |
|---|---|---|---|---|---|
| 経常収支 | 貿易・サービス収支 | 貿易収支 | 経常収支 | 貿易・サービス収支 | 貿易収支 |
| | | （輸出） | | | （輸出） |
| | | （輸入） | | | （輸入） |
| | | サービス収支 | | | サービス収支 |
| | | 貿易・サービス収支計 | | | 貿易・サービス収支計 |
| | 所得収支 | | | 第一次所得収支 | |
| | 経常移転収支 | | | 第二次所得収支 | |
| | 経常収支計 | | | 経常収支計 | |
| 資本収支 | 投資収支 | | 資本移転等収支 | | |
| | その他資本収支 | | 金融収支 | 投資収支 | |
| | 資本収支計 | | | 外貨準備 | |
| 外貨準備増（－）減 | | | | 金融収支計（注） | |
| 誤差脱漏 | | | 誤差脱漏 | | |

（注）新・金融収支のマイナス（△）は資本の流入（資産の減少）を示す。
（出所）財務省「国際収支関連統計の見直しの概要」より筆者が抜粋・加工。

と変更後（第 6 版）の国際収支の主要項目の組み換えと名称の変更については，表 8-1 のように比較することができる。

　主な変更箇所としては，主要項目の組み替えとして，これまでの「資本収支」が「投資収支」と「外貨準備増減」を統合した「金融収支」となり，「資本収支」の一項目であった「その他資本収支」が「経常収支」や「金融収支」と並ぶ大項目に変更されている。その他，「所得収支」が「第一次所得収支」，「経常移転収支」が「第二次所得収支」となるなど名称の変更もあるが，単なる項目や名称の変化だけではなく，その構成割合も時代とともに大きく変更しているのである。


### 3-2　各国の現状（日本・韓国・アメリカ）

【日本の経常収支・貿易収支・所得収支（第一次所得収支）の推移】

　図 8-1 は，1998 年から 2017 年までの日本の経常収支・貿易収支・所得収支[4]と為替相場の推移を示したものである。図 8-1 からも明らかなように，貿易収支は 2014 年まで低下傾向[5]にあり，2011 年から 2015 年までは貿易収支が

---

4）　所得収支は現行の IMF 第 6 版では，「第一次所得収支」と名称が変更している。

赤字となっている。この原因としては，軽工業を中心とした製造業の海外への
工場移転による輸入増加や 2011 年に発生した東日本大震災による福島第一原
子力発電所の事故を受けて，全国の原子力発電所を稼働中止させたことによる
石油や天然ガスなどの代替エネルギーの輸入増加が挙げられる。

　この貿易収支の動きを受けて経常収支も同じような変化を示しているが，経
常収支は貿易収支が赤字となった 2011 年から 2015 年までの期間も黒字となっ
ている。それは，1998 年から一貫して増加し続けている所得収支（第一次所得
収支）の存在によるものである。1998 年には所得収支（第一次所得収支）は貿易
収支の 2.5 倍もの規模となっているのである。

　「所得収支（第一次所得収支）」とは，国境を越えた雇用者報酬（外国への出稼
ぎによる報酬の受取等）および投資収益（海外投資による利子・配当金収入等）の支
払勘定である。雇用者報酬は，居住者による非居住者労働者に対する報酬の支
払と，居住者労働者が外国で稼得した報酬の受取を計上する項目である[6]。投
資収益は，居住者・非居住者間における対外金融資産・負債に係る利子・配当
金等の受取・支払の計上である[7]。ただし，対外金融資産・負債について実現
したキャピタル・ゲインあるいはロスは除かれる。（資本収支の中に含まれる）
すなわち，「所得収支（第一次所得収支）」の大幅な黒字は，利益配当金・債券
利子等の財産所得等の受取超過や海外子会社等からの配当金などの受取額が増
加したことによるものである。

【日本の対外資産・対外負債・対外純資産の推移】

　図 8-2 は 1996 年から 2018 年までの日本の対外資産・対外債務・対外純資産
を示したものである。対外資産，対外債務とも一貫して増加しているが，対外
資産から対外負債を差し引いた日本の対外純資産は黒字であり，2013 年から

---

5)　貿易収支が大きく下落した年の要因は，2001 年のアメリカ同時多発テロや IT 不況
　　の影響，2008 年のリーマン・ショック，2011 年の東日本大震災が挙げられる。

6)　日本国籍（外国籍）の船舶・航空機で働いている外国人（日本人）乗務員等の給
　　与の受払が含まれる。

7)　投資収益は，投資の内容に従って，直接投資収益，証券投資収益およびその他投
　　資収益に区分される。

図 8-1　日本の経常収支・貿易収支・所得収支・為替相場（1998 – 2017）

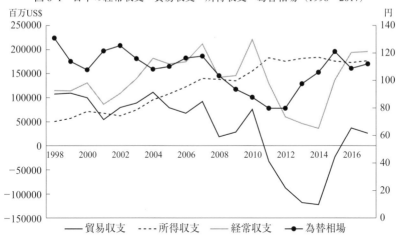

（資料）GLOBAL NOTE
（出所）UNCTAD, IMF より筆者が抜粋・加工。

図 8-2　日本の対外資産・対外債務・対外純資産（1996 – 2018）

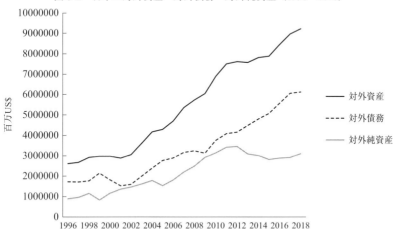

（資料）GLOBAL NOTE
（出所）IMF より筆者が抜粋・加工。

はほぼ横ばい状態にあるとはいえ，対外純資産の黒字額は世界一となっている。この対外純資産が投資収益という形で「所得収支（第一次所得収支）」に計上されているのである。対外純資産[8]は，国が海外に保有している資産から負債を除いたものである。この純資産の増加額は，ほぼ経常収支の黒字額に等しくなっている。1980年代に入って日本は経常収支の大幅黒字が続いたため，1985年以降，世界一，または二位の純資産を保有しているのである[9]。

　図8-1および図8-2から明らかなように，資本移動の自由化の結果として生じた対外純資産の増加は，利子・配当という形で「所得収支（第一次所得収支）」の黒字として反映されている。「貿易収支」はグローバル化による製造業を中心とした海外への工場移転などによる輸入の増加や代替エネルギーの輸入増などによって減少傾向にあったが，2005年以降は「所得収支（第一次所得収支）」が「貿易収支」を上回り，その差は益々巨額になっていったのである。この巨額の「所得収支（第一次所得収支）」が貿易収支の減少にもかかわらず，経常収支の黒字を生み出し，為替相場の増価による国際競争力の低下を招き，さらなる企業の海外進出を促進し，貿易収支の赤字化を進めることになってしまうのである。このことは，図8-1における為替相場の推移と貿易収支の動きがほぼ同じ動き方をしていることからも明らかである。

　このように，国際資本移動の自由化が貿易収支に影響を及ぼし，国内の産業空洞化を益々加速させ，実体経済にも影響を及ぼすことになるのである。

【韓国の経常収支・貿易収支・所得収支（第一次所得収支）の推移】

　図8-3は1998年から2017年までの韓国の経常収支・貿易収支・所得収支（第一次所得収支）の推移を示したものである。図8-3からも明らかなように，貿易収支は，1997年に発生したアジア通貨危機の半年後に発生した1998年の

---

8)　具体的な形態は，資産としては外貨準備，銀行の対外融資残高，企業の直接投資残高などがあり，負債としては海外からの証券投資，借入金などがある。

9)　1992年末の対外純資産は5136億ドルで世界一となっている。このように，データ上は日本が対外純資産世界第一位となっているが，実際にはアメリカが世界第一位であると見なさなければならない。これは，基軸通貨国であるドルが資産として世界中で保有されているという意味であり，基軸通貨国の特権である。

図 8-3　韓国の経常収支・貿易収支・所得収支（1998 – 2017）

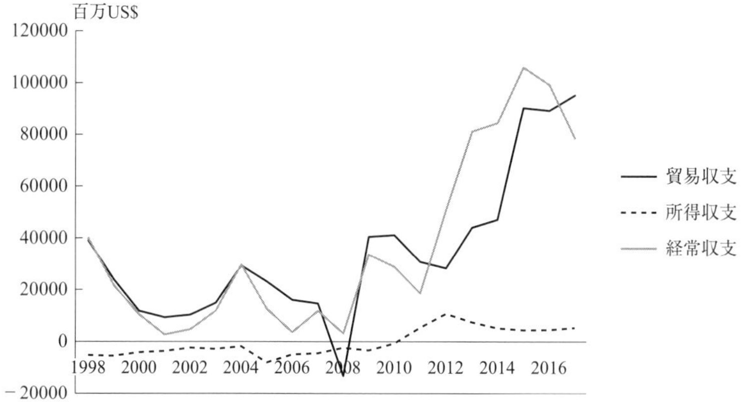

（資料）GLOBAL NOTE
（出所）IMF より筆者が抜粋・加工。

韓国通貨危機の影響を受けて 2008 年のリーマン・ショックで赤字に転落する
までほぼ低下傾向にあった。その後，貿易収支の黒字については上昇傾向がみ
られるが，2011 年から 2012 年については一時的に減少している。この原因と
しては，2011 年に発生した東日本大震災による日本国内の製造業が一時的に
中止したことによるグローバル・サプライチェーンの崩壊による影響であると
考えられる。また，貿易収支の動きを受けて経常収支も同じような変化を示し
ているが，2015 年以降に経常収支が低下した背景としては，中国経済の減速
に加えて，世界的なスマートフォン販売台数の伸び悩みなどが韓国の主力産業
である半導体産業の業績を悪化させたためであると考えられる。所得収支（第
一次所得収支）については，2010 年以降，黒字となっているが，日本とは異な
り，貿易収支と比較すると 20 分の 1 程度の割合となっている。

【日本・米国・韓国の貿易依存度[10)]について】

　図 8-4 は日本・米国・韓国の貿易依存度を示したものである。日本の貿易依
存度は 2004 年頃から 20% を超え，2009 年は前年（2008 年）のリーマン・

---

10)　貿易依存度は GDP に対する貿易額の比率。貿易額は貿易輸出総額と輸入総額の合
　　計値で国際収支ベース（FOB 価格ベース・所有権移転ベース）。貿易額にサービス輸
　　出・輸入は含まない。

図 8-4　貿易依存度（日本・米国・韓国）（1985－2017）

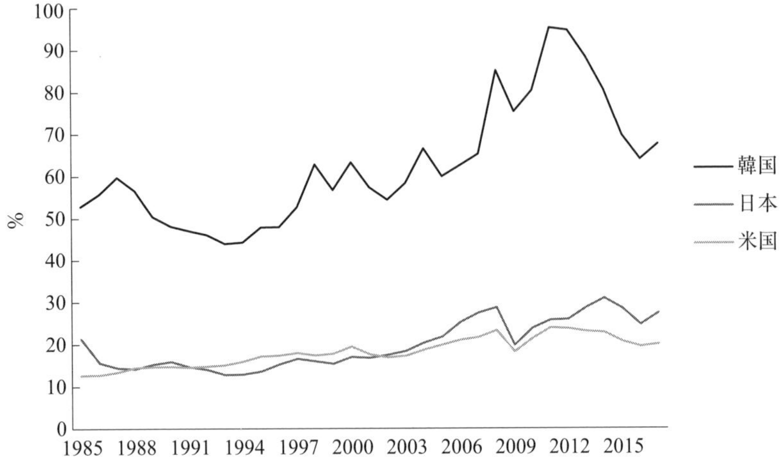

（資料）GLOBAL NOTE
（出所）UNCTAD より筆者が抜粋・加工。

ショックにより一時減少したが，2011 年の東日本大震災以降，上昇傾向（20%
から30%）となっている。貿易依存度が緩やかに増加している原因は，前述し
たように，軽工業を中心とした製造業の海外への工場移転による輸入増加や
2011 年に発生した東日本大震災による福島第一原子力発電所の事故を受けて，
全国の原子力発電所を稼働中止させたことによる石油や天然ガスなどの代替エ
ネルギーの輸入増加が挙げられる。経済のグローバル化と共に貿易依存度は増
加する傾向にあるが，日本と米国の貿易依存度は 3 割以下であるのに対して，
韓国の貿易依存度は GDP の 50% 以上を占めている。1997 年に発生したアジ
ア通貨危機の半年後である 1998 年に発生した韓国通貨危機，2008 年のリーマ
ン・ショック後にはそれぞれ世界経済の停滞とともに貿易依存度が低下した
が，世界経済の回復により再び貿易依存度は増加している。特に中国の好景気
に牽引された 2011 年の貿易依存度は 95% にまで達しているのである。しか
し，2011 年の東日本大震災の発生後は，日本や中国の経済成長の低下[11]と共

11）　2015 年，中国において株式のバブルが引き金となり，6 月 12 日に株価の大暴落が
　　発生し，人民元切り下げがおこなわれた（いわゆるチャイナ・ショック）。

図 8-5　韓国の対外資産・対外債務・対外純資産（1996 − 2018）

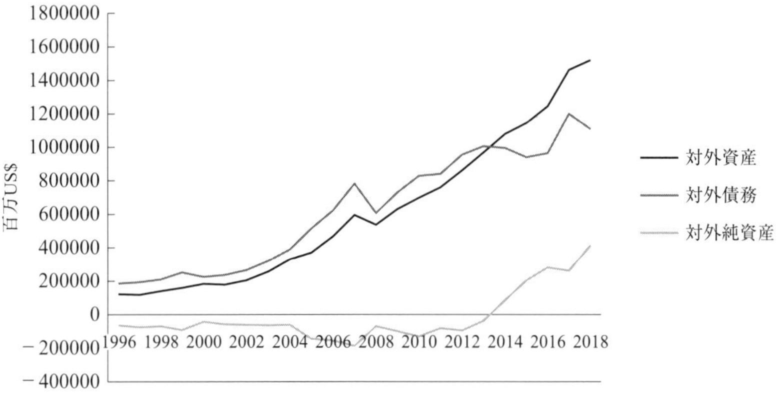

（資料）GLOBAL NOTE
（出所）IMF より筆者が抜粋・加工。

に急速に貿易依存度も低下しているのである。このように，貿易依存度の高い
韓国は，米国や中国の経済状況に大きく左右されるため，非常に脆弱な経済構
造となっている。

【韓国の対外資産・対外負債・対外純資産の推移】

　図 8-5 は 1996 年から 2018 年までの韓国の対外資産・対外債務・対外純資産
を示したものである。2014 年から対外純資産が黒字となっているが，それま
では一貫して対外純資産は赤字となっている。先述したように，対外純資産は
投資収益という形で所得収支（第一次所得収支）に計上されるが，2017 年の所
得収支は貿易収支の 20 分の 1 程度でしかなく，現時点では，所得収支の黒字
が為替相場や貿易収支を通じて実体経済に与える影響は限定的であると考えら
れる。

　しかし，今後益々国際資本移動が活発化することにより，対外純資産の増加
や減少によって生み出される「所得収支（第一次所得収支）」の黒字や赤字が為
替相場を変化させる場合には，韓国のような債務国[12]では，「所得収支（第一
次所得収支）」の赤字が為替相場を減価させ，対外債務の実質増による利子負担

---

12）　韓国の対外債務残高は 2018 年で 441,173 百万ドル（韓国銀行発表）であり，2018
　　年の韓国の GDP の 25 % に相当する金額である。

増となるのである。そのため，貿易収支が黒字化していても，それ以上の対外
債務残高の増加を発生させ，債務不履行や通貨危機などの経済危機を発生させ
る可能性があるのである。

　次節では，実際に国際資本移動の自由化によって発生した「所得収支（第一
次所得収支）」の赤字が通貨危機を発生させる原因の一つになったと考えられる
アルゼンチン通貨危機のケースについて考察をおこなう。

### 3-3　アルゼンチン通貨危機の原因

　1990 年代において，先進工業諸国から中南米やアジア諸国などの発展途上
国への国際資本移動が増加し，ASEAN 諸国や韓国などの東アジア地域では，
「東アジアの奇跡」とまで呼ばれ，急激な成長を遂げていた。このような状況
のもとで，さらなる国際資本移動をスムーズにするために IMF では資本勘定
の自由化を推進するための協定の改正を協議していたのである。

　1994 年のメキシコ通貨危機（テキーラ危機），1997 年 7 月に発生したアジア
通貨危機および 1998 年 8 月のロシア通貨危機，そして 1999 年 1 月に発生した
ブラジルの通貨危機の影響を受けて，2001 年末に発生したアルゼンチン通貨
危機通貨危機など，世界経済に多大な影響を及ぼした金融危機は，国際経済の
決済システムにおいて重大な弱点を露呈する結果となった。

　これまでの通貨危機は主に金融システムが未成熟な発展途上国や新興国に対
して急激な国際資本移動が生じることによって発生することが多かった。しか
し，2001 年に発生したアルゼンチン通貨危機はインフレ率や失業率，資本収
支の赤字など経済のファンダメンタルズが必ずしも悪化していたわけではない
のである。

　以下では，1990 年以降，国際資本移動の拡大と共に世界各地で発生するこ
とになった通貨危機の背景や原因について分析し，現在のように国際資本移動
が活発なグローバル経済のもとでは，従来の貿易収支や資本収支，インフレ率
や失業率の指標だけでは説明できない，経済危機が発生する可能性があるこ
と，そしてその原因の一つとしてこれまで IMF などが問題視してこなかった

2001 年に発生したアルゼンチン通貨危機は，メキシコ危機（テキーラ危機）とは異なる所得収支（第一次所得収支）に発生原因があったと考えられることについて考察をおこなう。

　従来，IMF は加盟国の債務不履行やそれによって引き起こされる通貨危機の発生を防ぐために加盟国の金融危機に対する脆弱性を評価する「脆弱性指標[13]」を設定し，それに基づいて政策監視（サーベイランス）をおこなっている。この「脆弱性指標」としては，①対外および国内債務に関するデータ[14]，②準備金データ[15]，③金融健全性指標[16]，④企業セクターのデータ[17]が挙げられる。すなわち，各国の経済状況の健全性を図る指数として，「インフレ率」，「経済成長率」，「財政収支」，「累積債務」，「為替相場の変動」，「失業率」などに注目していたのである。このような，さまざまな指標をもとにして政策監視を行い，通貨危機などの経済危機が生じた場合には，IMF による支援プログラムが実施されるのである。1994 年に発生したメキシコ危機（テキーラ危機）に代表されるように，たびたび債務不履行の状態となり，経済危機を発生させた南米諸国に対して，IMF は特に「インフレ率」や「為替相場の変動」に注目して政策監視（サーベイランス）をおこなっていたのである。

　しかし，メキシコ危機（テキーラ危機）を引き起こす原因ともなった，南米各地でのハイパワーインフレーションを以降，1991 年 4 月に導入したカレン

---

13)　IMF「脆弱性指標—進行中の作業（ファクトシート）」2002 年 8 月。

14)　期日分析，返済計画，金利感応性，外国通貨の構成を重要な尺度としている。また，対輸出対外借入比率を債務と支払能力の動向指標として重要視しており，公共セクターの借入が多い場合には債務の対 GDP 比や歳入比にも注目している。

15)　対外借入の制約が強化された場合の，国の対外債務返済能力や，一般債務および輸入支払能力を評価する上で中核をなすもの。

16)　各国の金融セクターの強みと弱みを評価するために使用。この指標は金融機関の適正資本，銀行の資産，簿外資産，負債の質，銀行の収益性と流動性，貸出増加の速度と質などをカバーする。金融健全性指標は，例えば金利や為替レートの変化を含む市場リスクに対する金融システムの感度を評価するために用いられている。

17)　企業の外国為替や金利変動に伴う負担に関係するものは，外国為替相場や金利の変動が企業部門のバランス・シートにどのような影響を及ぼすかを評価する場合に重要視される。また，企業の資金効率，収益性，キャッシュ・フローおよび財務体質に関連する指標も重要視されている。

シーボードを採用することで，アルゼンチンはハイパワーインフレーションを
克服することになったのである。

　Obstfeld and Taylor (1997) は，国際資本移動が活発であったという時期につい
て，「第一次世界大戦前」と「先進主要国が変動相場制度へと移行した1970年
代前半以降」であると述べている。その根拠としてマンデル＝フレミング・モ
デル（Mundell-Fleming model）を基礎的なモデルとする『政策のトリレンマ』の
議論を挙げている。

　『政策トリレンマ』とは，「①自由な国際資本移動，②為替相場の固定，③金
融政策の自立性，の3つは鼎立しない」という議論である。この議論に基づく
ならば，第一次世界大戦前，すなわち，『金本位制度』の時代には，「③金融政
策の自立性」が金本位制度のルールの下で放棄されることにより国際資本移動
が活発化したと考えられるのである。これに対して，第二次世界大戦後の国際
通貨体制である『固定相場制度』の時代には，「②為替相場の固定」と「③金
融政策の自立性」を維持するために「①自由な国際資本移動」を放棄したた
め，国際資本移動は減少したと考えられるのである。そして，変動相場制度以
降は「②為替相場の固定」が放棄されることで再び，国際資本移動が活発化さ
れたと考えられるのである。

　しかし，このObstfeld and Taylor (1997) の国際資本移動に関する分析は，先
進諸国間での国際資本移動によるものであり，先進国から途上国への国際資本
移動についても同様の分析が行われるものではない。

【通貨危機の共通の特徴】

　通貨危機の共通の原因としては，主に次の3点が挙げられる。まず，①当該
国通貨が過大評価され，実質上ドルに固定されていた。ということである。ド
ルにリンクすることで国際的な信用度が高まり，海外投資家たちによる投資が
過剰に行なわれていたために，当該国の通貨が本来のファンダメンタルズ（経
済の基礎的条件）を背景にした相場以上にその価値を過大評価されていたので
ある。

　次に，②銀行部門を始めとする金融システムの脆弱さという点である。通貨

危機が発生したこれらの国々のほとんどは金融機関とそのシステムが未発達であり，国際決済銀行（BIS）が規制している銀行の自己資本比率（BIS 二次規制ではリスク資産に対して 8% の自己資本計上）の水準を下回っており，経営内容についても不透明であった。しかも，それを監督・指導する法制度も預金者を保護する預金保険機構のような法制度も不備であったため，タイでは経営状態が悪化した不良銀行を潰すこともできず，また，インドネシアや他のアジア諸国では金融機関の破綻によって預金の取り付け騒ぎが起こる状態であった。このことが更に国際的な信用を低下させ，通貨下落を加速させる原因となったのである。

　そして，③過大な短期対外債務である。ASEAN 諸国の多くは経済発展のために過度な短期資本流入を行い，国内貯蓄を大きく上回る国内投資をファイナンスすることによって経済成長を遂げてきたのである。しかし，経済不安に陥った際にはすぐに回収される性質を持つ証券投資や銀行借入などに占める短期資金の割合が高かったために，この資本流出が通貨危機を招き，外貨準備の減少とともに拡大する経常収支の赤字が債務問題となり，更に通貨下落が加速する原因となったのである。

　以上の 3 点の原因以外にも各国特有の歴史的，制度的問題がそれぞれ重なり，IMF の支援プログラムの採用・実施の妨げとなることで通貨の下落，国内経済の悪化を更に進めてしまう現状となっているのである。

　これらの制度としての弱点の諸原因を分析し，解決の可能性を示すためにより多くの研究がなされてきた。そして，IMF は国際的な金融システムと決済システムを改善するための研究とその実現のための諸政策を IMF プログラムのもとで実際に実施したのである。

　しかし，アジア通貨危機後のタイやインドネシア，韓国に対する IMF プログラムについては，通貨危機に陥った加盟国だけではなく世界中から様々な批判が起こる結果となった[18]。このことから，世界経済，特にアジア地域の再

---

18)　矢野（1998）。

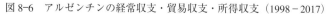

図 8-6　アルゼンチンの経常収支・貿易収支・所得収支（1998 – 2017）

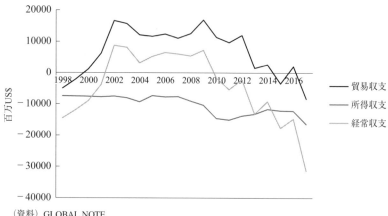

（資料）GLOBAL NOTE
（出所）UNCTAD, IMF より筆者が抜粋・加工。

構築と経済危機に陥った加盟国への新たな支援体制を含む IMF 自身の役割に
関しても見直しが行なわれているのである。

　しかしながら，2001 年に発生したアルゼンチン通貨危機は，メキシコ危機
（テキーラ危機）を始めとする他の通貨危機とは異なり，「所得収支（第一次所得
収支）」に発生原因があったと考えられるのである。

【アルゼンチンの経常収支・貿易収支・所得収支の推移】

　図 8-6 は 1998 年から 2017 年までのアルゼンチンの経常収支・貿易収支・所
得収支（第一次所得収支）の推移を示したものである。図 8-6 からも明らかなよ
うに，貿易収支と経常収支は，2001 年に発生したアルゼンチン通貨危機の翌
年（2002 年）をピークにほぼ減少傾向にある[19]。経常収支は 2010 年以降には
赤字となり，貿易収支も 2015 年と 2017 年には赤字となっている。所得収支
（第一次所得収支）については 1998 年以降，ずっと赤字が拡大しており，2015
年と 2017 年には，貿易収支，所得収支（第一次所得収支）とも赤字になってい
る。

---

19)　2007 年～2009 年にかけて貿易収支・経常収支の黒字が増加しているが，これはア
　　メリカの好景気に起因するものであると思われる。そのため，2008 年のリーマン・
　　ショックの影響は 2009 年以降に生じたと考えられる。

図 8-7　アルゼンチンの対外資産・対外債務・対外純資産（1996 – 2018）

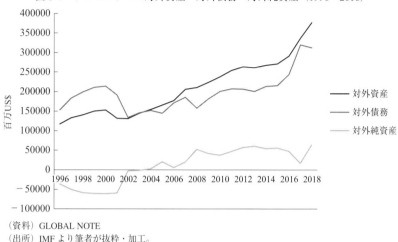

（資料）GLOBAL NOTE
（出所）IMF より筆者が抜粋・加工。

　アルゼンチン通貨危機が発生した 2001 年は，貿易収支が黒字でありながら，それを上回る所得収支（第一次所得収支）の赤字により，経常収支は赤字となっている。

【アルゼンチンの対外資産・対外負債・対外純資産の推移】

　図 8-7 は 1996 年から 2018 年までのアルゼンチンの対外資産・対外債務・対外純資産を示したものである。対外資産，対外債務とも一貫して増加しているが，対外資産から対外負債を差し引いたアルゼンチンの対外純資産は 2002 年までは赤字となっている。すなわち，アルゼンチン通貨危機が発生した 2001 年においては，対外債務が対外資産を上回り，対外純資産は赤字となっていたのである。この対外純資産の赤字は投資収益という形で所得収支（第一次所得収支）の赤字に反映されているである。

　アルゼンチンはカレンシーボードという安定した為替相場の下で，海外からの資本を積極的に流入し，海外企業の工場誘致をおこなってきた。また，アルゼンチン政府は国債を発行し，その財源をもとに国内のインフラを整備することでより多くの海外企業の進出を図ったのである。その結果，国内の雇用や輸出が増え，経済的には安定したように見えていても，国際資本移動の自由化の

結果として生じた対外純資産の赤字は，利子・配当という形で国外へ流出し，貿易収支の黒字を上回る所得収支（第一次所得収支）の赤字が経常収支の赤字を生み出したのである。既に巨額の累積債務状態にあったアルゼンチンは2002年1月にはデフォルト状態になり，カレンシーボードを放棄したことで，アルゼンチンの為替相場は一気に減価し，さらなる対外債務の実質増による利子負担増を発生させたのである。

このように，国際資本移動の自由化によって発生した「所得収支（第一次所得収支）」の赤字は累積債務国における為替相場の減価を通じてさらなる債務の増加を招き，通貨危機を発生させる原因になるのである。

## 4. むすびにかえて

マンデル＝フレミング・モデル（Mundell-Fleming model）のような従来のオープン・マクロ・モデルにおいては，国際収支の均衡条件を「貿易収支残高」と「資本収支残高」の合計として定義するが，これは，短期資本移動が為替相場の変動要因であり，為替相場の変動が結果的には貿易収支と実物経済に影響を与えるものという考えに基づくものである。対外純資産については外生的に与えられた所与の変数として捉え，マクロ・モデルに影響を与えないと仮定しており，資本移動はあくまで短期のフロー変数であった。

しかしながら，国際資本移動が活発になった現在，短期資本移動の結果として生じた長期的な対外純資産が投資収益という形で「所得収支（第一次所得収支）」に計上されて為替相場に影響を及ぼし，貿易収支や実物経済に影響を与えるようになってきたのである。

「所得収支（第一次所得収支）」は，従来の為替相場決定理論や経済モデルにおいてほとんど注目されることの無い，国際収支の構成項目の一つでしかなかったが，現在では「所得収支（第一次所得収支）」は「貿易収支」を金額的に遥かに凌ぐようになり，対外純資産の負債の変動が為替相場や経済構造に無視できないほど大きな影響を与える状況になっているのである。

日本のように，対外純資産の増加によって生み出される「所得収支の黒字」

が「貿易収支の赤字」を上回る場合には経常収支は黒字となり，為替相場を増価させ，国際競争力の低下により，さらなる「貿易収支の赤字」をもたらすのである。

この一連の動きが，国内企業の海外進出と相俟って実物経済に影響し，日本がこれまで経済成長の原動力としてきた製造業（モノづくり）をさらに縮小させ，産業構造そのものの変化を生じさせているのである。言い換えれば，日本では国際資本移動の拡大とともに「モノづくり」から急速に離れつつある経済構造と変化しているのである。国内の産業空洞化を加速させ，国際競争力や技術力を益々低下させるという悪循環に陥ってしまうのである。

その一方で，アルゼンチンや韓国のような対外債務国では「貿易収支が黒字」であったとしても，「所得収支の赤字」によって経常収支が赤字となり，自国通貨安が対外債務残高を増加させ，金利支払いを増加させるのである。その結果，債務不履行や通貨危機などの経済危機を発生させることになるのである。

上述してきたように，「所得収支（第一次所得収支）」が大きな役割を果たすようになり，対外純資産の自国通貨建て価値が為替相場の変動に従って日々大きく変化することを考慮すると，これまでのマクロ・モデルの本質が変わっていくと考えられるのである。

すなわち，国際収支の均衡条件を「貿易収支残高」＋「資本収支残高」＋「所得収支残高」の合計として定義し，為替相場に対する安定条件を考察する必要があるのである。「所得収支残高」とは対外純資産の利子・配当の受取額であるが，この受取額の自国通貨建て評価額は為替相場に影響を与えるだけでなく，為替相場の変化によって，貿易収支だけでなく，対外純資産残高自体も影響を受ける事になり，国内の産業構造に大きな影響を及ぼすのである。

このように，国際資本移動の自由化によって国際収支の構成要素が変化してきており，対外純資産の自国通貨建て評価額が内生化してくるため，この対外資産を内生変数として捉えた新たなモデルの構築が必要であると考えられる。

追記　本論文の作成に当たっては久留米大学経済学部の大矢野栄次教授より大変有益
　　　なご教示を数多くいただいた。また，本書の取りまとめをいただいた吉見先生を
　　　始め他の執筆の先生方へ心より感謝申し上げる。


## 参 考 文 献

深尾光洋（1983）『為替レートと金融市場―変動相場制の機能と評価』（東洋経済新
　　報社）。

中條誠一（2015）『現代の国際金融を学ぶ』（勁草書房）　第 1 部。

――（1992）『入門国際金融』（日本評論社）　第 12 章。

矢野生子（1998）『アジア通貨危機と IMF』（佐賀大学経済論集第 31 巻　第 3・4
　　号），218-219 ページ。

――（2016）『国際経済の理論と経験』（同文館出版），91-96 ページ，第Ⅱ部第 5
　　章 155-165 ページ。

Maurice Obstfeld, Alan M. Taylor (1997),"The Great Depression as a Watershed : Interna-
　　tional Capital Mobility over the Long Run", *NBER Working Paper*, No. 5960 (Also
　　Reprint No. r 2212).

第 9 章

# 中国経済における部門別 IS バランスの変化

唐　　成

## 1. はじめに

　1978 年に実施された改革・開放政策によって，同年から 2019 年までの中国の実質 GDP 成長率は 9.6％ に達しており，世界的に類のない経済成長の奇跡をもたらしたといっても過言ではない。図 9-1 に示されているように，実質 GDP 成長率は 1980 年以降各年代において異なる特徴を持っているといえる。大ざっぱにいえば，経済の改革開放の初期段階である 1980 年代では，成長率は上下の変動が激しく，1990 年代では，前半の景気過熱から後半にはソフトランディングへの移行に成功した。そして 2000 年代に入ると，2007 年まで常に前年度を上回る二桁の高成長を成し遂げたが，2008 年のリーマン・ショックによって成長率は急落したが，その後一挙に V 字回復した。しかし，2012 年から景気対策の経済効果が薄くなるにつれて，成長率は鈍化傾向が続いている。

　これまでの中国経済は，特に 2000 年代以降 2 つの大きな転換点を経験し，最もドラマチックな展開を示している。1 つめは，2001 年に WTO に加盟したのを契機として，これまで経験したことのない高度成長期を迎えたことである。特に，2003 年から 2007 年の実質 GDP 成長率は常に前年度を上回る二桁の「驚異的な」伸びを示し，世界経済の成長を牽引するという役割を果たしていた。このような高成長の結果，2008 年には北京オリンピックの開催に成功

図 9-1　実質 GDP の成長率と物価上昇率の動向（1948 – 2019 年）

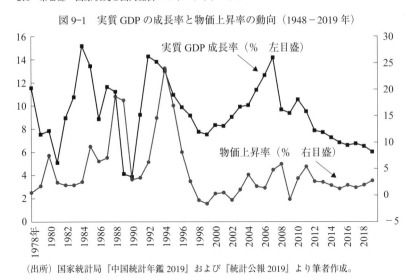

（出所）国家統計局『中国統計年鑑 2019』および『統計公報 2019』より筆者作成。

し，2010 年には日本を抜いて世界第 2 位の経済規模となり，「経済大国」として，世界の舞台に登場したことを印象付けた。

　2 つめは高度成長の終焉である。中国では，長期にわたって持続してきた「高度成長」が 2008 年のリーマン・ショックにより終焉を迎えた。2007 年下半期から欧州向けの輸出が低迷したのを受けて景気が悪化し始め，2008 年から 2009 年前半にかけて，輸出も工業生産も大幅な落ち込みとなった。これに対処するための景気刺激策が打ち出されたものの，その経済効果が薄れていくにつれて，成長率は 2012 年についに 7％ 台へ低下し，さらに 2015 年からは 6％ 台にとどまっている。

　この基本的背景には中国経済の構造的変化があるものの，2018 年に始まった米中貿易摩擦の激化によって，景気悪化に一段と拍車がかかっていると思われる。そればかりでなく，2019 年末には新型コロナウイルスの蔓延に見舞われ，中国経済のさらなる成長率鈍化が避けられない状況に追い込まれている。IMF によれば，世界経済全体でも 1929 年に始まった世界恐慌以来，最悪のマイナス成長に陥るとされるなかで，2020 年の中国経済は深刻な打撃を受け，1978 年以降で成長率は最低の 1.2％ にとどまると予測されている[1]。

　このように，中国経済は構造的転換期において，米中貿易摩擦，さらにはコロナショックに見舞われ，実体経済のみならず，金融危機的な状況に追い込まれつつあると予想される。中国経済は果たして高度成長から安定成長への移行が可能であろうか。また，「中所得国の罠」という経済課題を克服し，長期的に持続可能な経済成長を維持することができるだろうか。国内外において，今後の中国経済の行方に対する不安が生じている。

　そこで，本論ではマクロ的視点から，部門別貯蓄・投資バランス（以下 IS バランス）の分析に基づいて，1990 年代以降における中国経済の変容をより長期的，構造的に捉えて，今後の中国経済の展望を試みることにしたい。第 1 節では，部門別 IS バランスを概観し，1990 年代以降の中国経済における各部門の貯蓄と投資，およびそのバランスにおける変化の特徴を示したい。第 2 節では，特に家計と企業部門それぞれの貯蓄超過と投資超過の背景を明らかにしたい。最後にまとめとして，本論の主な結論と今後の課題を示すことにする。

## 2.　中国経済における IS バランスの変化

### 2-1　全体の IS バランスの推移とその特徴

　IS バランスとは，国や各経済部門における貯蓄と投資の差額のことであり，マクロ経済分析において極めて重要な概念である[2]。本節では家計，企業，政府及び海外といった部門に分けて，それらの IS バランスに着目することで，中国経済のマクロ経済部門の構造とその変容を明らかにしたい。

　図 9-2 には，1992〜2017 年における中国経済全体の貯蓄，投資，IS バランスの GDP 比の推移が示されている。そこからわかるように，中国の貯蓄と投

---

1)　Gita Gopinath (2020), "The Great Lockdown : Worst Economic Downturn Since the Great Depression," IMF, 2020 年 4 月 14 日アクセス。世界銀行も 2020 年 3 月 30 日に予測を発表したが，それによると中国経済は 2.3% にとどまっている。(https ://www.world-bank.org/en/region/eap/publication/east-asia-pacific-economic-update)
2)　中国の資金循環統計では，「実物取引」と「金融取引」はそれぞれ国家統計局，中国人民銀行によって作成されている。本論文を作成した時点では，すでに 1992 年から 2017 年までの資金循環統計が発表されている。

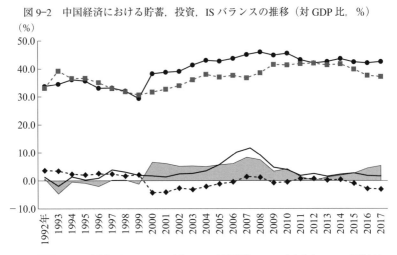

図 9-2　中国経済における貯蓄，投資，IS バランスの推移（対 GDP 比，%）

（出所）国家統計局国民経済計算データより筆者作成。

資とも，1990 年代は低下傾向を示していたが，2000 年代に大きく上昇傾向を
見せている。その後，2008 年の世界金融危機前後を機に，緩やかに低下傾向
に転じるようになったものの，依然として貯蓄と投資のいずれもが高い水準に
ある。それらの差である IS バランスは 1993 年を除けば，一貫して正であり，
2000 年代の貯蓄率の大幅な上昇を背景に，2007 年に 9.7% と最高を記録した。
ところが，2010 年代に入ると，2010 年の 3.6% から 2012 年にわずか 0.7% へ
低下した後，2017 年には 2.2% へと再び緩やかな上昇傾向を示している。この
IS バランスにおける大幅な貯蓄超過とその裏側にある貿易収支・経常収支の
黒字はアメリカや EU などとの貿易摩擦を引き起こしたといえる。Bernanke
（2005）は，中国などのグローバル規模の過剰貯蓄（Global Saving Glut）が結果
的に経常収支の黒字を生むとともに，米国への資金流入の源となり，ひいては
金融危機の土壌を形成したと指摘した。

　では，なぜこのように 2008 年のリーマン・ショックまで，IS バランスにお
ける貯蓄超過が急増したのかというと，その要因の 1 つとして，民間部門の貯
蓄率の大幅な上昇が考えられる。それがこの家計貯蓄率のみに止まらず，非金

表 9-1　各経済部門の貯蓄率の変化

(対 GDP 比率, %)

| | 総貯蓄率<br>((1) + (2) + (3) + (4)) | (1) 非金融<br>法人部門 | (2) 金融<br>法人部門 | (3) 家計部門 | (4) 政府部門 |
|---|---|---|---|---|---|
| 1992 | 39.6 | 12.1 | 1.0 | 20.7 | 5.8 |
| 1993 | 40.6 | 14.6 | 1.1 | 18.8 | 6.1 |
| 1994 | 41.2 | 14.6 | 0.9 | 20.7 | 5.0 |
| 1995 | 40.3 | 15.2 | 0.7 | 19.7 | 4.7 |
| 1996 | 38.2 | 12.0 | 0.8 | 20.2 | 5.1 |
| 1997 | 38.4 | 13.4 | 0.4 | 19.4 | 5.3 |
| 1998 | 36.9 | 12.7 | 0.6 | 18.8 | 4.9 |
| 1999 | 35.0 | 12.5 | 0.5 | 16.8 | 5.2 |
| 2000 | 37.4 | 17.3 | 0.5 | 20.9 | − 1.4 |
| 2001 | 38.3 | 17.7 | 1.1 | 20.5 | − 1.1 |
| 2002 | 40.1 | 17.7 | 1.6 | 20.2 | 0.6 |
| 2003 | 43.0 | 17.8 | 2.1 | 21.7 | 1.4 |
| 2004 | 45.7 | 20.6 | 1.9 | 20.6 | 2.6 |
| 2005 | 46.4 | 19.9 | 1.7 | 21.5 | 3.3 |
| 2006 | 48.0 | 19.5 | 2.0 | 22.3 | 4.2 |
| 2007 | 50.6 | 20.0 | 2.0 | 23.0 | 5.6 |
| 2008 | 51.5 | 20.4 | 2.2 | 23.1 | 5.8 |
| 2009 | 49.7 | 18.4 | 2.4 | 24.0 | 4.9 |
| 2010 | 50.7 | 17.5 | 3.2 | 24.9 | 5.0 |
| 2011 | 49.1 | 16.3 | 3.1 | 24.1 | 5.6 |
| 2012 | 47.6 | 14.6 | 3.1 | 24.3 | 5.5 |
| 2013 | 47.7 | 17.0 | 2.5 | 23.3 | 4.9 |
| 2014 | 49.1 | 18.0 | 2.5 | 23.0 | 5.6 |
| 2015 | 47.1 | 16.5 | 3.3 | 22.8 | 4.5 |
| 2016 | 45.9 | 16.0 | 4.0 | 22.4 | 3.5 |
| 2017 | 46.0 | 16.7 | 4.2 | 21.7 | 3.4 |

(出所) 国家統計局『統計年鑑』各年版, 唐 (2015) より加筆, 筆者作成。

　融法人部門の貯蓄率の上昇も大きな一因であることが特筆される (唐 2105)。各部門の貯蓄率が全体の総貯蓄率にどれだけ影響しているかを見やすいように, 全ての貯蓄率を GDP 比とした表 9-1 によって, 2000 年代だけではなく, 1990 年代以降の国内貯蓄構造をもう少し詳しくみることにしよう。

　表 9-1 に見られるように, 総貯蓄率は 1992 年の 39.6% から 2008 年の 51.5% へと大きく上昇している。その中身をみると, 家計貯蓄率は 1992 年の 20.7% からほぼ一貫して上昇をし続けた結果, 2008 年に 23.1% に達している。しかし, それだけではなく, 企業貯蓄率も一貫して上昇し続けているからであ

図 9-3　各経済主体の投資貯蓄差額の推移（対 GDP 比，%）

(出所) 1978-1991 年は筆者推計，Ⅰ 992-2017 年は国家統計局『中国統計年鑑 2010-2019 年版』より筆者作成。

る。企業部門は同年間に 12.1% から 20.4% に達しており，最も高い 8.3 ポイントの上昇となっていることから，全体の総貯蓄率の上昇に対して一番大きな貢献をしたことがわかる。

### 2-2　部門別 IS バランスの変化

　次に，中国経済の IS バランスの変化を部門別に注目すると，どのような特徴があるのかを探ってみたい。図 9-3 は中国が 1992 年から統計をとっている資金循環投資統計表（実物）を整理した部門別の IS バランス（GDP 比）の動きを示している。これをみると，家計部門は一貫して貯蓄超過が続いており，1992－2017 年間では GDP 比 13.1% の貯蓄超過（資金余剰）主体であったことがわかる。この家計部門の資金余剰を企業部門が設備投資資金として吸収し，資本ストックを蓄積して，中国の高度成長を支えていたのである。

　そのことを如実に示すように，非金融法人部門（企業部門）は家計部門とは対照的に，一貫して投資超過で推移しており，対 GDP 比でみて 12.3% にも

上っている。つまり，前述のように，中国の企業部門は自らも収益の中から貯
蓄をする努力をしており，中国全体の総貯蓄率上昇に寄与してきている。しか
し，それだけでは，拡大再生産という企業の特性はもとより，後述のような中
国企業の旺盛な投資意欲を満たす資金は確保できず，大幅な投資超過（資金不
足）部門となってきたことが見て取れる。

　特に，1992 年初め鄧小平による「改革開放をもっと加速せよ」という「南
巡講話」を受けて，各地方政府が一斉に地域内の投資拡大を促進した結果，過
熱ともいえるような投資超過となっていた。しかし，1990 年代後半に入ると，
投資超過は徐々に縮小傾向を辿り，経済の「軟着陸」に成功した。それ以降の
経済成長は基本的に「インフレなき」高成長が実現されたのである。

　2000 年代前半における企業部門の投資超過幅は平均すると 5% 台であった
が，世界金融危機後の景気刺激策によって投資が促進されたため，再び投資超
過幅が拡大し，投資の過熱化現象が窺える。この点では，バブル崩壊直前の日
本経済における企業部門の IS バランスの動きと極めて似ているといえる。し
かし，日本の場合はバブルが崩壊した後，1990 年代末から 20 年間にわたり企
業部門が貯蓄超過という特異な事態に陥っているが，中国の企業部門における
IS バランスは依然として大幅な投資超過という現象が続いている。

　一方，政府部門はこの間に GDP 比でみて，2.6% とわずかではあるが投資超
過（資金不足）主体であった。特に，二度の金融危機（1997 年のアジア金融危機
と 2008 年の世界金融危機）に直面した際に，積極的な財政政策を実施したこと
を反映し，いずれも大幅な投資超過に転じている。しかし，2015 年から再び
投資超過に転じているのは，高度成長が終焉した中国経済にあって，公共支出
の拡大による経済成長の維持を目指す政府の意図がうかがわれる。

　最後に海外部門の特徴を見てみよう。経常収支は，これまでみてきた上記の
国内部門の資金過不足の合計と等しくなるため，1993 年を除いて黒字を維持
している。特に，2001 年の WTO 加盟後貿易収支黒字が大きく拡大したことか
ら黒字幅が拡大したが，2010 年代に入ると徐々に黒字幅が減少傾向にあるも
のの，一貫して黒字を維持している。このように，経済全体の IS バランスが

貯蓄超過にあることで，輸出を中心に貿易・経常収支が黒字となる構造であり，2つのエンジンを持った輸出・投資主導型であるともいえる。

このように，中国における部門別のISバランスの統計から，中国の企業部門は資金不足を家計部門で生み出された貯蓄（余剰資金）の借入れによって賄うことにより，これまで一貫して旺盛な設備投資を行ってきたことが分かる。特に，2012年以降高度成長が終わりを告げ，経済成長率が持続的に低下しつつある中でも，なぜ中国の企業部門では依然として投資超過という現象が起きているのか，その背景とは何かを明らかにする必要がある。

## 3. 家計の高貯蓄率と企業の投資超過との背景

### 3-1 家計貯蓄率はなぜ高いのか

改革開放以降の中国経済の重要な特徴の1つに，中国の貯蓄率，とりわけ家計貯蓄率（表9-1と異なり，ここでは家計可処分所得に対する比率で示す）が世界的にもきわめて高いことが挙げられる。このような高い家計貯蓄率は，中国の高い投資率を資金面から支え，高度成長を可能にした原動力の1つであった。図9-4は中国の家計貯蓄率の時系列推移を主要国と比較したものである。これにより，中国の家計貯蓄率はどのような特徴を持っているのかがうかがわれる。

すなわち，1992年の時点での家計貯蓄率は，33.9%という高い水準を示しており，イタリアの19.5%，日本の15.1%，アメリカの9.4%を大幅に上回っていた。その後，減少傾向を見せていたが，2000年代に入ると急上昇に転じ，2001年の25.4%から2010年には42.1%へと16.7ポイントも上昇した。しかし2010年を境に，再びゆるやかな低下傾向を示しており，2017年には36.2%となっているが，それでも諸外国とは比較にならないほどの高水準にある。

Modigliani and Cao (2004) は，1978年以降，中国の家計所得水準が先進国に比べてまだ低いにもかかわらず，1960年代の日本のように，貯蓄率が急速に上昇している現象を「中国の貯蓄の謎（the Chinese saving puzzle）」と呼び，国内外から大きな関心を集めている。

他方，2000年代に中国の家計貯蓄率が急速に上昇した中で，逆に主要国の

図 9-4　家計貯蓄率の国際比較（1992 – 2017 年，対家計可処分所得）

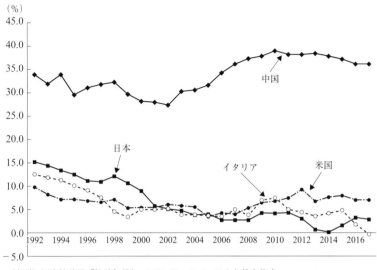

（出所）国家統計局『統計年鑑』，OECD データベースより筆者作成。

貯蓄率は低下した。特に，イタリアとともに世界的にも高い家計貯蓄率で知ら
れていた日本は，1990 年代以降ずっと低下傾向にある。2001 年には，家計貯
蓄率の日米逆転現象が起き，いまや世界の低貯蓄率国といわれるほど，高齢化
や所得の伸び悩みから低水準国になっている。

　中国の家計貯蓄率はなぜ高いのかについては，ライフサイクル仮説や予備的
動機に基づく貯蓄行動の解明を中心に，多くの実証研究が行われてきた。この
うち，ライフサイクル仮説をベースにした実証的な分析が最も多く行われてい
る（Modigliani and Cao 2004，王ほか 2004，Horioka and Wan 2007，汪偉 2015 など）。単
純な「ライフサイクル仮説」に基づけば，人々は若い時に就業して稼いだ所得
の一部を貯蓄することで老後に備え，老後は貯蓄して得た資産を取り崩すこと
で生活費を補うとされている。つまり，国全体の人口構造において，労働力人
口比率が高ければ，マクロ的に貯蓄率も高いとされている。図 9-5 に示されて
いるように，中国の従属人口指数は 1978 年の 73.6% から 2010 年には 34.2%
までほぼ一貫して低下しきた。しかし，2011 年以降はやや上昇傾向に転じて

図 9-5　人口構造と家計貯蓄率

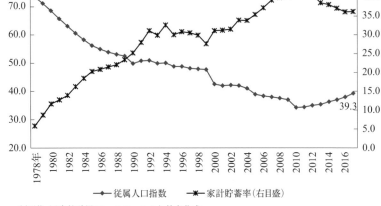

（出所）国家統計局データベースより筆者作成。

いる。家計貯蓄率の動きもほぼそれに沿って，逆相関の動きを示している。こ
れまでマクロデータを用いた実証分析では，この仮説の正しさが示されてい
る。たとえば，これまで，Banerjee et al. (2010) や Ge, Yang and Zhang (2018),
汪（2015）などは，中国における人口構造の変化，すなわち総人口に占める労
働力の比率の上昇（従属人口指数の低下）と家計貯蓄率の上昇をもたらした要因
であると分析している。

　人口構造の変化をもたらした背景には，中国の人口政策，特に 1980 年代以
降実施された一人っ子政策という強制的な人口抑制政策の実施による影響があ
る。それが，また家計貯蓄率にも大きな影響を及ぼしていると考えられる。こ
の政策は爆発的だった人口増加を抑制するのが目的で，夫婦一組の子供を 1 人
に制限し，2 人目からは罰金を科すなどした厳しい人口抑制政策であった[3]。
Curtis et al. (2015) は OLG モデルに基づいて，人口構造の変化が家計貯蓄を増

---

3)　中国の人口政策は農村と都市部の間で区別されており，漢民族と少数民族の間で
も異なり，さらに地域によっても異なっていた。「一人っ子政策」が適用されていた
のは中国の人口の 36 % に対してのみであったという（蔡 2017）。

加させる半分の要因を説明できるという。このような「一人っ子」政策の下で
の家庭保障と老人のリスク増大は，家計貯蓄率の上昇と人的資源への投資の増
加をもたらしている。

　Choukhmane et al. (2017) は，「一人っ子」政策による老人扶養水準の低下が
家計貯蓄率増加の 30% を説明できるとしている。Ge et al. (2018) は「一人っ
子」政策による子供人数の減少が家計貯蓄率を増加させていると分析してい
る。また，この政策の施行により，結果的に男性過多という男女比率のアンバ
ランス（例えば，国家統計局によれば，2016 年末時点で男性が 3,300 万人余り多く
なっている）が生じているが，このことに着目した分析もある。すなわち，Wei
and Zhang (2011) は男性が結婚市場において，競争の優位性を保つため，より
貯蓄に励むという見方を示している。ただ，中国の高貯蓄率は都市部であり，
男女性別のアンバランスはどちらかというと農村部に起きていると見られるこ
とから，疑問がないわけではない。

　第 2 に，予備的貯蓄動機理論による家計貯蓄率の上昇説である。1990 年代
以降中国の医療，年金，失業雇用などの社会保障制度改革や住宅，教育，など
の制度改革が行われるようになり，社会保障制度の未完成から家計は将来に対
する不確実性（リスク）が高まり，家計にとっての予備的動機が強まり，中国
の高い貯蓄率の要因解釈はこのような予備的貯蓄動機によるものである（謝
1997，宋 1999，龍・周 2000，孫・王 2001，Tang et al. 2006，易ほか 2011 など）。Chamon
and Prasad (2010) は教育，住宅及び医療支出の不確実性が家計の貯蓄動機を強
めたと指摘している。Choi et al. (2017) は家計貯蓄に関する米中比較分析では，
中国の貯蓄率の 80% 以上，アメリカのほとんどが予備的貯蓄によるものであ
ると分析している。

　他方，2000 年代を通じて，家計の年金や医療保険などの社会保障制度がい
ずれも改善されてきたが，家計貯蓄率がむしろ大きく上昇した現象も観察され
ている。朱・杭（2015）はパネルデータに基づいた分析では，都市と農村の予
備的貯蓄動機がいずれも高いが，特に都市住民のほうが強く，その一方，医療
費支出などではむしろ農村住民が予備的貯蓄動機を強めていると明らかにし

た。馬・周（2014）は家計追跡調査を用いて，新型農村養老保険が家計貯蓄に及ぼす影響はほとんどなかったという。また，高（2010）は全国の8省の農家ミクロデータに基づいて，農家の新型医療保険制度への加入は家計貯蓄水準を低下させる効果があると分析した。しかし，唐・張（2020）は2017年の家計調査データを用いると，年金受給の高齢者は，受給額が多いほど家計貯蓄率が高い。このことは中国において，年金や医療などの社会保障制度が普及しつつある中で，家計は依然として年金だけを頼りに生活が出来ない現状を物語っていると言える。また，Tang and Zhang (2020) は遺産動機の視点から，中国の高齢者世帯は日本と同じく，その遺産動機による高齢世帯の貯蓄率が促されていることを実証的に明らかにしている。

　実際，高齢化と家計貯蓄率との間に数多くの先行研究が行われているものの，異なるデータや指標の作成も異なるため，高齢化が家計貯蓄率にどのようなメカニズムで影響を及ぼしているのかははっきりと結論がまだ得られていない。図9-5でみたように，家計貯蓄率は高齢化率の上昇とともに，すでに下落したものの，依然として高いのは，こうした予備的貯蓄動機などによる貯蓄率を相殺するほどの影響がどの程度だったかはまだ十分な研究がなされていない。いずれにしても中国の家計貯蓄率が依然として高いのは，高齢化以外の要因が強く影響していると考えられる。

### 3-2　なぜ企業部門が投資超過なのか

　すでに述べたように，非金融法人部門（企業部門）は一貫して投資超過で推移している。特に2000年代後半における企業の投資超過幅が拡大した背景には，国有企業を中心とする非法人企業部門や地方政府が急速に債務を拡大させていたことが考えられる。2010年以降の過剰生産能力の拡大が懸念され，生産過剰の業種を中心に新規投資の抑制を続けた結果，一時資金不足幅が縮小に転じたものの，その後再び拡大の傾向となった。しかし，2017年にその投資超過幅が再び縮小傾向に入ったことがわかる。

　標準的なマクロ経済学によれば，企業の設備投資を決定する要因としては，

将来への期待，収益性，資金の調達の容易性，資本ストックの変化，その他制
度や法律等が挙げられている[4]。また，実体要因と金融要因とに分けて整理す
ることもできる（須藤・野村 2014, 11 ページ）。金融要因としては企業が設備投
資のための資金を確保しやすい環境にあるか否かという点が重要であるが，中
国企業はなぜ旺盛な投資意欲に基づいて過剰な投資を行うことが可能だったの
か。その金融面での理由について，唐（2015）は上場企業のデータを用いて，
企業の内部資金と主な外部資金調達源である長期借入金のアベイラビリティー
が，実際の企業投資水準を決める上で決定的に重要であることを明らかにして
いる。

　企業の内部資金である内部留保，すなわち企業貯蓄率の上昇傾向がすでに表
9-1 でも示されている。なぜ企業の貯蓄率が高くなったのか，その原因として
は企業の収益が拡大していることが考えられる。図 9-6 は，国家統計局による
一定規模以上の工業企業 1 社あたり収益の推移を示している。それによると，
企業の収益は規模の大小にかかわらず，2000 年代以降急速に拡大しているこ
とがわかる。一定規模以上の工業企業の 1 社あたり利益は 1998 年の 88.3 万元
から 2007 年の 806.3 万元へ，9.1 倍も拡大している。リーマン・ショックによ
り，2008 年の企業収益は 717.2 万元へ低下したが，2011 年にはまた 1885.6 万
元へ拡大している。その後は拡大と縮小を繰り返した末，2017 年の 2009.9 万
元から 2018 年の 1753.3 万元へと減少した。また，企業規模別でみると，大企
業の 1 社あたり利益は中規模企業，小企業より大幅に大きく，2018 年の規模
別収益は大企業が中規模企業の 11.3 倍，小企業の 60.3 倍に達しており，企業
規模による格差が大きいことがわかる。

　ただ，尹・路（2015）は 2002 - 2012 年の A 株上場企業のミクロデータ分析
を通じて，中国企業の高貯蓄率は国有企業よりも非国有企業のほうが高く，そ
の重要な原因は企業の純利益の急速な伸びであること，非国有企業が直面して

---

4）　ジョセフ・E・スティグリッツ・カール・E・ウォルシュ著（藪下史郎・秋山太
　郎・蟻川靖浩・大阿久博・木立力・宮田亮・清野一治訳）『スティグリッツマクロ経
　済学（第 4 版）』東洋経済新報社，2014 年。

図 9-6 一定規模以上の工業企業 1 社あたり利益の推移

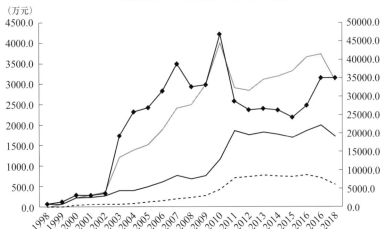

—— 中規模企業　---- 小企業　—— 規模企業以上平均　◆ 大企業（右目盛）

（注）一定規模以上の工業企業の定義は，2006 年以前は全ての国有企業と年間の売上が 500
　　　万元以上の非国有工業企業，2007～2010 年は年間の売上が 500 万元以上の工業企
　　　業，11 年以降は年間売上が 2,000 万元以上の工業企業と売上 500 万元以上の企業を
　　　指す。
（出所）国家統計局データベースより筆者作成。

いる借入制約も影響を与えていることなどを明らかにした。また，路ほか
（2019）は中国工業企業データベースを用いて，企業の高貯蓄率の背景には，
経営リスクの影響が大きいことを示した。特に非国有企業は経営リスクにより
敏感に反応するため，貯蓄率が高くなる傾向があることを指摘している。ま
た，非国有企業が貯蓄を好む傾向にあるのは，中国の金融市場が未発達である
ために，企業が労働者報酬を低下させて，内部保留を確保する傾向があること
を指摘している。

　他方，設備投資の実体要因としては，企業利潤，設備の稼働状況，中長期的
な経済の期待（予想）成長率または潜在成長率が挙げられる。ただし，最も重
要な決定要因はその投資が採算に合うかどうかである。それを測る重要な判断
材料は，投入資本の利益率の水準である。中国企業の投入資本利益率は 1998
年から持続的に上昇し，近年まで高い水準にある。その要因としては，全要素
生産性の上昇が最も重要である。ほかにも，労働力移動，金融深化，金融の効

図 9-7　製造業の固定資産投資比率と売上利益率の推移

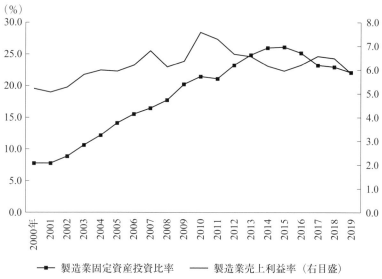

●━━■ 製造業固定資産投資比率　　━━━ 製造業売上利益率（右目盛）

（出所）国家統計局データベースより筆者作成。

率性および実質金利の低下なども影響を与えているという指摘がある（張・徐 2016）。

　ここでは，企業の利潤と投資率の変化を確認してみたい。図 9-7 では，製造業の売上高利益率，製造業全社会固定資産投資比率という二つの指標を作り，その推移を示している。それによると，2010 年までの製造業固定資産投資比率はほぼ一貫して上昇し，2000 年の 7.7％ から 2010 年の 21.5％ へと，13.8 ポイント増加している。特に 2009 年と 2010 年はリーマン・ショックによる景気対策の影響を受け，投資比率が大きく上昇していることがわかる。また，2011 年から 2015 年にかけて 21.1％ から 26.2％ へと上昇を続けた後，近年では低下傾向を示している。他方，製造業の売上利益率は 2000 年の 5.2％ から 2007 年の 6.8％ へ上昇していたが，2008 年に 6.1％ へ低下した後，再び 2010 年に 7.6 ％へ上昇した。これはリーマン・ショックの発生を受けた景気刺激策が，製造業の売上高利益率の水準を大きく押し上げたからと考えられる。

　しかし，同じ図 9-7 で示しているように，製造業売上利益率の指標は 2011

年から 2015 年まで低下と上昇の傾向を繰り返した後，2017 年からは低下傾向
に入っている。また 2015 年以降の製造業固定資産投資比率も同様に低下し続
けている。このように，製造業の投資率と利益率の動向を見ると，もはや張・
徐（2016）が指摘したような高い水準にある訳ではないことがわかる。これら
の変化は，近年における中国経済の鈍化傾向と整合的なものと言える。

## 4. おわりに

　中国経済は 1978 年から 2012 年の実質 GDP 成長率は年平均 9.8% もの高成
長率であったが，その後は成長の鈍化をきたしている。この現状に対して，本
論は部門別貯蓄投資バランスの分析に基づいて，1990 年代以降の高度成長期
及びその転換期をより長期的，構造的な視点で捉えている。具体的には，家
計，企業，政府及び海外といった部門に分けて，それらの貯蓄・投資バランス
に着目することで，中国経済のマクロ経済部門の変容を明らかにしている。す
なわち，中国経済における IS バランスは 1993 年を除けば，一貫して貯蓄超過
であったが，とりわけ 2000 年代前半には大幅な貯蓄超過が形成された。その
大きな理由は，家計の高貯蓄率とともに非金融法人部門も貯蓄率が大きく上昇
したためである。中国の IS バランスにおける大幅な貯蓄超過体質は，その背
後で対外的な貿易収支，経常収支が黒字であることを意味し，過去における欧
米との貿易摩擦，とりわけ今日の激しい米中貿易摩擦を引き起こして来たと考
えられる。

　また，中国の部門別 IS バランスの変化に注目すると，資金不足の企業部門
が家計部門の貯蓄（余剰資金）を借入れることにより，旺盛な設備投資を行っ
てきたことが確認された。このこと自体は，経済発展論からして極めて常識的
なことであるが，中国の場合は極めて巨額であり，潤沢な貯蓄に支えられた旺
盛な投資ということこそが，中国経済における高度成長の構図そのものであっ
たといえる。しかし，他方では，このような巨額な余剰資金は 2008 年の景気
刺激策を契機としたシャドーバンキングの膨張，ひいては地方政府と企業の無
理な資金調達を容易にし，結果的に中国経済における過剰信用と過剰債務問題

を深刻化させた一面がある。

　さらに，1990 年代以降の中国経済で，巨額の家計部門の貯蓄超過，企業部門の投資超過が続いてきた背景として，次のことが明らかになった。すなわち，家計における高い貯蓄率の要因として，ライフサイクル仮説に基づく中国の人口構造の変化，社会保障制度改革などによる予備的貯蓄動機の強まりが重要であるということができる。こうした高い家計貯蓄率は企業部門の旺盛な投資を支えている重要な資金的源泉といえる。また他方では，企業部門における投資収益の高さも，投資超過が継続していることの背景にあると考えられる。そして景気悪化の局面では，政府部門の投資超過が拡大を見せており，政府が積極的な財政出動によって景気を下支えし，成長の持続を図ってきたといえる。

　このように，1990 年代以降の中国経済における部門別 IS バランスの構造を捉えてみると，高度成長期から今日の転換期にわたって，中国経済は貯蓄超過主体である家計部門の潤沢な余剰資金に支えられた企業部門の旺盛な投資がエンジンとなった投資主導型経済発展と特徴を付けることが可能であろう。さらにいえば，経済全体の IS バランスが貯蓄超過にあることで，輸出を中心に貿易・経常収支が黒字となる構造であり，2 つのエンジンを持った輸出・投資主導型であるともいえる。李（2018）は改革開放以来 40 年間にわたる成功の背景には，大量の資本投入が欠かせない存在であり，中国経済の高い成長率を押し上げる主役であったと指摘している。実際，劉・範（2019）の推計においても，資本投入の貢献が最も大きいことが実証的に明らかにされている。

　しかし，中国経済は 2012 年から成長率が鈍化し始め，近年においてその傾向がいっそう鮮明になっている。その原因については，成長会計の手法を使って，資本の投入の減少が主因であり，それに労働の投入の減少と全要素生産性（TFP）上昇の減速も輪をかけていると徐・賈（2019）は指摘している。

　このような成長率が鈍化した中国経済において，IS バランスの構造および部門別の関係にも変化がみえている。図 9-2 に見られるように，2012 年を境に中国経済では再び政府部門を除いた IS バランスの貯蓄超過幅がかつてのよ

うに拡大している。しかし，2000年代前半にそれが大幅に超過していた時の理由とは明らかに異なっている点もある。第1に，中国の人口構造の変化である。2010年代に入って，生産年齢人口の伸び率がマイナスとなり，高齢化率が急速に上昇し，人口ボーナスが消えたことがあげられる（陸・蔡 2019）。図9-5に見られるように，中国の家計貯蓄率がゆるやかに低下トレンドを示すようになったのは，こうした人口構造の変化の影響を受けていると考えられる。ただし，その低下トレンドは緩やかなものにとどまっている。

　第2に，ISバランスの貯蓄超過幅の再拡大の最大の原因は，企業の投資意欲の減退である。高い投資率を支えてきた企業部門において，投資収益が悪化する傾向にある。この背景には，2008年後のV字回復の中で，企業部門は積極的な設備投資を行い，それに伴う過剰設備と急増した企業債務を抱え，その処理を迫られていることがある。さらに，2012年頃から労働力人口の増加率の減少は，新規労働者に資本を装備するための投資を不要にし，企業の設備投資にマイナスの影響を与え始めている，などが考えられる[5]。

　このような民間貯蓄超過の幅の拡大は，事後的には政府（一般政府財政赤字）または金融収支の黒字という形で海外に融資される（その裏側で，経常収支の黒字）ことになる。近年は，経常収支黒字が縮小していることからわかるように，企業の投資意欲の減退を中心に民間部門で生じた余剰資金は，海外への融資に向かうのではなく，政府部門に向かっている。事実，2015年以降，政府の財政は赤字基調となり，そこでの投資超過が拡大していくと考えられる。さらにここに来て，米中貿易戦争の激化や新型コロナウイルスの蔓延に見舞われ，民間貯蓄超過の最大の使途は，成長率が鈍化した中国経済全体にとって，一般政府による財政赤字の補填に注ぎ込まれることになるだろう。そうなれば，リーマン・ショック後の4兆元の景気対策からわかるように，民間投資の

---

5）　このほかにも，環境問題の悪化による環境コストや労働コストの上昇問題や中国を取り巻く国際経済環境の変化などから，これまでの産業構造では成長制約要因が厳しくなっていることも大きな原因と考えられるが，本論の分析課題ではないので，詳しく分析できないことを断っておきたい。

非効率性または投資効率の悪化問題が，今度は政府部門（特に地方政府）の非効率化問題としてより深刻化する恐れもある。

　このため，貯蓄超過問題を解決する一つの方策は民間消費を増やし貯蓄率を減少させることである。しかし 1990 年代後半以降，市場経済化への移行に伴う住宅，医療，年金，教育などの制度改革に対する様々な不安の高まりと将来所得の不確実性に対処するため，人々は現在の消費を抑え，予備的な貯蓄を増大させるという動機が依然として強い。このことから，こうした不安を解消する様々な政策の実行が，これまでの輸出・投資主導型経済発展という経済から内需，特に消費主導型に構造転換を図るうえで重要な施策であろう。また，産業構造及び貿易構造の高度化を推し進め，資本の収益性や技術革新力を高めることは，中所得国の罠を回避し，中国経済の持続的な安定成長を可能にするうえで重要なことといえよう。

　追記　本論は中央大学名誉教授中條誠一先生より大変貴重なコメントをいただいた。謝意を申し上げたい。なお，本論における誤りは，すべて筆者に帰するものである。

**参 考 文 献**

須藤時仁・野村容康（2014）『日本経済の構造変化―長期停滞からなぜ抜け出せないのか』岩波書店。

唐成（2015）「中国企業における資金調達行動」『経済学論纂』55/5・6 合併号，339–356 ページ。

唐成・張誠（2020）「高齢化，年金と家計貯蓄率―CHFS データに基づく実証研究」未発表論文。

蔡昉（2017）『読懂中国経済』中信出版集団。

高夢滔（2010）新型農村合作医療与農戸貯蓄：基于 8 省微観面板数据的経験研究」『世界経済』第 4 期，121-133 ページ。

陸暘・蔡昉（2019）「从人口紅利到改革紅利：基于中国潜在増長率的模擬」『世界経済』第 1 期，3-23 ページ。

李建偉（2018）「中国経済増長四十年回顧与展望」『管理世界』第 10 期，11-23 ページ。

路曉蒙・候曉華・尹志超（2019）「経営風険，産権性質与中国企業貯蓄率―来自中国工業企業数拠庫的証拠」『西南民族大学学報人文社会科学版』第 4 期，111-125 ページ。

劉偉・範欣（2019）「中国発展仍処于重要戦略機偶期―中国潜在経済増長率与増長跨越」『管理世界』第 1 期，13-23 ページ。

龍志和・周浩明（2000）「中国城鎮居民預防性儲蓄実証研究」『経済研究』第 11 期，33-38 ページ。

馬光栄・周広粛（2014）「新型農村養老保険対家計貯蓄的影響：基于 CFPS 数拠的研究」『経済研究』第 11 期，116-129 ページ。

宋錚（1999）「中国居民儲蓄行為研究」『金融研究』第 6 期，46-50 ページ。

孫風・王玉華（2001）「予防性儲蓄理論与中国居民消費行為」『南開経済研究』第 1 期，54-58 ページ。

王徳文・蔡昉・張学輝（2004）「人口転変的儲蓄効応和増長効応」『人口研究』第 5 期，2-11 ページ。

汪偉（2015）『中国高儲蓄現象的理論与実証研究』上海財経大学出版社。

易行健・張波・楊碧雲（2011）「中国城鎮居民預備性貯蓄動機強度的実証検験」『上海財経大学学報』第 6 期，1-9 ページ。

尹志超・路曉蒙（2015）「中国企業高貯蓄率之謎」『統計研究』第 33 巻第 2 期，16-22 ページ。

謝平（1997）「中国経済制度転軌中個人儲蓄行為」『経済社会体制比較』第 1 期，15-19 ページ。

徐忠・賈彦東（2019）「中国潜在産出的総合測算及政策含意」『金融研究』第 3 期，1-17 ページ。

張勛・徐建国（2014）「中国資本回報率的再測算」『世界経済』第 8 期，4-23 ページ。

朱波・杭斌（2015）「流動性約束，医療支出与予防性貯蓄」『宏観経済研究』第 3 期，112-119 ページ。

Banerjee Abhijit, Xin Meng, and Nancy Qian (2010), "Fertility and Savings : Micro-Evidence for the Life-Cycle Hypothesis from Family Planning in China", Working Paper, Yale University.

Bernanke,Ben S., (2005) ,"The Global Saving Glut and the U.S. Current Account Deficit," speech delivered at the Sandridge Lecture, Virginia Association of Economics, Richmond, Virginia.

Chamon, M., and E. Prasad. (2010), "Why Are Saving Rates of Urban Households in China Rising?," American Economic Journal : Macroeconomics, 2 (1), pp.93-130.

Choi, H., Lugauer, S. and Mark, N. C. (2017), "Precautionary saving of Chinese and US households", NBER Working Papers 20527, National Bureau of Economic Research, Inc. Journal of Money, Credit and Banking, vol.49, No.4, pp.635-661.

Curtis, C. C., S. Lugauer, and N. C. Mark (2015) , "Demographic Patterns and Household Saving in China" , American Economic Journal : Macroeconomics,7 (2), pp.635-661 58-94.

Choukhmane, Coeurdacier, and Jin (2017), "The One-Child Policy and Household Saving." Mimeo.

Ge, Suqin, Yang, Dennis Tao, and Zhang, Junsen (2018), "Population Policies,Demographic

Structural Changes,and the Chinese Household Saving Puzzle", *European Economic Review*,Vol,101 (C),pp.181‑209.

Horioka, Charles Yuji, and Wan, Junmin (2007), "The Determinants of Household Saving in China : A Dynamic Panel Analysis of Provincial Data." *Journal of Money, Credit and Banking*, Vol 39 (8), pp.2077‑2096.

Modigliani, F., and S. L. Cao (2004), The Chinese Saving Puzzle and the Lifecycle Hypothesis. *Journal of Economic Literature*, Vol 42 (1), pp.145‑170.

Shang-Jin Wei & Xiaobo Zhang (2011). "The Competitive Saving Motive : Evidence from Rising Sex Ratios and Savings Rates in China," *Journal of Political Economy*, University of Chicago Press,Vol.119 (3), pp.511‑564.

Tang Cheng, Hoken Hisatoshi and Xu Wenxing (2006) "Analysis on Saving Behaviors in Urban China : Empirical Results Based on Household Survey in Shanghai ." *Modern Asian Studies Review*,Vol.1.No.1,pp.1‑21.

Tang Cheng and Zhang Cheng (2020), "Bequest Motives and Saving Behavior Among the Elderly : A Comparative Study Between China and Japan Based on Micro-data," Mimeo.

第 10 章

# 貿易と労働に関する最近の研究
——Helpman et al. (2010) モデル——

田 中 鮎 夢

## 1. は じ め に

　トランプ氏は，2017 年 1 月にアメリカ合衆国大統領に就任後，対中関税を引き上げるなど保護主義的な貿易政策を採用してきた。こうした保護主義的貿易政策がアメリカ国民に支持される背景には，国際貿易が国内格差を生んでいるという懸念が指摘される。Autor et al. (2014) は，製造業の産業レベルの輸入データと組み合わせて，アメリカの労働者個々人のパネルデータ（1992〜2007）を用いて，中国との輸入競争にさらされた産業の労働者ほど，その後の所得が低下し，公的扶助を得ることになる確率が高いことを明らかにしている。さらに，Autor et al. (2016) は，中国からの輸入の増大によって，共和党の得票率が上昇したと指摘する。

　こうした貿易と格差を巡る現実を理解する一助となるべく，本稿は，企業の異質性を考慮して，貿易と国内賃金格差の問題を分析している代表的なモデルである Helpman et al. (2010) を紹介・検討することとしたい。

## 2. 伝統的貿易理論の限界

　国際貿易理論において，貿易と国内格差について考える出発点となるのは，

ストルパー＝サミュエルソン定理である。ストルパー＝サミュエルソン定理は，ある財の相対価格の上昇は，その財に集約的に用いられている，生産要素の実質収益を増加させ，その他の生産要素の実質収益を減少させる，ということを主張するものである。ヘクシャー＝オリーン・モデルの枠組みの中で，Stolper and Samuelson (1941) によって最初に示された。

　アメリカでは，1980 年代から大卒賃金プレミア（＝非大卒に対して大卒の賃金がどの程度高いのかを示すもの）が上昇してきた。1979 年には 48％ ほどであったが，2012 年には 96％ ほどになっている（Helpman, 2018）。この大卒賃金プレミアの上昇の原因の一部が国際貿易であるのではないかという仮説は，アメリカにおいて広く検証されてきた。

　その仮説は，ストルパー＝サミュエルソン定理が理論的な根拠となっている。ヘクシャー＝オリーン・モデルに従って考察する。いま，先進国が高技能労働者豊富国（大卒労働者豊富国），途上国が低技能労働者豊富国（非大卒労働者豊富国）であるとしよう。さらに，「高技能労働者の賃金＞低技能労働者の賃金」が成り立っているとする。ヘクシャー＝オリーン定理に従えば，先進国は，高技能労働者集約財の輸出を行う。結果として，先進国では，高技能労働者集約財の相対価格上昇が生じる。ストルパー＝サミュエルソン定理によれば，この時，高技能労働者の実質賃金は上昇し，低技能労働者の実質賃金は下落し，賃金格差が拡大するはずである。逆に，途上国では，高技能労働者の実質賃金は低下し，低技能労働者の実質賃金は上昇し，賃金格差が縮小するはずである。

　しかし，これまでの実証研究からは，ストルパー＝サミュエルソン定理が現実の賃金格差を十分に説明できないことが分かっている。例えば，アメリカにおいて高技能労働者集約財の相対価格上昇は生じていない。また，メキシコなど途上国でも賃金格差が拡大していることが分かっている。

　伝統的貿易理論は，産業レベルの要因に焦点を当てた理論であり，輸出企業の平均賃金が高いことを説明することもできなかった。そのため，近年，伝統的貿易理論に代わる理論が開発されてきた。

## 3.　Helpman et al. (2010) モデル

### 3-1　モデルの概要

輸出企業の平均賃金が高いことを示す理論モデルは複数あるが，本稿では，代表的なモデルである Helpman et al. (2010) モデルを検討する。Helpman et al. (2010) モデルは，不完全な労働市場を Melitz (2003) タイプの独占的競争モデルに組み入れ，輸出企業の平均賃金が高いことを示したモデルである。不完全な労働市場をモデル化する際に，労働市場に摩擦があることを仮定している。

まず，集計消費指標として，

$$Q = \left[ \int_{j \in J} q\,(j)^{\beta}\,dj \right]^{\frac{1}{\beta}},\ 0 < \beta < 1$$

を仮定する。ここで，$q\,(j)$ は，製品 $j$ への需要であり，独占的競争モデルではよく知られているように，

$$q\,(j) = A^{\frac{1}{1-\beta}} p\,(j)^{-\frac{1}{1-\beta}}$$

となる。ここで，$A = E^{1-\beta} P^{\beta}$ である。$E$ は総支出，$P$ は物価（価格指標）を表す。この時，企業の収入は，式（1）を利用すると，

$$r\,(j) = p\,(j)\,q\,(j) = Aq\,(j)^{\beta} \tag{1}$$

となる。

### 3-2　異質な企業と異質な労働者

Helpman et al. (2010) モデルの特徴の一つは，企業の生産性のみならず，労働者の生産性が確率分布に従うと仮定している点である。具体的には，それがパレート分布に従うと仮定している。まず，企業の生産性 $\theta$ は，パレート分布：

図 10-1 労働者の能力のパレート分布

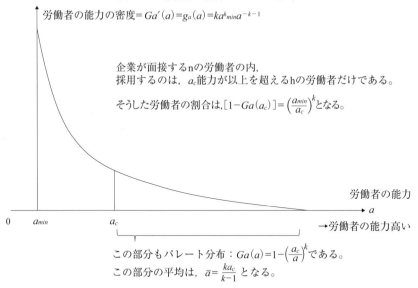

労働者の能力の密度＝$Ga'(a)＝g_a(a)＝ka_{min}^k a^{-k-1}$

企業が面接するnの労働者の内，
採用するのは，$a_c$能力が以上を超えるhの労働者だけである。

そうした労働者の割合は，$[1-Ga(a_c)]＝\left(\dfrac{a_{min}}{a_c}\right)^k$ となる。

労働者の能力
$a$

0 $a_{min}$ $a_c$

→労働者の能力高い

この部分もパレート分布：$Ga(a)＝1-\left(\dfrac{a_c}{a}\right)^k$ である。

この部分の平均は，$\bar{a}＝\dfrac{ka_c}{k-1}$ となる。

（出所）筆者作成。

$$G_\theta\left(\theta\right)=1-\left(\frac{\theta_{min}}{\theta}\right)^z$$

に従うと仮定されている。ここで，$\theta \geq \theta_{min}>0$，$z>1$ であり，$\theta_{min}$ は生産性の下限値，$z$ はパレート分布の形状パラメータである。企業の生産性の密度関数は，$g_\theta\left(\theta\right)=z\theta_{min}^z\theta^{-z-1}$ となる。同様に，労働者の能力は，パレート分布：

$$G_a\left(a\right)=1-\left(\frac{a_{min}}{a}\right)^k$$

に従うと仮定されている。ここで，$a \geq a_{min}>0$，$k>1$ であり，$a_{min}$ は労働者の能力の下限値，$k$ はパレート分布の形状パラメータである。労働者の能力の密度関数は，$g_a\left(a\right)=ka_{min}^k a^{-k-1}$ となる。図 10-1 は，労働者の能力のパレート分布を図示したものである。パレート分布の性質から，能力の低い労働者は相対的に多く，能力の高い労働者ほど相対的に少ないことがわかる。なお，パ

レート分布の期待値は補論 1 より，

$$E\,(a) = \frac{ka_{\min}}{k-1}, \text{ for } k > 1$$

となる。この式から，労働者の平均能力を求めることができる。

### 3-3　企業の生産・雇用

　企業の生産関数は，アウトプットを $y$ で表すと，

$$y = \theta h^{\gamma} \overline{a} \tag{2}$$

で与えられる。ここで，$\gamma \in (0,1)$ はパラメータである。Melitz モデルと同様に，企業の生産性 $\theta$ に応じて，アウトプットが大きくなる。また，従業者数 $h$ に応じて，アウトプットが大きくなる。加えて，従業者の平均的能力 $\overline{a}$ が高いほど，アウトプットが大きくなる。

　労働市場については Diamond－Mortensen－Pissarides アプローチがとられている。つまり，労働市場は不完全であり，search and matching frictions がある。まず，企業は労働者一人あたり $b$ 単位の探索費用（search cost）を負わなければならない。労働者を $n$ 人探索すると，探索費用は

$$bn$$

かかる（なお，モデル上 $n$ は連続変数であるが，ここでは分かりやすく表現するために離散変数（整数）であるかのように記している）。多くの労働者を雇用しようとするほど，多くの探索費用が必要になる。また，企業が能力が $a_c$ 以上の労働者に選別するためには，

$$\frac{c a_c^{\delta}}{\delta}$$

の審査費用（screening cost）が必要となる。ここで，$c$ と $\delta$ は正のパラメータで

図 10-2 国内向けと輸出向けの生産量の決定

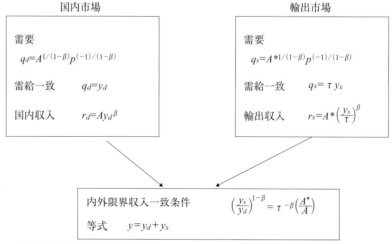

国内市場

輸出市場

需要
$$q_d = A^{1/(1-\beta)} p^{(-1)/(1-\beta)}$$

需要
$$q_x = A^{*1/(1-\beta)} p^{(-1)/(1-\beta)}$$

需給一致　$q_d = y_d$

需給一致　$q_x = \tau\, y_x$

国内収入　$r_d = A y_d{}^\beta$

輸出収入　$r_x = A^* \left(\dfrac{y_x}{\tau}\right)^\beta$

内外限界収入一致条件　　$\left(\dfrac{y_x}{y_d}\right)^{1-\beta} = \tau^{-\beta}\left(\dfrac{A^*}{A}\right)$

等式　　$y = y_d + y_x$

（出所）筆者作成。

ある。能力の高い労働者を雇おうとすれば，それだけ多くの審査費用が求められる。企業は，労働者を $n$ 人サーチ（審査）するが，能力が $a_c$ 以上の労働者数 $h$ のみを雇用する。雇用者数 $h$ は，パレート分布の仮定から，

$$h = n\left[1 - G_a\left(a_c\right)\right] = n\left(\frac{a_{min}}{a_c}\right)^k$$

となる。雇用者の平均能力は，

$$\overline{a} = \frac{k a_c}{k-1}$$

となる。これは，任意の値で切断されたパレート分布もやはりパレート分布となるという性質と既述のパレート分布の期待値の公式を用いている。

　上記のように労働市場で決まる雇用者数 $h$ とその平均的能力 $\overline{a}$ を生産関数 $y = \theta h^\gamma \overline{a}$ に代入すると，企業の生産関数は

$$y = \theta \left[ n \left( \frac{a_{min}}{a_c} \right)^k \right]^\gamma \left[ \frac{ka_c}{k-1} \right] = x_y \theta n^\gamma a_c^{1-\gamma k} \tag{3}$$

と書き換えられる。ここで，$x_y \equiv \dfrac{k}{k-1} a_{\min}^{\gamma k}$ である。

### 3-4　国内向けと輸出向けの生産量・輸出量

　企業は，国内需要 $q_d = A^{1/(1-\beta)} p^{(-1)/(1-\beta)}$ と外国需要 $q_x = A^{*1/(1-\beta)} p^{(-1)/(1-\beta)}$ に直面している。そこで，国内収入 $r_d = Ay_d^\beta$ の限界収入 $\dfrac{\partial r_d}{\partial y_d} = \beta Ay_d^{\beta-1}$ と輸出収入 $r_x = A^* \left( \dfrac{y_x}{\tau} \right)^\beta$ の限界収入 $\dfrac{\partial r_x}{\partial y_x} = \dfrac{\beta A^* y_x^{\beta-1}}{\tau^\beta}$ が一致するように，国内向け $y_d$ と輸出向け $y_x$ の生産量を決定する。限界収入一致条件は $\beta Ay_d^{\beta-1} = \dfrac{\beta A^* y_x^{\beta-1}}{\tau^\beta}$ であり，整理すると，

$$\left( \frac{y_x}{y_d} \right)^{1-\beta} = \tau^{-\beta} \left( \frac{A^*}{A} \right)$$

となる。また，国内向けの生産量 $y_d$ と輸出向けの生産量 $y_x$ の合計が企業の生産量 $y$ であるので，

$$y = y_d + y_x \tag{4}$$

が成り立つ。また，輸出市場の相対的な重要性を表す変数：

$$\Upsilon_x(\theta) \equiv 1 + \tau^{-\beta/(1-\beta)} \left( \frac{A^*}{A} \right)^{1/(1-\beta)}$$

を導入する。さらに，輸出する場合 1 をとる輸出ダミー $I_x$ を用いて，輸出があるときは $\Upsilon(\theta) = \Upsilon_x(\theta)$，輸出がないときは $\Upsilon(\theta) = 1$ となる市場アクセス変数：

$$\Upsilon(\theta) \equiv \frac{y}{y_d} = 1 + I_x \tau^{-\frac{\beta}{1-\beta}} \left(\frac{A^*}{A}\right)^{\frac{\beta}{1-\beta}} \tag{5}$$

を定義しておく。上記の式を連立し，国内向けの生産量は

$$y_d = \frac{1}{\Upsilon(\theta)} y$$

輸出向けの生産量は，

$$y_x = \frac{\Upsilon(\theta) - 1}{\Upsilon(\theta)} y$$

と表すことができる。市場アクセス変数 $\Upsilon(\theta)$ は，定義から，輸出していない と 1 をとるが，輸出していると 1 を超える値を取り，輸出額が多いほど大きな 値になる。

### 3-5　企業の利潤

　企業と労働者は，Nash 均衡の一般化である Stole and Zwiebel（1996 a, 1996 b） に従って，収入を分配する。企業の収入シェアは，

$$\frac{1}{1 + \beta\gamma}$$

となり，労働者の収入シェア（労働分配率）は，

$$\frac{\beta\gamma}{1 + \beta\gamma}$$

となる。この時，まず輸出を考えずに国内収入のみを考えれば，企業の利潤 は，

$$\pi(\theta) = \frac{1}{1+\beta\gamma} A \, (x_y \theta n^\gamma a_c^{1-\gamma k})^\beta - bn - \frac{c}{\delta} a_c^\delta - f_d \qquad (6\,a)$$

となる。ここで，$f_d$ は国内生産の固定費用である。また，$y = x_y \theta n^\gamma a_c^{1-\gamma k}$ を利用している。輸出がある場合の利潤は，

$$\pi(\theta) = \frac{1}{1+\beta\gamma} (\Upsilon_x(\theta))^{1-\beta} \underbrace{A \, (x_y \theta n^\gamma a_c^{1-\gamma k})^\beta}_{y} - bn - \frac{c}{\delta} a_c^\delta - f_d - f_x \qquad (6\,b)$$

として表すことができる。ここで，$f_x$ は輸出の固定費用である。既述のように，国内限界収入＝輸出限界収入となるように，国内向け生産量と海外向け生産量を決定する限界収入一致条件を用いることで，国内収入と輸出収入を分離している。

　輸出がある場合とない場合の利潤をまとめて書くことを考える。$\Upsilon_x(\theta)$ の代わりに，市場アクセス変数 $\Upsilon(\theta)$ を用いると，企業の利潤は，

$$\pi(\theta) = \max_{n,\,a_c,\,I_x} \left\{ \frac{1}{1+\beta\gamma} [\Upsilon(\theta)]^{1-\beta} \underbrace{A \, (x_y \theta n^\gamma a_c^{1-\gamma k})^\beta}_{y} - bn - \frac{c}{\delta} a_c^\delta - f_d - I_x f_x \right\}$$
$$(6\,c)$$

と表せる。

　企業は 3 つの選択変数を決定し，利潤最大化を図る。1 つ目は，輸出の有無 $I_x$ である。輸出すると，収入増加するが，輸出固定費用がかかる。2 つ目は，労働者のサーチ数 $n$ である。サーチする労働者数 $n$ が多いほど雇用者数 $h$ も多くなり，生産は増加する。一方で，サーチ数が多いほど，探索費用 $bn$ が増加する。3 つ目に，企業は，雇用する労働者の能力の下限（足切り値）$a_c$ を決める。労働者の平均能力高いほど，生産は増加するが，審査費用 $\frac{c}{\delta} a_c^\delta$ も増加する。

　まず，Melitz (2003) と同じく，企業は輸出閾値 $\theta_x$ を越えれば，輸出を行う。

また，サーチする労働者数 $n$ と雇用する労働者の能力の足切り値 $a_c$ について
も，一階の条件（FOC）を求めることができる。サーチする労働者数 $n$ につい
てのFOCは，

$$\frac{\beta\gamma}{1+\beta\gamma}r(\theta)=bn(\theta) \qquad (FOC\ 1)$$

である。生産性 $\theta$ が高いと，収入 $r(\theta)$ が多く，サーチ数 $n(\theta)$ が大きくなる
ことがわかる。ただし，この式は，収入 $r(\theta)$ もサーチ数 $n(\theta)$ に依存するた
め，closed-form ではない。次に，雇用する労働者の能力の足切り値 $a_c$ につい
てのFOCは，

$$\frac{\beta(1-\gamma k)}{1+\beta\gamma}r(\theta)=ca_c(\theta)^\delta \qquad (FOC\ 2)$$

である。生産性 $\theta$ が高いと，収入 $r(\theta)$ が多く，雇用する労働者の能力の足切
り値 $a_c$ が高くなることがわかる。この式も closed-form にはなっていないが，
サーチ数 $n(\theta)$ も能力の足切り値 $a_c(\theta)$ も，生産性が高いほど大きな値になる
ことは確認できる。補論2において，サーチ数 $n$，足切り値 $a_c$ を外生変数で
表した式を掲載する。

　各企業の平均賃金 $w$ は，FOCと労働分配率が $\frac{\beta\gamma}{1+\beta\gamma}$ であること，
$h=n\left(\frac{a_{min}}{a_c}\right)^k$ という関係を用いて，

$$w(\theta)=\frac{\beta\gamma}{1+\beta\gamma}\frac{r(\theta)}{h(\theta)}=b\frac{n(\theta)}{h(\theta)}=b\left(\frac{a_c(\theta)}{a_{min}}\right)^k$$

と表せる。生産性が高い企業ほど，労働者の能力下限 $a_c(\theta)$ が高いので，平
均賃金は高くなる。ここで，能力の足切り値 $a_c(\theta)$ が内生変数である。補論2
において，平均賃金 $w$ を外生変数で表した式を掲載する。

　抽出された条件付きの期待賃金は，全ての企業で一定の値 $b$ となる。

$$\frac{w(\theta)h(\theta)}{n(\theta)} = b$$

生産関数や FOC を使って，収入も外生変数で表現することができる。

$$r(\theta) = \chi_r [c^{-\beta(1-\gamma k)/\delta} b^{-\beta\gamma} \Upsilon(\theta)^{1-\beta} A\theta^{\beta}]^{1/\Gamma} \tag{8}$$

ここで，

$$\Gamma \equiv 1 - \beta\gamma - \frac{\beta(1-\gamma k)}{\delta} > 0,$$

$$\phi_1 \equiv \left[\frac{\beta\gamma}{1+\beta\gamma}\left(\frac{ka_{min}^{\gamma k}}{k-1}\right)^{\beta}\right]^{\frac{1}{\Gamma}},$$

$$\phi_2 \equiv \left(\frac{1-\gamma k}{\gamma}\right)^{\frac{1}{\delta\Gamma}},$$

$$\chi_r \equiv \phi_1\phi_2^{\beta(1-\gamma k)}$$

である。外生変数で収入（8）を表現できたので，利潤も外生変数で表現できる。利潤は

$$\pi(\theta) = \frac{\Gamma}{1+\beta\gamma} r(\theta) - f_d - I_x(\theta)f_x$$

であり，収入の式（8）を代入すると，

$$\pi(\theta) = \frac{\Gamma}{1+\beta\gamma} \underbrace{\chi_r [c^{-\beta(1-\gamma k)/\delta} b^{-\beta\gamma} \Upsilon(\theta)^{1-\beta} A\theta^{\beta}]^{1/\Gamma}}_{r(\theta)} - f_d - I_x(\theta)f_x \tag{9}$$

となる。

## 3-6 労働市場

労働市場は，標準的な Diamond – Mortensen – Pissarides アプローチで定式化されている。サーチコスト $b$ は，労働市場の逼迫度合い $x$ に応じて増加する

と仮定する。

$$b = a_0 x^{a_1}, \ a_0 > 1, \ a_1 > 0 \tag{10}$$

ここで，労働市場の逼迫度合い $x$ は，$x = \dfrac{N}{L}$ であり，供給側の職を求める労働者 $L$ と需要側の抽出される労働者 $N$ の比率（抽出される確率）に一致する。労働市場で企業の労働需要が大きく，抽出される労働者 $N$ が多いほど，労働市場の逼迫度合い $x$ は増し，サーチコスト $b$ が上昇する。

また，労働者の他部門での外生的な期待賃金であるアウトサイドオプション $\omega$ は，抽出される確率 $x$ にその場合の期待賃金 $b$ を掛け合わせたものと一致する。

$$\omega = xb \tag{11}$$

これら（10），（11）式から，労働市場の均衡におけるサーチコスト $b$ と労働市場の逼迫度合い $x$ が以下のように決まる。

$$b = a_0^{\frac{1}{1+a_1}} \omega^{\frac{a_1}{1+a_1}}, \ x = \left( \frac{\omega}{a_0} \right)^{\frac{1}{1+a_1}} \tag{12}$$

期待賃金（アウトサイドオプション）$\omega$ が高いほど，サーチコスト $b$ は大きくなる。また，期待賃金（アウトサイドオプション）$\omega$ が高いほど，労働市場の逼迫度合い $x$ が高まる。

### 3-7　閾　値

企業の利潤式（9）から，Melitz (2003) と同様に，生産性閾値を求めることができる。まず，利潤がゼロになる時の条件：

$$\frac{\Gamma}{1+\beta\gamma} \underbrace{x_r \left[ c^{-\beta(1-\gamma k)/\delta} b^{-\beta\gamma} A\theta_d^{\beta} \right]^{1/\Gamma}}_{r(\theta)} = f_d \tag{13}$$

から，国内閾値 $\theta_d$ が決まる。同様に，国内のみの利潤と輸出を含んだ利潤が

一致する時の条件：

$$\frac{\Gamma}{1+\beta\gamma}\chi_r\left[c^{-\beta(1-\gamma k)/\delta}b^{-\beta\gamma}A\theta_x^{\beta}\right]^{1/\Gamma}\left[\Upsilon_x^{(1-\beta)/\Gamma}-1\right]=f_x \tag{14}$$

から，輸出閾値 $\theta_x$ が決まる。2つの条件式から，国内閾値と輸出閾値の関係について，

$$\left[\frac{\theta_x}{\theta_d}\right]^{\beta/\Gamma}\left[\Upsilon_x^{(1-\beta)/\Gamma}-1\right]=\frac{f_x}{f_d} \tag{15}$$

という式が導ける。また，自由参入条件：

$$\int_{\theta_d}^{\infty}\pi(\theta)\,dG_{\theta}(\theta)=f_e$$

は，(13)，(14) 式を利用して，閾値を基準とすることで，

$$f_d\int_{\theta_d}^{\infty}\left[\left(\frac{\theta}{\theta_d}\right)^{\frac{\beta}{\Gamma}}-1\right]dG_{\theta}(\theta)+f_x\int_{\theta_x}^{\infty}\left[\left(\frac{\theta}{\theta_x}\right)^{\frac{\beta}{\Gamma}}-1\right]dG_{\theta}(\theta)=f_e \tag{16\,a}$$

となる。補論3において，自由参入条件 (16 a) を外生的なパラメータで書き換えた式を導出する。

### 3-8　閾値を用いた企業変数

閾値の式を用いて，企業変数を書き換えることができる。国内利潤がゼロとなる国内生産性閾値の企業の収入 $r_d$，雇用 $h_d$，賃金 $w_d$ をそれぞれ，

$$r_d\equiv\frac{1+\beta\gamma}{\Gamma}f_d,$$

$$h_d\equiv\frac{\beta\gamma}{\Gamma}\frac{f_d}{b}\left[\frac{\beta(1-\gamma k)}{\Gamma}\frac{f_d}{ca_{min}^{\delta}}\right]^{-\frac{k}{\delta}},$$

$$w_d\equiv b\left[\frac{\beta(1-\gamma k)}{\Gamma}\frac{f_d}{ca_{min}^{\delta}}\right]^{\frac{k}{\delta}}$$

と表せる。これら最下限の収入，雇用，賃金を表す変数を用いて，各生産性の企業の収入，雇用，賃金を以下のように表すことができる。

$$r\left(\theta\right)=Y\left(\theta\right)^{\frac{(1-\beta)}{\Gamma}}\cdot r_d\cdot\left(\frac{\theta}{\theta_d}\right)^{\frac{\beta}{\Gamma}}$$

$$h\left(\theta\right)=Y\left(\theta\right)^{\frac{(1-\beta)\left(1-\frac{k}{\delta}\right)}{\Gamma}}\cdot h_d\cdot\left(\frac{\theta}{\theta_d}\right)^{\frac{\beta\left(1-k\frac{k}{\delta}\right)}{\Gamma}}$$

$$w\left(\theta\right)=Y\left(\theta\right)^{\frac{k\,(1-\beta)}{\delta\Gamma}}\cdot w_d\cdot\left(\frac{\theta}{\theta_d}\right)^{\frac{\beta k}{\delta\Gamma}}$$

これらの式から，生産性が高い企業は，収入も雇用者数も賃金も高いことがわかる。

## 4. 数 値 分 析

Helpman et al. (2010) のモデルは，労働市場の摩擦を取り入れた結果，Melitz (2003) よりもモデルが複雑になり，解析的な分析が難しい。Helpman et al. (2008) は，パラメータを特定して，数値分析も行っている。本稿でも，Helpman et al. (2008) に従い，パラメータの数値として以下のものを用いて，モデルの特徴や含意を検討する。

- 効用関数のパラメータ：$\beta=0.75$
- 企業の生産性のパレート分布の形状パラメータ：$z=2.6$
- 労働者の能力のパレート分布の形状パラメータ：$k=2$
- 労働者の能力の下限値・企業の生産性の下限値：$a_{\min}=\theta_{\min}=1$
- 生産関数の雇用者数の弾力性：$\gamma=\dfrac{1}{3}$
- 外国市場への輸送費：$\tau=1.5$
- 審査費用のパラメータ：$\delta=3.5k=7$
- 審査費用のパラメータ：$c=0.28$

図 10-3　労働者の能力のパレート分布

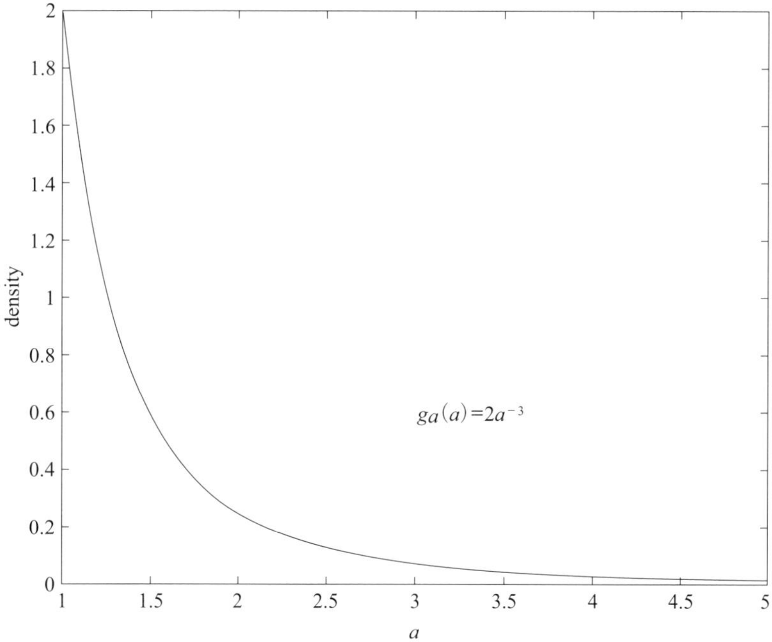

グラフ内: $ga(a)=2a^{-3}$

（出所）筆者作成。

- 探索費用の単位費用：$b = 1.05$

- 国内生産固定費用と参入埋没費用の比率：$\dfrac{f_d}{f_e} = 1.6 \; or \; \dfrac{f_e}{f_d} = 0.625$

- 輸出固定費用と国内生産固定費用の比率：$\dfrac{f_x}{f_d} = 0.2$

この時，

$$\Gamma \equiv 1 - \beta\gamma - \frac{\beta\,(1-\gamma k)}{\delta} = 0.7143,$$

$$\phi_1 \equiv \left[ \frac{\beta\gamma}{1+\beta\gamma} \left( \frac{ka_{\min}^{\gamma k}}{k-1} \right)^{\beta} \right]^{\frac{1}{\Gamma}} = 0.2175,$$

$$\phi_2 \equiv \left( \frac{1-\gamma k}{\gamma} \right)^{\frac{1}{\delta\Gamma}} = 1,$$

$$\chi_r \equiv \phi_1 \phi_2^{\beta(1-\gamma k)} = 0.2175$$

図 10-4 企業の生産性のパレート分布

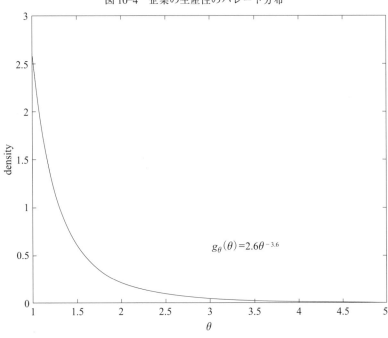

(出所) 筆者作成。

となる。

また，労働者の能力の密度関数は，$g_a(a) = ka_{min}^k a^{-k-1}$ である。パラメータ
について，$k = 2$ と $a_{min} = 1$ を代入すると，$g_a(a) = 2a^{-3}$ となる。この能力の
密度関数をグラフにしたのが図 10-3 である。同様に，企業の生産性の密度関
数は，$g_\theta(\theta) = z\theta_{min}^z \theta^{-z-1}$ である。パラメータについて，$z = 2.6$ と $\theta_{min} = 1$ を
代入すると，$g_\theta(\theta) = 2.6\theta^{-3.6}$ となる。この生産性の密度関数をグラフにした
のが図 10-4 である。

また，生産性閾値の関係に関する式（15）にパラメータの値を代入すること
で，$\theta_x/\theta_d = 2.03$ が得られる。この式を自由参入条件（16 b）に代入すれば，
国内閾値生産性を $\theta_d = 1.0439$ と求めることができる。従って，輸出閾値生産
性は，$\theta_x = 2.1192$ となる。

生産性の分布関数が $G_\theta(\theta) = 1 - \theta^{-2.6}$ であるので，退出する企業の割合は，

図 10-5　企業の生産性と賃金

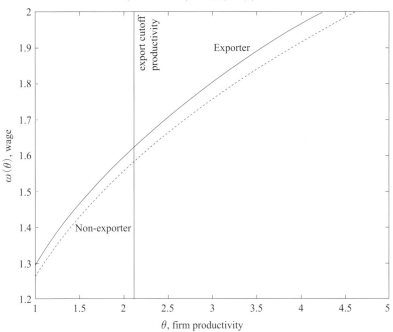

（出所）Helpman et al. (2010) に基づき，筆者作成。

$G_\theta (\theta_d) = 1 - \theta_d^{-2.6} = 0.1058$ より，約 10% である。市場に存在する企業の生産性の分布は $F_\theta (\theta) = 1 - \left( \dfrac{\theta_d}{\theta} \right)^z$ であるので，その中での輸出企業の割合は，$1 - F_\theta (\theta_x) = \theta_x^{2.6} \theta_x^{-2.6} = 0.1587$ と計算できるので，約 15% である。

　分析を容易にするために，自国と外国が対称的であるという仮定をおく。そのため，$A = A^*$ となる。この時，

$\Upsilon_x (\theta) \equiv 1 + \tau^{-\beta/(1-\beta)} \left( \dfrac{A^*}{A} \right)^{1/(1-\beta)} = 1 + \tau^{-\beta/(1-\beta)} = 1.2963$ となる。従って，

$$\Upsilon(\theta) = \begin{cases} 1, & \theta < 2.1192 \\ 1.2963, & \theta \geq 2.1192 \end{cases}$$

となる。国内生産性閾値の企業の収入 $r_d$，雇用 $h_d$，賃金 $w_d$ はそれぞれ，

$$r_d \equiv \frac{1+\beta\gamma}{\Gamma} f_d = \frac{7}{4} f_d,$$

$$h_d \equiv \frac{\beta\gamma}{\Gamma} \frac{f_d}{b} \left[ \frac{\beta(1-\gamma k)}{\Gamma} \frac{f_d}{ca_{min}^\delta} \right]^{-\frac{k}{\delta}} = 0.35 \frac{f_d}{b} \left[ 0.35 \frac{f_d}{c} \right]^{-2/7} = 0.3127 f_d,$$

$$w_d \equiv b \left[ \frac{\beta(1-\gamma k)}{\Gamma} \frac{f_d}{ca_{min}^\delta} \right]^{\frac{k}{\delta}} = b \left[ 0.35 \frac{f_d}{c} \right]^{2/7} = 1.1191 f_d$$

と表せる。これらの結果を用いると，各生産性の企業の収入，雇用，賃金は

$$r(\theta) = Y(\theta)^{\frac{(1-\beta)}{\Gamma}} \cdot r_d \cdot \left( \frac{\theta}{\theta_d} \right)^{\frac{\beta}{\Gamma}} = Y(\theta)^{0.35} \cdot \frac{7}{4} f_d \cdot \left( \frac{\theta}{1.0439} \right)^{1.05}$$

$$h(\theta) = Y(\theta)^{\frac{(1-\beta)\left(1-\frac{k}{\delta}\right)}{\Gamma}} \cdot h_d \cdot \left( \frac{\theta}{\theta_d} \right)^{\frac{\beta\left(1-k\frac{k}{\delta}\right)}{\Gamma}} = Y(\theta)^{0.25} \cdot 0.3127 f_d \cdot \left( \frac{\theta}{1.0439} \right)^{1.05}$$

$$w(\theta) = Y(\theta)^{\frac{k(1-\beta)}{\delta\Gamma}} \cdot w_d \cdot \left( \frac{\theta}{\theta_d} \right)^{\frac{\beta k}{\delta\Gamma}} = Y(\theta)^{0.1} \cdot w_d \cdot \left( \frac{\theta}{1.0439} \right)^{0.3}$$

となる。最後の賃金式において，$f_d = 1.6$ と設定して，非輸出企業，輸出企業それぞれの賃金 $w(\theta)$ を企業の生産性 $\theta$ の関数として描いたのが，図10-5 である。輸出企業の賃金は実線，非輸出企業の賃金は破線で描いている。輸出閾値生産性を越えると，賃金は破線から実線にジャンプする。輸出企業の賃金が非輸出企業よりも高いことが確認できる。

　紙幅の関係で行わないが，輸出輸送費，労働市場のパラメータなどを変化させて分析することで，賃金がどのように変化するのか，シミュレーション分析することができる。

## 5. モデルの推定と今後の課題

　Helpman et al. (2010) は，企業の生産性が高いほどその企業の賃金が高くなることは示すが，労働者の能力と個々の労働者の賃金との関係については，十分に分析していない。生産性の高い企業は，採用の際の足切り値を高く設定するので，能力の高い労働者を雇用する傾向にあることは言える。しかし，Helpman et al. (2010) は，個々の労働者の賃金について，立ち入った分析は行っていな

い。Helpman et al. (2010) のモデルでは，労使交渉の結果，収入の一定割合が労働者に配分される。その労働分配率は，上記の数値例を用いれば，20% である。Helpman et al. (2010) は，労働者全体に分配された収入の 20% がさらに個々の労働者にどのように分配されるかは議論していない。

こうした限界もあり，現実のデータを用いてモデルを検証する際には，工夫が必要であろう。ブラジルのデータを用いてモデルを検証した，Helpman et al. (2016) は，Helpman et al. (2010) のモデルを単純化するとともに，大きく 2 点修正を加えている。1 つは，労働者の審査費用 $\frac{c}{\delta} a_c^{\delta}$ を $e^{-\eta} \frac{c}{\delta} a_c^{\delta}$ としている。ここで，$\eta$ は，企業ごとに異なる審査効率性（screening efficiency），人的資源管理能力である。この審査効率性 $\eta$ が高い企業は，労働者を採用審査する際の費用を低く抑えることができる。2 つ目に，輸出の固定費用 $f_x$ と $e^{\varepsilon} f_x$ としている。ここで，$\varepsilon$ は企業によって異なり，大きいと，輸出固定費用の負担が重くなる。このように，企業は，生産性 $\theta$ のみならず，審査効率性 $\eta$，輸出固定費用 $\varepsilon$ において，異質であると仮定されている。その上で，雇用者数・賃金・輸出意思決定の誘導系計量モデルについて，最尤推定を行って，推定係数を得ている。

伝統的貿易理論に比べて，Helpman et al. (2010) のモデルは企業レベルの賃金の異質性を説明する端緒を開いたといえるが，労働者個人レベルの賃金の異質性までは十分に扱えていない。にもかかわらず，本稿で見てきたように，Helpman et al. (2010) のモデルは，既に closed-form の解を求めるのが非常に難しい。同一社内においても労働者によって賃金が異なる現実をどのようにシンプルに理論化するかは，残された課題と言える。

追記　本研究は，中央大学特定課題研究費の助成を受けた。

## 参 考 文 献

Autor, D. H., Dorn, D., Hanson, G. H., & Song, J. (2014). Trade adjustment : Worker-level evidence. *The Quarterly Journal of Economics*, Vol.129, No.4, pp.1799–1860.

Autor, D., Dorn, D., Hanson, G., & Majlesi, K. (2016). Importing political polarization? The electoral consequences of rising trade exposure. *NBER Working Paper*, No. 22637.

Helpman, E., Itskhoki, O., & Redding, S. J. (2008). Inequality and Unemployment in a Global Economy. *NBER Working Paper*, No.14478.

—— (2010). Inequality and unemployment in a global economy. *Econometrica*, Vol.78, No.4, pp.1239−1283.

Helpman, E., Itskhoki, O., Muendler, M. A., & Redding, S. J. (2016). Trade and inequality : From theory to estimation. *The Review of Economic Studies*, Vol.84, No.1, pp.357−405.

Helpman, E. (2018). *Globalization and Inequality*. Harvard University Press.

Melitz, M. J. (2003). The impact of trade on intra-industry reallocations and aggregate industry productivity. *Econometrica*, Vol.71, No.6, pp.1695−1725.

Stole, L. A., & Zwiebel, J. (1996 a). Intra-firm bargaining under non-binding contracts. *The Review of Economic Studies*, Vol.63, No.3, pp.375−410.

—— (1996 b). Organizational design and technology choice under intrafirm bargaining. *The American Economic Review*, Vol. 86, No. 1, pp.195−222.

Stolper, Wolfgang F. and Paul A. Samuelson. (1941) "Protection and Real Wages," *The Review of Economic Studies*, Vol.9, No.1, pp.58−73.

## 補論 1. パレート分布の期待値

労働者の能力 $a$ の密度関数は仮定よりパレート分布に従い，

$$g_a\,(a) = ka_{\min}^k a^{-k-1}$$

となる。この時，パレート分布に従う労働者の能力 $a$ の期待値は

$$E\,(a) = \int_{a_{min}}^{\infty} ag_a\,(a)\,da = \int_{a_{min}}^{\infty} aka_{min}^k a^{-k-1}\,da = \left[\frac{ka_{min}^k a^{1-k}}{1-k}\right]_{a_{min}}^{\infty} = \frac{ka_{min}^k}{1-k}\left(-a_{min}^{1-k}\right)$$

より，

$$E\,(a) = \frac{ka_{min}}{k-1},\ \text{for}\ k > 1$$

となる。

## 補論 2. サーチ数・能力の足切り値・賃金の外生変数表示

本文では，一階条件（FOC）について，サーチ数 $n\,(\theta)$ と能力の足切り値 $a_c\,(\theta)$，平均賃金 $w\,(\theta)$ を内生変数を含む形で表現した。外生変数のみでこれらの変数を表す式を導出するのは難しい。Helpman et al. (2010) の Web-based Technical Appendix（Redding のウェブサイトより入手可能）には，FOC を closed-form に書き換えた式が掲載されている。まず，Web-based Technical Appendix によれば，サーチ数 $n\,(\theta)$ と能力の足切り値 $a_c\,(\theta)$ を外生変数のみで表すと，

$$n\,(\theta) = \phi_1 \phi_2^{\beta(1-\gamma k)} c^{-\frac{\beta(1-\gamma k)}{\delta \Gamma}} b^{-\frac{\beta\gamma+\Gamma}{\Gamma}} \Upsilon\,(\theta)^{\frac{1-\beta}{\Gamma}} Q^{-\frac{\beta-\zeta}{\Gamma}} \theta^{\frac{\beta}{\Gamma}},$$

$$a_c\,(\theta) = \phi_1^{1/\delta} \phi_2^{1-\beta\gamma} c^{-\frac{1-\beta\gamma}{\delta\Gamma}} b^{-\frac{\beta\gamma}{\delta\Gamma}} \Upsilon\,(\theta)^{\frac{1-\beta}{\delta\Gamma}} Q^{-\frac{\beta-\zeta}{\delta\Gamma}} \theta^{\frac{\beta}{\delta\Gamma}}$$

となる。ここで，$\zeta$ は，差別化財と同質財の代替の弾力性を定めるパラメータであり，差別化財の間の代替の方が差別化財と同質財の代替よりも容易である

ので，$\beta$ より小さいと仮定されている。ただし，Econometrica 公刊論文（Helpman et al., 2010）では，同質財は考慮されていないため，この式は，NBER Working Paper バージョン（Helpman et al., 2008）のモデルに対応したものと推測される。同様に，Web-based Technical Appendix に基づき，平均賃金 $w(\theta)$ を外生変数で書き直すと，

$$w(\theta) = a_{min}^{-k} \phi_1^{\frac{k}{\delta}} \phi_2^{(1-\beta\gamma)k} c^{-\frac{(1-\beta\gamma)k}{\delta\Gamma}} b^{\frac{1-\beta\gamma-\frac{\beta}{\delta}}{\Gamma}} \Upsilon(\theta)^{\frac{(1-\beta)k}{\delta\Gamma}} Q^{-\frac{\beta(\beta-\zeta)k}{\delta\Gamma}} \theta^{\frac{\beta k}{\delta\Gamma}} \tag{A 1}$$

となる。生産性が高い企業ほど，また輸出をしている企業ほど，平均賃金が高くなる。

## 補論 3. 自由参入条件の導出

パレート分布 $g_\theta(\theta) = z\theta_{min}^z \theta^{-z-1}$ を代入して自由参入条件（16 a）を書き換えると，左辺第 1 項の積分記号以降は，

$$\int_{\theta_d}^\infty \left[\left(\frac{\theta}{\theta_d}\right)^{\frac{\beta}{\Gamma}}\right] dG_\theta(\theta) = \int_{\theta_d}^\infty \left[\left(\frac{\theta}{\theta_d}\right)^{\frac{\beta}{\Gamma}}\right] z\theta_{min}^z \theta^{-z-1} d\theta$$

$$= \int_{\theta_d}^\infty \left[\left(\frac{1}{\theta_d}\right)^{\frac{\beta}{\Gamma}}\right] z\theta_{min}^z \theta^{\frac{\beta}{\Gamma}-z-1} d\theta$$

$$= \left[\left(\frac{1}{\theta_d}\right)^{\frac{\beta}{\Gamma}} z\theta_{min}^z \frac{\theta^{\frac{\beta}{\Gamma}-z}}{\frac{\beta}{\Gamma}-z}\right]_{\theta_d}^\infty = -\left(\frac{1}{\theta_d}\right)^{\frac{\beta}{\Gamma}} z\theta_{min}^z \frac{\theta_d^{\frac{\beta}{\Gamma}-z}}{\frac{\beta}{\Gamma}-z} = z\theta_{min}^z \frac{\theta_d^{-z}}{z-\frac{\beta}{\Gamma}}$$

$$= \left(\frac{\theta_{min}}{\theta_d}\right)^z \frac{z}{z-\frac{\beta}{\Gamma}}$$

および

$$\int_{\theta_d}^{\infty} 1 dG_{\theta}(\theta) = \int_{\theta_d}^{\infty} z\theta_{min}^{z}\theta^{-z-1}d\theta$$

$$= \left[\frac{z\theta_{min}^{z}\theta^{-z}}{-z}\right]_{\theta_d}^{\infty} = \left[-\theta_{min}^{z}\theta^{-z}\right]_{\theta_d}^{\infty} = \theta_{min}^{z}\theta_d^{-z} = \left(\frac{\theta_{min}}{\theta_d}\right)^{z}$$

より,

$$\int_{\theta_d}^{\infty}\left[\left(\frac{\theta}{\theta_d}\right)^{\frac{\beta}{\Gamma}}-1\right]dG_{\theta}(\theta) = \left(\frac{\theta_{min}}{\theta_d}\right)^{z}\frac{z}{z-\frac{\beta}{\Gamma}} - \left(\frac{\theta_{min}}{\theta_d}\right)^{z} = \frac{\frac{\beta}{\Gamma}}{z-\frac{\beta}{\Gamma}}\left(\frac{\theta_{min}}{\theta_d}\right)^{z}$$

となる。同様に左辺第 2 項の積分記号以降は,

$$\int_{\theta_x}^{\infty}\left[\left(\frac{\theta}{\theta_x}\right)^{\frac{\beta}{\Gamma}}-1\right]dG_{\theta}(\theta) = \frac{\frac{\beta}{\Gamma}}{z-\frac{\beta}{\Gamma}}\left(\frac{\theta_{min}}{\theta_x}\right)^{z}$$

となる。そのため，自由参入条件は,

$$f_d\left(\frac{\frac{\beta}{\Gamma}}{z-\frac{\beta}{\Gamma}}\right)\left(\frac{\theta_{min}}{\theta_d}\right)^{z} + f_x\left(\frac{\frac{\beta}{\Gamma}}{z-\frac{\beta}{\Gamma}}\right)\left(\frac{\theta_{min}}{\theta_x}\right)^{z} = f_e$$

と書き直せる。全体を $f_d$ で割ると,

$$\left(\frac{\frac{\beta}{\Gamma}}{z-\frac{\beta}{\Gamma}}\right)\left(\frac{\theta_{min}}{\theta_d}\right)^{z} + \frac{f_x}{f_d}\left(\frac{\frac{\beta}{\Gamma}}{z-\frac{\beta}{\Gamma}}\right)\left(\frac{\theta_{min}}{\theta_x}\right)^{z} = \frac{f_e}{f_d} \tag{16 b}$$

となる。固定費用の比率を代入すれば，(13)，(14) 式を利用して，閾値を求めることができる。

# あ と が き

　私が中央大学経済学部に着任したのは 2017 年 9 月，経済研究所に研究員として参加したのは 2018 年 4 月のことでした。その一年後となる 2019 年 4 月に本部会の主査を引き継ぎましたので，主査として本部会の運営を担当させて頂いたのは 2019 年度の一年間のみということになります。このような超新参者である私が，3 年間にわたる部会メンバーの皆様の研究活動の集大成である叢書をとりまとめてよいものかどうか，戸惑いがあったのは否めないところです。まずはこうした戸惑いを持ちながら，右も左も分からず様々な（時に細かすぎる）改訂や修正をお願いしたことのお詫びを申し上げつつ，快く応じてくださった執筆者の皆様に，心からの御礼を申し上げたいと思います。新型コロナウイルスの蔓延に伴って社会の機能が大きく低下し，研究を進める上でのご苦労も多かった時期に，協力的にご対応くださった皆様には頭が下がるばかりです。また，執筆者の皆様から頂いた多くの労いのお言葉や叱咤激励のお言葉は，編者として書籍をまとめる経験がなかった私にとって，大変勇気づけられるものでした。執筆者以外の部会メンバーの皆様にも多くの助言やお力添えを頂きました。この場を借りて感謝を申し上げたいと思います。

　上述の通り，私が部会に参加したのは本研究期間の途中からでしたので，部会の研究テーマである「世界経済のグローバル化と多極化」の意図するところについて，叢書のとりまとめ作業を開始する段階で深く理解できていたとは言えませんでした。しかしながら，叢書のタイトルを考えるにあたって，直近数年の世界経済の状況を振り返っていた際，この研究テーマが大変重要な意味を持っていると感じました。研究期間の開始は 2017 年 4 月，トランプ政権の発足は同年 1 月でした。トランプ氏は政権の発足直後，メキシコとの国境の壁を建設する大統領令に署名するなど，「ボーダレスなヒト・モノ・カネの移動を実現する」という意味でのグローバル化とは相反するメッセージを世界に送っ

ていました。つまり，奇しくも本研究期間の開始時期は，世界一の経済大国である米国が，これまでのグローバル化の流れと逆行する動きを見せている時期でもありました。こうした意味で，本研究期間は国際経済部会のメンバーだけでなく，すべての国際経済研究者にとって大変重要な時期だったと言うことができます。実際に国内外の学会や研究者が，自由貿易の重要性を発信する場面も多く見られ，国際経済を研究する者として身の引き締まる時期でもありました。戸惑いながらの編集作業ではありましたが，こうした重要な時期に叢書のとりまとめという大きな仕事を担当させて頂いたことを，大変光栄に感じています。

　最後に，皆様の益々のご活躍をお祈りして，本研究叢書のむすびとさせて頂きます。


2020 年 4 月 30 日

　　　　　　　　　　　　　　　国際経済研究部会

　　　　　　　　　　　　　　　　主査　吉　見　太　洋

**編者紹介**

吉見太洋 研究員（中央大学経済学部准教授）

**執筆者紹介**（執筆順）

大矢野栄次 客員研究員（久留米大学教授）

栗林世 客員研究員

後藤純一 神戸大学名誉教授

岸真清 客員研究員（中央大学名誉教授）

田中素香 客員研究員（東北大学名誉教授）

坂本正弘 客員研究員（日本国際フォーラム上席研究員）

谷口洋志 研究員（中央大学経済学部教授）

長谷川聰哲 客員研究員（中央大学名誉教授）

矢野生子 客員研究員（長崎県立大学経営学部教授）

唐成 研究員（中央大学経済学部教授）

田中鮎夢 研究員（中央大学商学部准教授）

トランプ時代の世界経済

中央大学経済研究所研究叢書　76

2020 年 11 月 20 日　発行

編　　者　吉　見　太　洋
発　行　者　中央大学出版部
代表者　松　本　雄一郎

東京都八王子市東中野 742-1

発行所　中　央　大　学　出　版　部

電話 042(674)2351　FAX 042(674)2354

ⓒ 2020　吉見太洋　　　ISBN 978-4-8057-2270-1　　　藤原印刷㈱

中央大学経済研究所研究叢書

中央大学経済研究所研究叢書

＊価格は本体価格です．別途消費税が必要です．